GEHEIME REVOLUSIE

MEMOIRES VAN 'N SPIOENBAAS

Niël Barnard

Soos vertel aan Tobie Wiese

Tafelberg

Eerste uitgawe in 2015 deur Tafelberg,
'n druknaam van NB-Uitgewers, 'n afdeling van Media24 Boeke (Edms) Bpk
Heerengracht 40, Kaapstad
www.tafelberg.com
Kopiereg © Niël Barnard (2015)
Omslagfoto van Mandela @ Graeme Williams / South Photographs / Africa
Media Online

Omslagontwerp: Michiel Botha
Boekontwerp: Cheymaxim
Redigering: Madaleine du Plessis
Proeflees: Sebastian Pistor
Indeks: George Claassen

Gedruk in Suid-Afrika

ISBN: 978-0-624-07456-4 (Tweede sagteband uitgawe 2015)
ISBN: 978-0-624-06614-9 (Eerste sagteband uitgawe 2015)
Epub: 978-0-624-06615-6
Mobi: 978-0-624-06616-3

Aan die onbekende intelligensiemanne en -vroue wat selfloos, erkenningloos en soms met 'n bietjie stuitigheid hul lewe aan hul medemens gewy het.

INHOUD

VOORWOORD

Een van die mees dramatiese gebeure van die laat 20ste eeu was die felle stryd wat gewoed het om beheer van die Suid-Afrikaanse staat. Saam met die val van die Berlynse Muur is dit die een gebeurtenis wat mense wêreldwyd aangegryp het.

PW Botha en Nelson Mandela het soos die hoofkarakters in 'n titaniese tweestryd voorgekom – die een in die hoogste magsposisie in die land en die ander een in die tronk. Botha en Mandela was albei gesoute politici wat, elk op sy eie manier, alles veil gehad het vir die saak waarvoor hy gestaan het. Wat hulle gebind het, was die wete dat geen stabiliteit op die duur in Suid-Afrika moontlik was sonder die instemming van die ander party nie.

Die magsbalans was bitter moeilik om te peil: Die ANC-kant het die voordeel gehad van tyd, getalle en die unieke leierskap van Mandela; die Nasionale Party (NP)-regering het feitlik alle magsmiddele tot sy beskikking gehad, maar nie legitimiteit nie. Toenemend het daar onder NP-leiers twyfel ontstaan oor die kwessie of hulle die morele reg het om die land tot uitsluiting van die meerderheid van die bevolking te regeer.

In 1979 het Botha vir dr. Niël Barnard, toe 'n jong, Vrystaatse dosent sonder enige ervaring in die intelligensiewêreld of spioenasie, as hoof van die Departement van Nasionale Veiligheid, later herdoop tot die Nasionale Intelligensiediens (NI), aangestel.

Hierdie boek vertel die verhaal van hoe Barnard en die mense van NI daarin geslaag het om 'n unieke diens aan die Suid-Afrikaanse staat te lewer. Op die ou end het hulle 'n deurslaggewende bydrae gelewer om die Regering te oorreed om 'n onderhandelde skikking te aanvaar. Ons sal nooit weet of Botha, indien hy sy gesondheid behou het, hom tot onderhandelinge met die ANC sonder enige voorwaardes sou verbind het nie. Dit het wel al hoe meer gelyk na die logiese gevolg van die gesprekke in die tronk.

NI het sy gesagsposisie verwerf deur inligting en ontledings aan Botha voor te lê wat van 'n hoër gehalte was as dié wat deur die Polisie en Weermag ingesamel is. Dit was NI en Barnard persoonlik wat Botha aan die einde van die 1980's laat besef het dat die onderdrukking van swart Suid-Afrikaners op die lange duur nie haalbaar was nie en dat Mandela nie 'n voorwaardelike vrylating of die spreekwoordelike "halwe brood" as skikking sou aanvaar nie.

Hierdie pakkende boek is nie 'n konvensionele outobiografie nie. Dit is Barnard se storie soos hy dit aan die topjoernalis Tobie Wiese vertel het. Wiese het die gawe om die leser dadelik in die verhaal in te trek en regdeur te boei. Na my mening werk dit veel beter as 'n outobiografie waarin 'n spookskrywer die subjek huldig. Barnard en Wiese, onder leiding van Annie Olivier van Tafelberg, het daarin geslaag om die vertelling te laat oorkom soos 'n gesprek tussen ou vriende om 'n kampvuur.

Die boek probeer nie om Barnard se ego te streel nie, maar bring die beeld na vore van 'n man met 'n komplekse karakter: by tye koppig en kwasterig en alles behalwe diplomaties, maar ook iemand wat toegewyd, verantwoordelik, betrokke, reguit en eerbaar is. Dit word in die loop van die boek duidelik waarom Botha, wat geen ontwykende of slimpraatjies kon verdra nie, na Barnard begin luister het oor die sleutelbesluite wat hy moes neem.

Dit het nie net daaroor gegaan om Botha te oorreed dat die tyd vir wit heerskappy verby is nie. NI moes ook die hoofde van Afrika-lande oorreed om druk op die ANC te plaas om sy futiele plan te laat vaar om die staat omver te werp; spioene van ander lande wat oor die tou getrap het, moes tot orde geroep of uit die land gesit word, en NI moes met ander lande se intelligensiedienste skakel om op hoogte te bly in die vinnig veranderende wêreldpolitiek.

Maar die heel belangrikste taak was om Botha te oorreed om Mandela te ontmoet en daarmee die grondslag vir formele onder-handelinge te lê. Terselfdertyd moes Mandela oortuig word om sy medewerking te gee sodat sy uiteindelike vrylating en dié van sy naaste makkers nie die veiligheid van die staat bedreig nie.

Barnard en sy kollegas kon hul ontledende en verkennende rol so goed speel danksy 'n wyse regeringsbesluit om geen uitvoe-rende magte aan die intelligensiediens toe te ken nie. Daar was met ander woorde geen NI-operateurs wat, soos in die geval van die CIA, vyande van die staat om die lewe gebring het nie. Gevolglik was dit vir niemand van die diens nodig om by die Waarheids-en-Versoeningskommissie (WVK) om amnestie aansoek te doen nie. Die boek korrigeer ook die growwe mistasting dat planne om staatsvyande om die lewe te bring op vergaderings van die Staatsveiligheidsraad as statutêre liggaam bespreek is. Barnard het inderdaad voorgestel dat die liggaam se notules bekend gemaak moes word.

Die meeste werke wat reeds oor die stryd van die 1980's bestaan, is erg teleurstellend. Dit kan waarskynlik daarna teruggevoer word dat die stryd om beheer oor die staat nie op 'n konvensionele wyse besleg is nie, maar hoofsaaklik met behulp van propaganda. Op hierdie gebied het die ANC, wat op uitstekende advies van Moskou kon steun, die Regering die loef afgesteek. Toenemend het joer-naliste, akademici en ander meningsvormers die stryd beskou as een waarin die ANC die morele gesagsposisie beklee en die Botha-regering die skurk in die verhaal is.

Hierdie boek gaan verder as die destydse propaganda en belig die kompleksiteite van die politieke stryd in Suid-Afrika en die proses om Mandela vrygelaat te kry.

Geheime Revolusie: Memoires van 'n spioenbaas is 'n diep menslike verhaal. Soos geen ander boek nie wek hierdie werk begrip van hoe die hooffigure soms met amper onmoontlike keuses moes worstel. Die boek skets 'n aangrypende beeld van Barnard en die regeringspan se gesprekke met Mandela in die tronk, waarvan daar net minder as 50 was. Dit werp lig op Mandela as mens en op sy politieke uitkyke in daardie stadium. Die verhouding wat tussen Barnard en Mandela ontwikkel het, was van so 'n aard dat Mandela Barnard later genooi het om op die dag van sy vrylating saam met hom uit die gevangenis te stap.

Maar selfs nog treffender as die oortuigende beeld van Mandela is die prentjie wat van PW Botha as leier geskets word. Hy word vandag eensydig uitgebeeld as 'n politieke buffel wat op mense getrap het en weens stiksienigheid alle kanse op 'n skikking beduiwel het. *Geheime Revolusie* maak dit duidelik waarom dit nodig was dat 'n sterk leier soos Botha in die 1980's aan die stuur was. Sonder die stabiele politieke platform wat teen die einde van die 1980's bestaan het, was die uiteindelike politieke skikking wat ons gekry het haas onmoontlik. Botha se leiding en die rol van die veiligheidsmagte was hierin onontbeerlik.

Dit het nie net daaroor gegaan dat Botha dit vir die ANC-leiers baie duidelik gemaak het dat die beweging nie die staat sou kon omverwerp nie, maar ook oor die wyse waarop hy die veilig-heidsmagte onder beheer gehou het. Die aantal politieke sterftes in Suid-Afrika as 'n proporsie van die totale bevolking tussen 1980 en 1994 was die laagste van al die groot etniese stryde van die laaste

helfte van die 20ste eeu. Daarvoor moet 'n mens nie net die toplei-
ersfigure van die ANC in ballingskap bedank nie, maar veral ook
vir Botha en die hoofde van die veiligheidsdienste. 'n Blik op die
verwoesting wat die regeringsmagte die laaste tyd in 'n land soos
Sirië gesaai het, illustreer hierdie punt baie duidelik.

Uiteraard was daar individuele lede van die veiligheidsmagte
wat hulle aan growwe menseregteskendings skuldig gemaak het.
Die WVK en die media het gesorg dat niemand dit kan vergeet
of ignoreer nie, maar intussen het die groter prentjie verlore
geraak. Dit is nodig om uit te wys dat die veiligheidsmagte en
Botha as staatshoof die onbesonge helde van die redelik vreedsame
beëindiging van wit beheer is. Hiervoor verdien die Nasionale
Intelligensiediens en Niël Barnard persoonlik erkenning.

Geheime Revolusie tel onder die beste boeke oor die politieke
stryd van die 1980's. Die prominentste persoonlikhede word hierin
ewewigtiger en skerper belig as in enige ander boek waaraan ek kan
dink. Dit maak 'n uiters belangrike bydrae tot 'n beter begrip van
een van die mees bewoë eras in die Suid-Afrikaanse geskiedenis.

Hermann Giliomee
Stellenbosch

OP 'N DAG IN DIE 1980'S

DIS êrens in 1986 en ek doen verslag aan die president. Ek vertel hom wat aan die gebeur is. Die land is gedeeltelik in vlamme en raak onregeerbaar.

PW is moedeloos, iets wat baie ongewoon was.

"Dinge ruk handuit," sê hy.

"Louis le Grange[1] sê die Polisie het alles onder beheer, maar ons weet almal dit is nie die geval nie. Ons is in die moeilikheid. Ek weet nie wat ons moet doen nie."

Hy sit 'n hele ruk voor hom en uitkyk.

"Doktor, weet jy wat? Ek dink ons moet hardegat wees. As ons ondergaan, gaan ons hardegat onder."

Maar dit was nie nodig nie. Daar was 'n ander, veel beter, opsie.

"DIE EERSTE MINISTER WIL JOU SIEN"

OP die trap van die Uniegebou het 'n polisieman my voorgekeer. "Wie is jy en wat maak jy hier?"

"Ek is Barnard en ek is hier vir 'n afspraak met die eerste minister." Hy het my snaaks aangekyk. "Ek het nie nou 'n brief by my nie, maar ek moet hier wees."

By die wesvleuel is ek op met die trap. Dit was Oktober 1979, net drie jaar ná die bloedige Soweto-onluste, maar daar was geen opvallende sekuriteitsmaatreëls nie.

Wat ek nie vir die polisieman wou wys nie, was dat ek die situasie omtrent net so vreemd soos hy gevind het. My enigste brokkie inligting was die mededeling – eerder 'n opdrag – van Kobie Coetsee, adjunkminister van Verdediging en Nasionale Veiligheid, dat die premier my wil sien. Dis al.

Kon die versoek iets te doen hê met die akademiese navorsing oor kernstrategie wat ek pas vier maande lank in Amerika gedoen het? Was ek dalk daaroor in die moeilikheid? Hoekom het die tas met al my navorsing en dokumente op die vlug huis toe eers verlore geraak en toe twee weke later doodluiters in Bloemfontein opgedaag?

'n Lang, donker gang met groot houtdeure aan weerskante het voor my uitgestrek. Op die vloer was die tipiese bedekking van die destydse staatsdiens: bruin linoleum-tapyte wat hier en daar van al die voetverkeer begin uitrafel het. In die verbystap het ek deur oop deure ingeloer. Agter lessenaars met groot pakke lêers het amptenare gesit wat oënskynlik geweldig geïnteresseerd was in die werk wat hulle doen.

In die ontvangsarea van die eerste minister se kantoor was daar nie 'n middeljarige sekretaresse met die aura van 'n streng skoolhoof of 'n aanvallige jong dame nie, maar 'n flink en kiertsregop man in 'n spierwit vlootuniform: kommandeur Ters Ehlers. Dit het nogal vreemd opgeval en het met die intrapslag 'n "militêre sein" uitgestuur.

Toe hy my 'n rukkie later by die eerste minister se kantoor inlaat, het PW Botha opgestaan en my vriendelik tegemoet gestap. Ondanks die openbare beeld van 'n ongenaakbare man is hier tog Boere-ordentlikheid en gasvryheid, het ek by myself gedink.

Dit was ons eerste ontmoeting. Jy kon hom toe, soos in al die jare daarna, deur 'n ring trek.

Agter sy lessenaar was twee imposante grys marmerpilare. Nêrens het daar papiere of dokumente rondgelê nie. Op die lessenaar was 'n geraamde foto van die Botha-egpaar en hul vyf kinders. Teen van die mure was daar boeke in netjiese rye.

Die kantoor het gravitas en ordelike gesag uitgestraal. Dit het tot my gespreek. Wat my die meeste opgeval het, was die vier telefone op die lessenaar.

Een van hulle was gekoppel aan 'n yslike toestel met knoppies en kabels. Al het ek weinig geweet van die werkinge van die spioenasiewêreld, het ek uit boeke en geskrifte geweet dat daar op die lessenaars van die presidente van byvoorbeeld Amerika en die Sowjetunie gewoonlik 'n rooi foon staan. As jy daardie nommer het, is jy deur na die hoogste gesag in die land.

Ek het ook gelees van wartoestelle en het afgelei dis waaraan hierdie foon gekoppel is. So 'n toestel voorkom dat iemand wat op die lyn inluister, kan volg wat gesê word. Hy sal bloot 'n geruis of niks hoor nie.

Die gesprek was kort en saaklik. "Ek sal jou vertel wat ek wil hê," het Botha gesê. "Daar is 'n staatsdepartement met die naam Nasionale Veiligheid, die ou Buro vir Staatsveiligheid. Hulle doen intelligensiewerk. Ek wil jou aanstel as die hoof van daardie departement.

"Jy hoef my nie nou te antwoord nie. As jy dit aanvaar, sal ons die nodige reëlings vir die oorplasing vanaf die universiteit tref. Jy sal eers as die hoof-adjunksekretaris aangestel word vir 'n periode van ses maande sodat jy jou kan ingrawe.

"Ek wil oor 'n week jou antwoord hê. Onthou, hierdie is 'n absoluut vertroulike gesprek."

Hy het ook nog gevra of ek verstaan waaroor dit gaan.

"Ja, meneer," het ek geantwoord – nie dat ek eintlik vreeslik verstaan het nie, maar wat anders kon ek nou sê!

En dit was die volle inhoud van die gesprek van 'n bietjie langer as vyf minute. Ek is daar uit, stomgeslaan en vol vrae. Dit was alles so vinnig en uit die bloute dat ek nie eens gevra het wat die werk behels nie.

Terug by my motor het ek dit met die wegtrek skoon in die verkeerde rat gesit en teen die muur voor my vasgery. Ek het my daaraan probeer troos dat ek kort tevore dié tweedehandse Mercedes 230 aangeskaf het en nog nie met sy ratte vertroud was nie.

Die besoek aan die Uniegebou was veronderstel om 'n verposing langs die pad te wees vir ons gesin wat van Bloemfontein af op pad na die Krugerwildtuin was vir 'n kort vakansie. Ons het by my oudstudent Daan Opperman en sy vrou, Thea, in Pretoria tuisgegaan.

Terug by die Oppermans roep ek my vrou, Engela, kamer toe

en vertel haar van PW Botha se aanbod. Sy het nie my ingehoue opgewondenheid gedeel nie. "Waar kom hulle daaraan? Ons is albei te jonk en onervare vir so iets. Ek dink jy moet nee sê."

Jonk was ons beslis, toe skaars 30 jaar oud.

Ek bel my pa, wat ek geweldig baie vertrou het, al is die saak dan nou ook sensitief. "My kind, Pa weet nie eintlik wat om te sê nie. Oorweeg jy dit maar self en doen soos jy goeddink. Maar moenie 'n goeie geleentheid by jou laat verbygaan nie," is sy advies.

Die volgende dag gaan besoek ek ook vir Chris Swanepoel, toe by die SAUK in Johannesburg, wat by die Vrystaatse Universiteit 'n kollega en professor in musiek was. Ons het mekaar deur die Afrikaner-Broederbond [1] en die Ruiterwag[2], waarvan ek 'n lid was, leer ken en ek het groot waarde aan sy oordeel geheg.

Hy skink eers vir ons elkeen 'n glasie wyn en vra my uit oor die aanbod. Maar ek het net die paar karige feite om hom mee te deel en vertel hom ook van Engela se teenstand. Uiteindelik sê hy: "Wel, ek ken jou en ek dink jy moet hierdie geleentheid benut. Maar gaan jy nou eers uit dat ek met Engela kan praat."

So gesê, so gedaan, maar hy kon ook nie met Engela hond haaraf maak nie.

Die volgende dag piekel die Barnards – ons seuns Nico en Hannes is toe onderskeidelik vyf en drie jaar oud – wildtuin toe en ek probeer hard om my aandag by die bokke en voëls en die seuns se soektog na leeus en olifante te hou.

Ons was net anderhalf dag daar, toe kom roep die polisie my by die Satara-ruskamp en sê daar is 'n telefoonoproep vir my by die kantoor.

"Dr. Barnard, dis Ters Ehlers hier. Die eerste minister sê jy skuld hom 'n antwoord oor twee dae, maar dit kan nie meer wag nie. Die pers het die storie uitgesnuffel en jy moet mnr. Botha feitlik onmiddellik laat weet wat jou antwoord is."

Te midde van al die opwinding én 'n ligte benoudheid het ek besef: Wat dié aanbod nou ook al behels, dié dringende oproep uit die hoogste politieke kantoor in die land beteken net een ding: Nasionale Veiligheid is 'n plek waar belangrike – moontlik selfs lotsbepalende – dinge gebeur. En hier kry ek die geleentheid om daar 'n bydrae te lewer.

Ek bel Chris Swanepoel en vra weer sy mening. Hy hou by sy advies van 'n paar dae tevore. En Engela hou by hare, om dit eufemisties te stel. "Dit is 'n te groot sprong vir ons. Ek is bang vir hierdie vreemde situasie. Hulle gaan jou breek," is haar bekommernis.

"Dis 'n wonderlike geleentheid om 'n diens aan my vaderland te lewer," kap ek terug. "En soos jy weet: Veiligheid en oorloë en strategie is die goed wat my kop besig hou."

Toe, soos dikwels in die jare daarna wanneer gewigtige besluite ter sprake was, volg ek my kop én die gevoel op die krop van my maag. "Jy kan vir die eerste minister sê ek aanvaar dit," lig ek Ehlers in.

"Doktor, jy moet maar dadelik kom," sê hy toe. "Dinge raak nou deurmekaar."

Ons het dieselfde dag opgepak en Pretoria toe gery. Die atmosfeer in die kar was nie besonder vrolik nie.

Die volgende dag is ek weer in my pak en das na die Uniegebou, weer af in die lang gang met die bruin tapyt. Dit was die tweede van honderde besoeke in die jare daarna. By die eerste minister se kantoor het ek 'n vorm geteken en daarmee die aanstelling aanvaar – steeds sonder feite oor wat die pos of die vergoeding, die voordele of gevare, behels.

'n Geloofsdaad, sou 'n mens dit kon noem.

"Baie dankie, ek sal later met jou praat," was PW Botha se bondige reaksie.

Dat 'n jong mannetjie uit die akademie wat vermoedelik niks van spioenasie en dié dinge weet nie, nou die land se nuwe spioenbaas word, was kos vir die media. Hulle het wild en wakker oor my bespiegel, met weinig feite tot hul beskikking.

"Koppe skud oor ons James Bond" was *Rapport* se reuse-opskrif op die voorblad terwyl die *Rand Daily Mail* skynbaar ontdek het dat die nuwe spioenbaas die gebruik van die atoombom goedgesind was: "New DONS chief backs the Bomb".[3]

Ek het die pers – wat nie een van my gunsteling-instellings is nie – so lank moontlik probeer vermy. Nadat ek egter ses maande later op 1 Junie 1980 die hoof van die diens geword het, oorreed van my senior kollegas my om tog maar die volgende dag 'n nuuskonferensie te hou en die media te woord te staan. "Sodat hulle kan sien jy kom nie van Mars nie en dat die stof kan gaan lê," is hul redenasie.

Van die eerste dag as hoof van Nasionale Veiligheid kruis my en die ANC se paaie, by wyse van spreke.

In die vroeë oggendure van Sondag 1 Junie het kleefmyne by Sasol 1 op Sasolburg ontplof wat agt reusebrandstoftenks dae lank laat brand en skade van sowat R66 miljoen aangerig het. Die gelyktydige sabotasie van Sasol 2 by Secunda was minder geslaag. 'n Kleefmyn het ook daar ontplof, maar geen brand veroorsaak nie.

Oliver Tambo, destydse president van die ANC, het uit Lusaka verantwoordelikheid vir die aanvalle aanvaar. Dit het my oortuiging dat die ANC Suid-Afrika se vernaamste vyand was, op dramatiese wyse bevestig.

Op die perskonferensie die volgende dag moes ek vrae oor dié terreuraanval, skoleboikotte en ander brandende sake beantwoord. Sommige van my opmerkings het van die koerante blykbaar as verlig ervaar en gevolglik is ek en Naas Botha, wat toe pas kaptein van die Blou Bulle geword het, in 'n spotprent in *Beeld* [4] as twee "Nuwe Besems" uitgebeeld. Hulle kon die NB-ooreenkoms in die afkorting van ons name nie weerstaan nie en het ook "Nog Bloedjonk" bygevoeg. Vir 'n ander blad was my grootste sonde my gesigsuitdrukking ("he did not smile") en dat ek geweier het om op die konferensie Engels te praat.[5]

Miskien het die opmerking van my ma tydens my kinderjare dat Engels die "taal van die veroweraar" is, iets met my weiering te doen gehad, maar die eintlike oorweging was dat ons in die destydse Suidwes en ook in die Vrystaat so min Engels gehoor het dat my uitspraak en taalgebruik maar power was – en hoekom sou ek dit nou voor die hele wêreld uitstal?

Hoewel ek teësinnig was om die media te woord te staan – later in my lewe selfs nog meer – het dit tog gehelp om die waas rondom hierdie geheimsinnige, vreemde wese uit die Vrystaat te laat verdamp.

Ek het grootgeword in 'n huis en omgewing waarin die doelwit om geld te maak nooit ter sprake was nie. Trouens, in ons gesin waarin albei my ouers onderwysers was, was diensbaarheid 'n leitmotief.

Ons afstamming en die familie se geskiedenis was ook belangrike raamwerke vir hoe ons onsself en ons doel in die lewe gesien het. Ons stamvader – ek is die negende geslag ná hom – was Johannes Bernhardt, 'n soldaat van beroep wat van Keulen in Duitsland gekom en ná 'n kort tyd in Engeland die Kaap sy tuiste gemaak het. Hier is hy met 'n Hollandse vrou, Saartjie Strand, getroud, maar 'n paar plaaslike vroue het blykbaar ook 'n rol in sy lewe gespeel.

My grootouers het, soos talle ander wit mense, ná die groot droogte van 1933-'34 uit die omgewing van Kenhardt en Carnarvon Suidwes toe getrek terwyl my pa – Nicolaas (Nico)

Evehardus – 'n jong kind was. Sý pa is op die trekpad dood en hy het feitlik soos 'n weeskind by sy ma, die ouma wat ek nooit geken het nie, grootgeword.

Daar is dikwels vertel hoe swaar hulle gekry het en dit het 'n blywende indruk op ons kinders gemaak dat hulle die terugslae en moeilike omstandighede as uitdagings gesien het en dit te bowe kon kom.

Nadat hy in 1939 aan die Hoërskool Windhoek gematrikuleer het, het my pa tegelyk aan die Bloemfonteinse Onderwyskollege (BOK) en die Grey-Universiteitskollege gestudeer en binne drie jaar 'n onderwysdiploma én 'n BA-graad behaal. Terug in Suidwes gaan hou hy op 'n plekkie in die Voor-Kalahari, in die omgewing van Keetmanshoop, met die droewige naam Tranendal skool. Daar was nie 'n skoolgebou nie, net 'n paar tente, maar kort voor lank bou hy en die boere twee klaskamers, en die skool begin 'n klein boerdery met skape en groente om die kinders van kos te voorsien.

By 'n buurskool op Gaidus hou Magdalena Catharina (Daleen) Beukes[6] skool wat ná 'n kwalifikasie aan die Onderwyskollege in Wellington begin onderwys gee het. My pa neem spoedig kennis van haar en in die oorlogsjaar van 1944 word sy mev. Barnard. Sy skenk die lewe aan vier seuns van wie ek die tweede oudste is.

Ons was deeglik bewus daarvan dat ons ouers in 'n pioniers-wêreld grootgeword het, en self pioniers was wat hulself opgehef en 'n groot land help mak maak het. So het ek geleer dat jy sonder deursettingsvermoë niks vermag nie.

Die eerste drie jaar van my lewe het ons op Otavi, 'n klein dorpie noord van Otjiwarongo, gewoon. Drie jaar later het my pa, wat 'n natuurlike leier was, op 'n jong leeftyd die hoof van die laerskool op Otjiwarongo geword. Later word hy 'n inspekteur van onderwys en nog later die hoofinspekteur van onderwys in Suidwes-Afrika.

Dit was vir daardie geslag baie belangrik dat hul kinders "'n geleerdheid kry" sodat hulle nie, soos hul ouers, minderwaardig teenoor Engelssprekendes sou voel nie. Op Kakamas, waar my ma grootgeword en mense die bitter herinneringe aan die Anglo-Boereoorlog lewend gehou het, het die onderwyser hulle geleer: "Jy praat nie Engels nie. Dis die taal van die veroweraar."

Op Otjiwarongo was daar gereeld politiek-kulturele onderonsies waaraan my pa gewoonlik deelgeneem het, soos oor die oorplasing van die kerk se rekening van Standard Bank na Volkskas. Volgens my pa behoort goeie Afrikaners by Volkskas te bank. Hy was 'n lid van die Broederbond maar 'n gebalanseerde mens, ook oor sy Afrikanerskap. Daar was nietemin by ons geen twyfel oor wat ons is nie. Ons is Afrikaners wat op waardes soos respek vir gesag, dissipline, eerlikheid, stiptelikheid en goeie maniere (veral aan tafel) prys stel. 'n Liefde vir die Afrikaanse taal, kultuur en geskiedenis het ons met moedersmelk ingekry.

As kind moes jy baie vroeg leer om selfstandig te wees. Plaaskinders van ses jaar oud is alleen by die koshuis afgelaai, want hul ouers het op plase tot 400 km van Otjiwarongo af gewoon.

Op skool en in die koshuis, soos by die huis, was daar standaarde, orde en dissipline: klokke wat lui vir opstaan-, etens- en studietye; daaglikse inspeksies van jou skoene, jou bedkassie en bed met sy klapperhaarmatras; godsdiensoefeninge, Voortrekkers en volkspele. In rye het ons skool toe gestap, vir enigiets wat lyk na 'n ernstige oortreding is die rottang uitgehaal ...

Die woord van iedereen in 'n gesagsposisie was wet en almal het geweet wat mag en wat mag nie.

Vir my, soos vir die meeste jong seuns van daardie tyd, het gewere en militêre dinge 'n sekere bekoring ingehou. In die kadette het ons met .303-gewere leer dril en in skoene wat jy blink gepoets het, gemarsjeer. In ons verbeelding was ons dapper soldate wat eendag in groot oorloë gaan veg.

Jag en visvang was 'n natuurlike deel van elke seun se grootword. Seuns het nie klavier gespeel nie, want dis wat sissies gedoen het, maar ek het wel leer klavier speel en tennis bo rugby verkies.

Met gewere en jag het jy deur sekere fases gegaan, amper soos in die kerk. Jy begin met 'n windbuks en lê heeldag by die waterkrippe en skiet namakwapatryse. Dan vorder jy na 'n .22 en groter voëls, later kleinwild. Op 16 het ek my eerste koedoe geskiet, later ook springbokke, gemsbokke, elande ... jare later selfs twee buffels.

My militêre diensplig het ek binne die kommandostelsel[7] verrig waar ek die rang van kaptein bereik het. In Bloemfontein het ek ook by die Burgermag aangesluit en gereeld diens gedoen.

Toe ek dus kort ná my aankoms by Nasionale Veiligheid met die swaargewigte van die Weermag swaarde kruis, het ek redelik goed verstaan hoe hul kop werk.

Die inspirerende idee dat 'n mens deur opvoeding jou medemens en jou land kan dien, het die onderwys vir my 'n voor die hand liggende beroep gemaak. In 1968 het ek met 'n merietebeurs van die Suidwes-administrasie aan die Universiteit van die Oranje-Vrystaat (vandag die Universiteit van die Vrystaat) gaan studeer. Ek het van vroeg af baie in geskiedenis en die wêreld om my belanggestel. My onderwysbeurs het egter vereis dat albei hoofvakke skoolvakke moet wees, maar my pa kon die onderwysdepartement oortuig dat ek naas geskiedenis staatsleer as hoofvak kon neem.

Ná die BA-graad volg toe 'n honneurs- en M-graad[8], laasgenoemde in 1972. Ek was toe reeds 'n tydelike lektor in staatsleer en pak daarna 'n doktorsgraad[9] aan wat twee en 'n half jaar later voltooi is. Ek was 'n vlytige student, maar het darem nie net gestudeer nie.

In die Junie-vakansie in my eerste jaar ry ek en my ouer broer, Leo, met die trein Keetmanshoop toe. Op dieselfde trein is Leo se kamermaat en dié se suster: 'n mooi en vrolike, jong onderwysstudent met die naam Engela Brand. Nie lank nie of ons vind uit dat ons in st. 3 op Otjiwarongo in dieselfde klas was voordat die Brands na Keetmanshoop verhuis het.

Op die trein het ons vir mekaar begin ogies maak, gedurende die vakansie het sy my hare gesny en voor ek my kom kry, was die koeël deur die kerk. Engela was van die begin af vir my in alle opsigte aantreklik. Nes my ma is sy van nature 'n vrolike en spontane mens. Sy leef aan die sonkant van die lewe. Haar ma was nie verniet 'n Italianer nie!

Aan die einde van ons derde jaar (1970) het ons op Hentiesbaai verloof geraak en twee jaar later, op 1 April 1972, is ons plegtig in die eg verbind.

Toe ek universiteit toe is, was ek heeltemal gereed om daarna, soos Engela, die onderwys te betree, maar ek het tog heimlik groter drome gekoester. Dit was nie uitgestippel nie, maar ek het gehoop ek kon eendag in 'n breër verband diens aan my land lewer.

Uiteraard het die politiek, wat nou verwant is aan die staatkunde en geskiedenis, my ook geïnteresseer, en op die kampus het ek by die studentepolitiek betrokke geraak. Ek is tot die studenteraad verkies, maar het kort daarna begin klasgee en het nie formeel in die raad gedien nie. Gedurende my studentejare was dit in my agterkop om 'n politikus te word, maar akademies gaan dit toe so goed – op 27 is ek tot professor bevorder – dat die akademie 'n loopbaanopsie word.

Dit was totdat PW Botha se aanbod uit die bloute my lewe op dertigjarige ouderdom in 'n heel nuwe rigting gestuur het.

Nadat ek 'n klompie jare by Nasionale Veiligheid en sy opvolger, Nasionale Intelligensie (NI), in diens was, is ek meer as een keer gevra om tot die politiek toe te tree. Die Nasionale Party-tak van Bloemfontein-Wes het my gevra om my teen Kobie Coetsee verkiesbaar te stel; eweneens so met die Nasionaliste van Potchefstroom wat wou hê dat ek teen Louis le Grange moet staan.

Teen daardie tyd het ek al die satisfaksie van NI se vroeë suksesse beleef en ook besef 'n politieke loopbaan is nie vir my nie. Die politiek pas nie my persoonlikheid nie. Ek is aan die stug kant, soen nie graag vreemde babas nie en ek het nie 'n begeerte om mense voortdurend te beïndruk nie. Daarby het ek 'n sterk streep individualisme – Engela het 'n minder vleiende woord daarvoor – wat daarteen rebelleer om gereeld aan mense verslag te doen en in hulle goeie boekies te probeer bly.

In die lighoofdige dae ná die eerste minister se aanbod het ek vermoed die intelligensiediens is 'n plek waar 'n mens 'n wesenlike verskil kan maak – dalk meer as in die politiek. Dit het in my geval inderdaad waar geword.

ONTGROENING EN ONTNUGTERING

DIE grou en eentonig grys Concilium-gebou met sy nogal obskure ingang langs die Skinnerstraat-poskantoortjie in Pretoria was nie 'n besonder vriendelike struktuur nie. Sy buitekant was egter 'n redelik betroubare weerspieëling van wat binne aangaan; die spioenasiewêreld is immers 'n harde en ongenaakbare omgewing.

Ek het die Concilium op Maandag 3 Desember 1979 as hoofadjunksekretaris by die Departement van Nasionale Veiligheid (DNV) betree, maar almal het geweet as alles volgens plan verloop, sou ek binne ses maande die nuwe hoof van die departement word. Só is dit immers in die eerste minister se aankondiging twee weke tevore voorsien.

Terwyl ek daardie dag met die lang gange deur talle veiligheidsdeure gestap het, het kantoordeure voor en agter my diskreet oop- en toegegaan. Ek het my verbeel ek kon fluisteringe van simpatie (of was dit verbasing?) hoor.

Die meeste van my kollegas het geglo – sommige het waarskynlik so gehoop – dat sake nié volgens plan sou verloop nie. Hoe kan 'n "haas",[1] daarby nog skaars droog agter die ore, vir ons ou hardebaarde kom vertel hoe dinge gedoen moet word? Boonop 'n akademikus! Wat weet iemand wat in 'n ivoortoring sit van die harde lewe van spioene op die grond?

Die ligte gekonkel rondom my werksmotor het hulle taksering van die situasie goed geïllustreer. As 'n gewone professor het ek in Bloemfontein maar 'n karige salaris verdien, maar hier word ek ingelig dat een van my byvoordele 'n spoggerige motor is, nogal 'n Mercedes Benz 280 SE.

Op 'n dag kondig die man van die vervoerafdeling so ewe aan: "Doktor, ons het jou kar gekry."

Ek kom daar. Dis 'n Mercedes 230, maar ek sê niks. Want ek kan raai wat hulle vir mekaar gesê het: "Hierdie mannetjie gaan nie lank hou nie. Ons moet hom nie 'n te groot kar gee nie, anders verloor die staat te veel." Ek bewys hulle egter verkeerd en uiteindelik het ek twaalf jaar by Nasionale Intelligensie gewerk en gedy.

Van die eerste dag af stap ek in by die kantore van NI-personeel oor die land heen en vra uit na wat hulle doen. My doel is om vas te stel wat op grondvlak gebeur en wat behóórt te gebeur. Ek tref daar 'n klomp spreekwoordelike renperde aan wat almal die July kan wen, maar party is oorgewig, ander oefen nooit nie en baie het nie 'n geskikte jokkie in die saal nie.

Die intelligensiediens van enige land behoort 'n elite-organisasie te wees, maar die meeste van die personeel is ongemotiveerd en hul werk is van swak gehalte. Hoewel hier dus 'n klomp uiters knap mense was (met die uitsondering van sommige in die buitelandse kantore), was die plek organisatories in betreklike chaos en die personeel is swak bestuur.

Een rede vir die lae moraal is die departement se voorloper, die Buro vir Staatsveiligheid (in Engels: BOSS, Bureau for State Security), se verbintenis met die Inligtingskandaal (ook "Muldergate" genoem) waarby my voorganger, generaal "Langhendrik" van den Bergh, diep betrokke was.[2] Dit het sy oorsprong in 1973 gehad toe die eerste minister, adv. John Vorster, voorstelle van dr. Connie Mulder, minister van Inligting, aanvaar het om R64 miljoen van die verdedigingsbegroting te gebruik om geheime propaganda-projekte plaaslik en oorsee te loods. Van den Bergh was 'n vertroueling van Vorster en die skandaal sou uiteindelik albei se kop en dié van Mulder eis.

Nog 'n oorblyfsel uit daardie tyd is die voortslepende magstryd tussen die verskillende departemente wat almal veiligheidsinligting insamel. En die mure het ore: Almal weet goed dat as gevolg van die skandaal en die burokratiese magstryd Nasionale Veiligheid se voortbestaan in sy huidige gedaante op die spel is.

Ek het gevolglik 'n hele paar uitdagings van my voorganger geëerf – asook sy sonderlinge lessenaar waarop daar 'n eienaardige staalgewiggie en 'n versteekte magneet was wat onder die blad ingebou is. Wanneer die generaal 'n gesprek wou opneem, het hy glo die gewiggie heel terloops oor die magneet geskuif en daarmee die bandopnemer geaktiveer. In die vertrek langsaan was massiewe bande van al dié gesprekke wat getranskribeer moes word.

Ek het dadelik al dié goed laat uithaal. Jy kan tog nie met mense saamwerk as jy hulle wantrou nie.

Van den Bergh het nietemin enorme lojaliteit by mense afgedwing, al was dit by baie dalk uit vrees. Ek kom in die departement se kantore in die ander sentra, en daar hang sy portret nog teen die mure. Ek laat hulle maar begaan, want Suid-Afrika is nie die Sowjetunie nie waar Leonid Brezjnjef se foto nog die een dag teen die mure hang en die ander dag Joeri Andropof s'n.

Van die generaal se voormalige kollegas wat ek by die Buro aantref, is uiters knap mense soos Mike Louw, Gert Rothmann, George Grewar, en ander met van die skerpste breine wat ek al teëgekom het. Van hulle het waarskynlik ook vir hulself gesê hierdie haas gaan nie die paal haal nie.

Tot sekere hoogte het hulle 'n punt beet: My kennis van intelligensiedienste is in daardie stadium hoogstens amateuragtig en akademies van aard. Ek het darem genoeg geweet om te vermoed

die swart telefoon in die eerste minister se kantoor is ons ekwiva-
lent van die Amerikaanse president se rooi foon.

'n Voordeel is egter dat ek weet dat ek nié alles weet nie. Tydens
die eerste ses maande se "ontgroening" is ek dus kliphard besig
met indiensopleiding. Dit bied my die geleentheid om die bates
en laste by Nasionale Veiligheid te identifiseer en om vas te stel
wat die knelpunte is, wie remskoene en loodswaaiers is en hoe die
organisasie se potensiaal verder uitgebou en beter benut kan word.

Danksy my akademiese agtergrond was ek deeglik bewus
daarvan dat Suid-Afrika, soos enige ander land, 'n betroubare
inligtingsvermoë nodig het om betyds veiligheidsbedreiginge te
identifiseer. Met my aankoms daar is die departement se inligtings-
verslae wat aan my gewys word van swak gehalte. Daar is ook geen
uitgebreide stelsel van rapportering nie.

Ek word dus dadelik met twee uitdagings gekonfronteer. Die
departement moet organisatories reggeruk en beter bestuur word
sodat dit 'n beter inligtingsproduk kan lewer. Om dit te kan doen
moet die personeel gemotiveerd en trots op hul werk wees.

Hulle sal vertroue in die nuwe kaptein van die skip moet hê.
En dit gaan nie vanself gebeur nie; hy sal dit moet wek.

Alleen as dié dinge gebeur, kan ons die ander uitdaging te bowe
kom: om die aanslag teen die departement af te weer – ironies
genoeg van kollegas in die intelligensiegemeenskap wat ons bond-
genote behoort te wees.

Ek moes in die proses 'n paar moeilike besluite neem en selfs
sekere personeel in sleutelposte vervang. Een daarvan is die
belangrike pos van adjunksekretaris. Ek sou gereeld uitstedig en
uit die land wees en dan neem die adjunksekretaris volgens wet
waar as hoof van die diens. Die natuurlike aanspraakmaker was
Gert Rothmann, 'n briljante maar beneukte man en 'n algehele indi-
vidualis. Hy het die bevordering verdien, maar dit was belangrik

dat die greep wat die operasionele polisiemanne op die diens gehad het, verbreek word.

Ek worstel geweldig daarmee en neem alleen die besluit om hom oor die hoof te sien. Dit is op die ou end 'n tydelike reëling: 'n paar jaar later kry Rothmann die bevordering wat hy verdien.

Cor Bekker, wat ook uit Van den Bergh se dae kom maar nie uit die Polisie nie, is as die nuwe adjunksekretaris aangestel – 'n berekende klap in die gesig van die ou hardebaarde. Dit was 'n duidelike sein aan almal dat die era van "skop, skiet en donder" verby is en dat ons nie ons vuiste nie maar ons kop moet gebruik.

Wat die klap enigsins versag het, was dat Bekker nie die naasbeste was nie. Allermins. Hy was 'n dosent aan die Heidelbergse Onderwyskollege en toe die destydse buro 'n navorser soek, oorreed 'n senior lid vir Van den Bergh om Bekker aan te stel. Hy het dus ook as 'n "haas" van buite gekom.

Bekker is 'n man met gravitas en 'n sterk persoonlikheid. Sy voorkoms en optrede is dié van 'n klassieke, joviale en effens robuuste boer, maar moenie dat dit jou mislei nie. Hy is 'n progressiewe denker en speel mettertyd 'n groot rol om my nuut en strategies oor 'n oplossing vir die land se politieke probleme te laat dink.

'n Paar dinge het in my guns getel in die proses om die departement reg te ruk: Ek was hoogs gemotiveerd. My kennis van die staatkunde laat my besef hierdie departement kan in dié stadium van die land se geskiedenis 'n kritieke rol speel. Dit is vir my lekker om naby die vuur te wees waar dinge gebeur en daar 'n bydrae te lewer. Om met soveel vryheid moontlik agter die skerms te werk en daar 'n verskil te maak, was vir my nog altyd belangriker as om voor op die verhoog te sit maar as jy daar afklim, niks uit te rig nie.

Verder het ek 'n natuurlike aanleg om 'n organisasie te bestuur en leiding te neem. Al moet ek dit self sê: Ek is 'n bleddie goeie voorsitter. Ek neem besluite, tydige besluite, sorg dat dit uitgevoer word, en ek funksioneer goed onder druk.

'n Voordeel wat ek bo baie van my nuwe kollegas gehad het, is dat polisiemanne nie hou van skryf nie. Hulle wil buite rondjaag, die skelms vang en hulle opneuk. Hulle hou nie daarvan om gebeure en inligting te evalueer en daaroor verslae op te stel nie – dis vir hase. My akademiese ingesteldheid om dinge te ontleed, dit uit alle hoeke te bekyk en die resultaat neer te pen, het my juis 'n voorsprong besorg.

Die harde maar beeldskone natuur van my geboortewêreld het my 'n lewensbelangrike les geleer: As jy gaan lê, is jy dood. Só het ek 'n buitengewoon groot dosis deursettingsvermoë ingekry. Die keersy daarvan is dat ek min simpatie het vir mense wat maklik tou opgooi.

Gewildheid was nog nooit vir my 'n lewensideaal nie. Ek verpes dit om na mense te sit en luister wat snert kwytraak, veral wanneer hulle meen hulle het ewige waarhede ontdek waarvan die wêreld moet weet. Soos Engela graag beaam: Ek het 'n ongesonde skeut hardekwasgeid. As ek dink 'n saak is belangrik en ek het 'n punt beet, stuit ek vir niemand nie.

Kortom, die werk en die unieke omstandighede van 'n spioenasiediens het my persoonlikheid soos 'n handskoen gepas.

Deur die jare is ek meermale gevra: "Hoekom het PW Botha jou, 'n jong akademikus met geen ervaring van burokratiese bestuur nie, in so 'n sensitiewe pos aangestel? Publieke administrasie was nie eens jou vakgebied nie."

My eerlike antwoord: Ek weet nie. Ek het hom ook nooit gevra nie.

Natuurlik het ek vermoedens gehad. PW het 'n sterk vriendskapsband met Alwyn Schlebusch, Vrystaatse leier van die Nasionale Party, gehad. Hy was een van bitter min mense in die Kabinet wat genoeg murg in sy pype gehad het om Botha teen te gaan wanneer hy dit nodig geag het. In die premiersverkiesing van 1978 het Schlebusch gesorg dat die deurslaggewende Vrystaatse stem ten gunste van PW uitgebring word (en nie dr. Connie Mulder, die Transvaalse NP-leier, nie). Moontlik het PW daarna gevoel hy skuld die Vrystaat iets.

Schlebusch en ek het mekaar oppervlakkig leer ken terwyl ek die inwonende dosent in die koshuis Karee by die destydse Universiteit van die Oranje-Vrystaat was. Hy was ongerus oor sy seun in een van die ander koshuise en het gevra of ek 'n ogie oor hom kon hou.

'n Ander oorweging vir Botha, dalk die waarskynlikste, was die onlangse geskiedenis van die Veiligheidsdiens. Hy en genl. Van den Bergh het nie ooghare vir mekaar gehad nie.

Nie net wou Botha, wat hom van die eerste dag van sy premierskap tot skoon administrasie verbind het, die erfenis van die Inligtingskandaal uitwis nie, hy wou moontlik ook die intelligensiediens se vlerke knip om weer 'n knoeiery te voorkom. Daarom het hy aanvanklik van die standpunt uitgegaan dat die nuwe diens 'n afgeskaalde navorsingsfunksie moet vervul wat die interpretasie van veiligheidsinligting sou behels. Dit sou dus sin maak om 'n akademikus as die hoof van so 'n departement aan te stel. Die operasionele insameling van inligting – met ander woorde koverte uitvoerende spioenasie – moes die eksklusiewe funksie van Militêre Inligting word. Hy het geglo die ou vete tussen die siviele Nasionale Intelligensiediens en die Weermag oor terreinafbakening sou daarmee ook uit die weg geruim word.

PW het sekerlik ook geweet hoe hardekwas die spul oudpolisiemanne sou wees wie se loopbane deur hierdie plan in die gedrang gaan kom. Hy het waarskynlik vir homself gesê: "Kom ons doen dit in fases. En hoekom sal ék dit doen? Kom ons gebruik vir Barnard om hierdie ding te ontman."

Maar, soos dikwels in die geskiedenis, het ironie hier ook die laaste sê gehad. Trouens, die teendeel van wat Botha voorsien het, het gebeur.

Die worsteling om die verskillende terreine van Suid-Afrika se intelligensiedienste behoorlik af te baken en hul bedrywighede te sinkroniseer het 'n lang aanloop gehad.

Vanaf 1963 het die behoefte aan 'n sentrale intelligensie-orga-nisasie in Suid-Afrika al hoe meer op die voorgrond getree. Reeds in 1947 het die SA Polisie 'n afvaardiging na Brittanje gestuur om die "Special Branch" in Londen te bestudeer. Die gevolg was die stigting van die Veiligheidstak van die SA Polisie wie se hooftaak die insameling en verwerking van inligting was.

In die jare sestig het John Vorster as eerste minister 'n kabi-netskomitee vir verdediging[3] met homself as voorsitter saamgestel wat besluit het dat 'n sentrale intelligensie-organisasie daarge-stel moes word wat inligting vir die Polisie én die Weermag moes insamel. Ook is besluit dat genl. Van den Bergh, wat op die punt gestaan het om die nuwe kommissaris van Polisie te word, die eerste departementshoof van dié nuwe intelligensiediens sou wees en dat hy regstreeks aan die eerste minister verslag sou doen.

Op 1 Mei 1969 het die nuwe Buro vir Staatsveiligheid begin funksioneer. Daarmee het Suid-Afrika sy eie sentrale en siviele intelligensiediens gekry. Die kernbegrippe "sentrale" (of nasionale) en "siviele" was baie belangrik, want dit het op die volgende uit-gangspunte berus: Die bedreiging teen die staat is nie net in die binneland en militêr van aard nie, maar ook uit die buiteland en niemilitêr van aard. Verder impliseer die "sentrale" aard van die diens dat die totale bedreiging vir die staat oorkoepelend ondersoek moet word.

Wat nié gesê word nie, is eweneens belangrik: Die diens het geen uitvoerende mag nie en voer geen operasies uit nie.

Ingevolge 'n Goewermentskennisgewing is bepaal dat die funksies van die nuwe buro sal wees om "alle aangeleenthede wat die veiligheid van die staat raak te ondersoek, inligting wat ingewin word te korreleer en te evalueer en om die Regering daaromtrent in te lig en te adviseer ..."[4]

PW Botha (toe minister van Verdediging) was egter nie daarvoor te vinde dat die Weermag vir sy inligtingsbehoeftes van die Buro afhanklik moet wees nie. Dit het waarskynlik baie te doen gehad met die wantroue waarmee Botha vir Van den Bergh bejeën het.[5] Vir Botha en die weermaghoofde was Van den Bergh 'n vlieg in die salf, maar hulle moes hom verduur, want hy was die eerste minister se gesalfde.

Probleme tussen die Buro vir Staatsveiligheid en die res van die inligtingsgemeenskap het spoedig geil in die blom gestaan. Dit was veral ná die stigting van die Buro dat die stryd tussen dié liggaam, die Afdeling Militêre Inligting (kortweg MI) van die Weermag, die Veiligheidstak (VT) van die Polisie en plek-plek ook die Departement van Buitelandse Sake soms epiese afmetings aangeneem het.

Toe Botha in 1978 eerste minister word, dwing hy die Buro en MI om saam te werk, onder meer deur hulle in dieselfde kantore in die Alphen-gebou, neffens die Concilium, te plaas. Hy het gemeen as hy die verantwoordelikhede van die Buro genoegsaam afskaal en dit in 'n navorsingsinstelling met min magte omskep, sal die magstryd iets van die verlede wees.

Sy plan het ongeveer die teenoorgestelde uitwerking gehad. Genl. Fritz Loots, 'n bekwame soldaat vir wie Botha hoë agting het, is in daardie stadium die hoof van MI, maar Van den Bergh behandel hom soos 'n snuiter. Hulle groet mekaar nie en ry nie eens in dieselfde hysbak nie.

Dit eindig nie daar nie. Snags plant MI meeluisterapparate in Van den Bergh se kantoor om vas te stel waarmee hy besig is, en sý mense spioeneer weer op MI om te sien of hulle al hul inligting op die sentrale databank plaas!

Dis 'n belaglike kinderspeletjie, maar vir die betrokkenes is dit dodelik ernstig, want daaragter lê die vraag: Wie beheer die inligting wat die eerste minister ontvang? En wie hou dus die mag?

Om sake te probeer red, het Vorster appèlregter HJJ Potgieter aangestel as hoof van 'n kommissie met die wydlopende opdrag om te adviseer of die veiligheidstrukture in Suid-Afrika doeltreffend funksioneer en aanbevelings daaroor te doen. Regter Potgieter het belangrike aanbevelings gedoen wat onder meer tot die instelling van die Staatsveiligheidsraad (SVR) gelei het. Kernkwessies soos wie kovert (in die geheim) inligting in die binneland en buiteland mag insamel, is ook behandel.

Die kommissie was sterk ten gunste van die sentralisasie van intelligensie en het goeie insig in die mag van inligting geopenbaar. Die regter het onder meer gesê: "Ek wil die moontlikheid nie wegredeneer nie dat een liggaam wat daargestel is om die staatsveiligheid uit die inligtingsoogpunt te handhaaf, op sigself 'n bedreiging vir staatsveiligheid kan inhou." Die kommissie het gemeen dat grondwetlike remedies voldoende behoort te wees om die misbruik van intelligensie teen te werk.

Ná my aanstelling het dit vir my duidelik geword dat die benaming "Nasionale Veiligheid" nie reg laat geskied aan die departement se terrein en taak nie. Dit is per slot van rekening 'n intelligensie- of spioenasiediens en verleen nie veiligheid in die gewone sin van die woord nie. Ons dra nie wapens of uniforms nie, maak nie oorlog nie en is nie daarop uit om misdadigers aan te keer nie.

Die veiligheid wat ons nastreef, is een wat moontlik gemaak word deur inligting, insig en kennis. "Scientia Munit" (kennis beveilig) was die ou Buro se leuse soos dit op die heraldiese wapen verskyn. Vir "alledaagse gebruik" het ek die leuse gepopulariseer met "Dié wat weet, wen."

Tot ongeveer die Tweede Wêreldoorlog (1939-1945) is intelligensie beskou as 'n oorlogsaktiwiteit; inligting wat 'n mens nodig het wanneer jy oorlog maak, m.a.w. militêre inligting. Ná die Tweede Wêreldoorlog dring die besef egter deur dat die veiligheidsbedreiging teen die staat nie net militêr van aard is nie. Daarna ontwikkel die begrip van 'n "nasionale" of "siviele" diens wat oorkoepelend alle aspekte bestudeer en verwikkelinge probeer voorkom wat die veiligheid van die staat bedreig. Dit gee in Suid-Afrika aanleiding tot die begrip "totale aanslag".

Vanweë die eeue oue tradisie van militêre inligting en die unieke rol wat weermagte ter beskerming van die staat lewer, het die meeste lande egter die praktyk van 'n afsonderlike militêre-intelligensievermoë behou. In Suid-Afrika se geval, wat skerp verskil van byvoorbeeld die Amerikaanse bestel, het die ("siviele/nasionale") intelligensiediens geen uitvoerende magte nie.

Ek glo baie sterk aan dié beginsel en het deur my hele loopbaan daaraan vasgehou. Ons het dus nie soos die CIA gemaak en met spesmag-lede in afgeleë lande ingestorm, mense doodgeskiet en 'n nuwe bewind probeer vestig nie.

Alles in ag genome en ná baie debatte is besluit op die naam "Nasionale Intelligensiediens" (met "NI" as ons doopnaam) omdat dit die beste uitdrukking gegee het aan die wese en strewe van dié departement.

Engela vertel die kostelike verhaaltjie van hoe sy op 'n dag by die apteek verplig was om te sê waar haar man werk toe die winkelassistent aandring op meer inligting oor die mediese fonds waartoe die Barnards behoort.

"By Nasionale Intelligensie," fluister Engela.

"Ag, wonderlik!" kom die antwoord. "Ons soek al so lank na 'n plek om die kinders se IK te laat toets."

Die Potgieter-verslag en die wetgewing wat daaruit gespruit het, het egter nie 'n einde gebring aan die geskille en destruktiewe wedywering in die inligtingsgemeenskap nie.

Op dieselfde dag dat ek diens aanvaar het, het die Coetsee-kommissie die laaste keer vergader. Kobie Coetsee, toe adjunkminister van Verdediging en Nasionale Veiligheid, is deur die eerste minister as voorsitter van 'n kommissie[6] aangestel om nogmaals die intelligensiebedeling in Suid-Afrika te ondersoek en die terreine van die verskillende rolspelers af te baken.

Die beginsel van 'n sentrale intelligensiediens is aanvaar, maar oor elkeen se verantwoordelikhede is ná hewige argumente geen konsensus bereik nie.

In die jare daarna moes ek meermale agterkom hoe amptenare se oënskynlike koppigheid in burokratiese binnegevegte dikwels die gevolg was van ministers wat hulle min of meer die dood voor oë gesweer het as hulle enige toegewings doen. Veral lt.genl. PW van der Westhuizen van Militêre Inligting en genl.maj. Johann Coetzee van die SA Polisie het heimlik gespook om Nasionale Veiligheid nekom te draai. Klaarblyklik sou dit die Weermag en die Polisie se mag aansienlik uitbrei.

Die Coetsee-kommissie kon nie oor die kernkwessie van terreinafbakening eenstemmigheid bereik nie en dit het sonder om formeel te ontbind bloot opgehou funksioneer. Dit het wel een belangrike aanbeveling gedoen: dat in die lig van die behoefte aan tydige en deurlopende inligting die eerste minister daagliks van 'n "informasierapport" (inforap) voorsien behoort te word. Daaraan moes al die intelligensiepartye meewerk.

Dit was inderdaad 'n nuttige en praktiese aanbeveling, maar was dit in die lig van die onderlinge verdeeldheid haalbaar?

Uitsluitsel oor die kritieke kwessie van watter inligtingstake aan wie toevertrou moet word, moes in belang van die land so spoedig moontlik verkry word.

Boonop was dit nie PW Botha se bestuurstyl om 'n wond te laat sweer nie. Sy opdrag aan ons in die tweede helfte van 1980 het min of meer só gelui: "Ek is nou moeg vir julle bakleiery. Die land kan dit nie bekostig nie. Kom bymekaar op 'n plek en spook die saak daar uit. En julle kom nie terug voordat julle 'n plan opgestel het waarmee almal redelik gelukkig is nie."[7]

'n Ideologies-strategiese geveg "tot die dood toe" onder die land se spioene was onafwendbaar.

DIE SLAG VAN SIMONSTAD

AAN my is ewe gasvry die hoofslaapkamer van die SA Vloot se imposante Admiraliteitshuis in Simonstad aangebied. Die plek het 'n ouwêreldse atmosfeer wat 'n mens herinner aan die dae van lord Nelson en die Slag van Trafalgar in 1805. Die swaar matte, die skilderye van vervloë seeslae en helde, en die donker houtpanele het op 'n manier gesê: "Kyk wat het alles voor julle gebeur. Julle is nie die eerstes wat hier verbyvaar nie."

Ek het die aanbod van die deftige slaapkamer vriendelik aanvaar, maar was nie so naïef om te dink dié gasvryheid was om dowe neute nie. Die vertrek was sekerlik van bo tot onder vol meeluisterapparate.

Ja – ons was almal daar met 'n gemeenskaplike doel: om deur die insameling van betroubare informasie die land te dien.

Nee – daar was geen eenstemmigheid oor hoe dit gedoen moes word, wie van ons die beste toegerus was om wat te doen en hoe die ingesamelde informasie vertolk moes word nie.

Die "ons" was die topmense van drie, soms vier, strydende staatsdepartemente: Nasionale Intelligensie (NI); die SA Weermag, veral die Afdeling Militêre Inligting (AMI); die SA Polisie, by name die Veiligheidstak; en in 'n mindere mate die Departement van Buitelandse Sake.[1]

Veral vir ons van Nasionale Intelligensie en vir die manne van Militêre Inligting was daar ontsaglik baie op die spel. Daarom probeer die generaals en brigadiers inluister op wat in my kamer gesê en beplan word, maar ons is nie bobbejane nie en hou onder die bome en langs die see kajuitraad.

Daar was veel meer op die spel as die vraag wie die veiligheids-inligting wat die staat nodig het, die beste kan insamel. Die kritieke en komplekse vraag was: Wat *beteken* daardie informasie? Hoe dit vertolk moes word, het ten nouste verband gehou met ideologies-strategiese oorwegings – waaroor daar geen eenstemmigheid was nie. Die weermagmanne was vas oortuig dat hulle die finale antwoord op dié vrae het en daarom die laaste sê behoort te hê.

Vir my persoonlik was feitlik alles op die spel; altans, dit is hoe ek die omstandighede ervaar het. Vanselfsprekend het my kollegas my fyn dopgehou om te sien of ek die vermoë het om my man te staan waar die spreekwoordelike seerowers die buit verdeel.

Wat ek ook terdeë besef het, is dat as NI hier ontman word, dit die einde van my kortstondige loopbaan in diens van die staat sal wees. Ons ideaal was om die land se nasionale intelligensiediens te wees, nie bloot 'n navorsingsinstelling wat nie op sy eie inligting kon staatmaak nie. "As jy hierdie geveg verloor, sal almal sê: 'Jy het toe nie die mas opgekom nie.'" Só praat ek met myself. Daarom word dit vir my so te sê 'n saak van lewe of dood.

In my agterkop is ook die wete dat ek van niemand politieke ondersteuning of beskerming kan verwag nie. Al het die eerste minister my aangestel en al is hy 'n baie lojale mens, sal hy nie omgee as NI tot 'n onbenullige groepie ontleders afgeskaal word nie. Trouens, hy sal dit waarskynlik geniet, want dan het hy sy ou vyand, Hendrik van den Bergh, se nalatenskap in sy peetjie gestuur en dit sal ook die einde van die *turf battle* met die Weermag en die Polisie wees.

'n Klein "voorsprong" wat ons op ons kollegas (in die breë sin van die woord) het, is dat ek die voorsitter van die beraad is

aangesien ek in rang die mees senior amptenaar daar is. Die voor-
sitterskap is een ding waaroor geen debat gevoer is nie. Dit beteken
ook ons departement verskaf die sekretariaat en sien toe dat die
verrigtinge akkuraat genotuleer word.

As ek onbeskeie mag wees: Ek het die vermoë om mense se
gedagtegang vinnig te peil en dit dikwels beter te verwoord as wat
hulle dit self doen. In Simonstad help dit ons om betreklik gou dui-
delikheid te kry oor wat die verskillende partye se standpunt is.

Saam met my was André Knoetze, hoof van NI se administra-
sie, en dr. Cobus Scholtz van ons regsafdeling en in Simonstad
sekretaris vir die beraad. Ek sou graag die uiters bekwame Gert
Rothmann daar wou hê, maar hy's 'n man wat vinnig en reguit
praat; sy teenwoordigheid sou waarskynlik olie op die vuur wees.

In die Weermag se hoek was lt.genl. PW van der Westhuizen,
hoof van Militêre Inligting, 'n mindere karakter wat deur dr.
Chester Crocker, die Amerikaanse onderminister belas met Afrika,
die "ratcatcher" van PW Botha genoem is.[2] Van 'n nasionale stra-
tegiese insig was daar by Van der Westhuizen weinig sprake en
hy het dikwels nie sy woord gestand gedoen nie. Ons het hom die
bynaam "Vuil Uil" gegee. Nietemin het die Weermag oor 'n for-
midabele span beskik wat 'n mens voor hanekraai laat opstaan het
ter voorbereiding van die dag se besprekings.

In die SAP se hoek was genl.maj. Johann Coetzee, hoof van
die Veiligheidstak, 'n skerpsinnige maar glibberige karakter met
een bruin en een blou oog wat vir my simbolies van sy doen en
late was. Hy het 'n obsessie gehad om geleerd voor te kom en het
gedurig Latynse aanhalings gebruik. Hy wou tot elke prys die kom-
missaris van Polisie word, wat later wel gebeur het, maar sy droom,
waarvan hy geen geheim gemaak het nie, was om minister van
Polisie te word. Anders as Van der Westhuizen, het Coetzee nie in
die bokskryt by Simonstad kundige helpers in sy hoek gehad nie.

Die teenwoordigheid van die Departement van Buitelandse Sake[3] was hoofsaaklik simbolies. Die uitgeslape Pik Botha was te opportunisties om hom by die magstryd in die intelligensiegemeenskap te laat betrek en die nimlike dr. Brand Fourie, direkteur-generaal van die departement, was te veel van 'n gentleman om hom hiermee besig te hou.

Die goedige maar bekwame lt.genl. André van Deventer van die Weermag wat na die kantoor van die eerste minister gesekondeer is, was ook daar. Hy was klaarblyklik PW Botha se spioen by Simonstad.

In die jare tagtig het twee duidelik onderskeibare denkskole rakende die veiligheids- en politieke situasie in die land uitgekristalliseer. Dit het hom ook in Simonstad laat geld.

Aan die een kant was die groep waarby die Weermag en die Polisie hulle geskaar het en wat sterk geglo het die enigste probleem in die land is die kommuniste soos verpersoonlik deur die Sowjetunie. Hulle sien 'n bedreiging in die Russe se steun aan onafhanklike Afrikastate waar kommunistiese regerings aan die bewind is. Die kommuniste se einddoel is dat hulle die land wil oorneem, glo die Weermag en die Polisie. Hul antwoord op dié bedreiging is 'n langtermyn-militêre strategie waarin Suid-Afrika 'n buffersone aan ons noordgrens skep van state wat onder ons beheer kom deur goedgesinde regerings aan die bewind te plaas en te hou. Gevolglik ondersteun ons versetbewegings soos Unita in Angola, Renamo in Mosambiek en van tyd tot tyd sekere weerbarstige groepe in Zambië en Zimbabwe.

Brig. John Huyser, hoof van stafbeplanning van die Weermag, verkondig dié strategie wat die militêre establishment se standaardreaksie op die politieke en revolusionêre aanslag teen die land word. Volgens dié doktrine hoef Suid-Afrika nie 'n militêre stryd op eie bodem te voer nie, maar in die sogenaamde buffersones aan ons grense.[4] Huyser gaan so ver om nie net Zimbabwe en Zambië hierby in te sluit nie: Ek woon lesings by waarin hy verduidelik dat Tanzanië ook onder Suid-Afrika se beheer behoort te kom – trouens, die hele Afrika suid van die ewenaar.

Só word Huyser se koorsdrome deel van die Weermag se sogenaamde voorste verdedigingstrategie. Hieroor word ons in Simonstad tot vervelens toe – maar onoortuigend – toegespreek.

Boonop is daar ook 'n meer sinistere element aan die Weermag se strategie. In die lig van die wapenboikot teen Suid-Afrika het die land sy eie, magtige wapenbedryf met die hulp van Krygkor opgebou. Mettertyd raak dit nodig om oordrewe inligting oor die militêre bedreiging uit die buurstate aan die politieke bewindhebbers te voer ten einde Krygkor se ambisieuse programme van wapentuigontwikkeling te regverdig. Indien nodig, moet inligting gefabriseer word om sogenaamde goedgesindes (soos Renamo en Unita) te help om revolusionêre "bevrydingsoorloë" in buurstate te voer.

Die ander denkskool, waarin NI die leiding neem, glo dat die skynboksoefeninge wat ons in die buurstate uitvoer, 'n blufspel is. Dit is wesenlik 'n militêre antwoord op 'n politieke vraagstuk.[5]

By NI is ons oortuig die Weermag se strategie berus nie op goeie inligting nie. Die betroubare en objektief beoordeelde inligting sê vir ons Suid-Afrika se voortbestaan is nie in die eerste plek gekoppel aan oorloë teen kommuniste op die landsgrense nie.

Dit hou ten eerste en ten nouste daarmee verband dat ons 'n antwoord moet kry op die land se binnelandse politieke vraagstuk. Feit is dat die antwoord wat Suid-Afrika in daardie stadium op die aanslag teen die land aanbied, nie deur die meerderheid Suid-Afrikaners aanvaar word nie en ons gaan hulle nooit van die geldigheid van dié antwoord oortuig nie.

Om heeltemal eerlik te wees: Ten tyde van die "Slag van Simonstad" was dié oortuiging by NI – en myself – nog in 'n embriostadium. Daar was nog nie onder ons algehele eenstemmigheid hieroor nie, maar van een ding was ons seker: Ten einde die beste antwoord op die land se politieke probleme te kry, was die beste inligting nodig.

En wie gaan dié kritieke inligting insamel en vertolk, wat op sy beurt waarskynlik die politieke koers van die land gaan bepaal?

Dít is die dryfveer agter die hewige woordestryd wat oor vyf dae by Simonstad gevoer word. En die rede daarvoor is eenvoudig: Kennis is mag en mag is die suurstof van die politiek, en politiek die voertuig waarmee 'n land sy toekoms bepaal.

Uur ná uur word heftige redenasies herhaal wat die vorige maande op verskeie platforms gebruik is. Van der Westhuizen van Militêre Inligting en Coetzee van die Polisie is klaarblyklik kop in een mus. Hulle beywer hulle op wat hulle dink subtiele wyse is, vir die ondergang van NI.

Wat institusionele geheue betref, het NI niks gehad om op terug te val nie. In die dae van ons voorganger, die Buro vir Staatsveiligheid, het daar klaarblyklik 'n polisiekultuur geheers waarin eerstens probeer is om probleme reg of weg te moker. Waar daar oorlogsrammelinge en kruitdampe was, was die Lang Generaal altyd in die omgewing. Ek het enkele kere met hom gesels en dit was duidelik dat gesprekvoering en onderhandeling tussen strydende partye hom nie besonder geïnteresseer het nie. Hy het hom wel daarvoor beywer om die détente-pogings van John Vorster in Afrika te bevorder.

Intussen weet ons dat Simonstad NI se lot gaan bepaal.

As ons die funksie verloor om informasie in die buiteland in te samel – dis wat die Weermag wil hê – sal hulle net dié inligting aan die politici deurgee wat hul agenda pas. As ons die insameling van informasie in die binneland prysgee – dis wat die Polisie wil hê – voorspel dit ook groot probleme vir die land omdat hulle sake net wil regskiet en -slaan.

Terselfdertyd dring dit tot my deur dat ons nie kan verwag om in alle opsigte ons sin te kry nie.

Ons enigste vastrapplek is die Potgieter-verslag, waarin die stigting van 'n sentrale en nasionale intelligensiediens aanbeveel is. Omdat appèlregter Potgieter die gevaar verbonde aan 'n enkele inligtingsinstansie ingesien het, het Wet 64 van 1972 waartoe sy verslag gelei het, in 'n omstrede paragraaf daarvoor voorsiening gemaak dat Militêre Inligting "met die medewete en instemming" van die destydse Buro informasie in die buiteland kan insamel.

Dít is soos 'n rooi doek vir die Weermag. Hulle moet ons toestemming vra om in die buiteland te opereer en hulle moet ons inlig oor wat hulle daar doen, sê die wet. Maar die wet kan natuurlik verander word, en Magnus Malan, minister van Verdediging, het invloed by PW Botha. Dit weet almal.

Ek het voor my siel geweet as ons een of ander vorm van samewerking wil hê, sal ons van dié bepaling in die wet moet vergeet. Dis buite die kwessie dat die hardebaarde van MI daaraan gaan voldoen.

Een van die redes, meen ek, waarom dit later redelik goed gegaan het met my onderhandelinge met Nelson Mandela en in baie ander gevalle, was dat ek danksy intelligensiewerk dit makliker as die meeste ander mense vind om my in die skoene van 'n opponent te plaas. Ek vra my altyd af: "As ek nou daai man of vrou was, wat sou ek gedoen het?" En as ek net 50 persent reg is in my oordeel, kan ek my teenskuif beplan. Êrens moet ons mekaar vind.

Daarom doen ons by Simonstad twee kritieke toegewings.

Ek onderhandel om vir die Weermag te sê: Julle hoef nie van ons "medewete en toestemming" vir werk in die buiteland te verkry nie. Julle kan wat genoem word "konvensionele militêre inligting" in die buiteland insamel.

Ek verduidelik dit ongeveer só: "Dis 'n swakheid in die Potgieter-verslag dat aanbeveel word dat die Nasionale Intelligensiediens aan die Weermag inligting omtrent die vyand se bedrywighede in die buiteland, byvoorbeeld buurstate, moet verskaf. Dit lei by geleentheid tot operasies deur julle spesmagte wat dikwels skeefloop en waarin onskuldige vroue en kinders doodgeskiet word. Op die koop toe word NI dan daarvan beskuldig dat ons verkeerde inligting verskaf het. Gevolglik dra ons graag dié verpligting aan julle oor."

Van der Westhuizen en sy militêre hardebaarde vind dit aanvaarbaar.

Die ander kwessie is dat die Polisie ons uit die binneland wil uithou want ons is die pennelekkers wat 'n politieke oplossing vir die totale aanslag soek. Maar hoe kan ons – wat kantore en personeel in Pretoria, Kaapstad, Port Elizabeth, Oos-Londen, Kimberley, Bloemfontein, Durban, Richardsbaai, Johannesburg en Pietersburg het – nou uit die binneland wegbly? Dis tog ondenkbaar.

Daarom doen ons ook aan die Polisie 'n toegewing: "Ons verstaan die verband tussen die binnelandse en die buitelandse bedreiging. Die ANC maak eintlik geen onderskeid tussen die twee nie. Informasie oor die een hou direk verband met informasie oor die ander. Ons kan nie die twee skei nie.

"Ons stel voor julle hanteer die binnelandse veiligheidsinligting. Ons sal in die binneland *staatkundige inligting* insamel."

Coetzee sê hy begryp die onderskeid en stem in. (Ons verswyg dit maar dat die begrip "staatkundig" so wyd soos die Heer se genade is. En wat is nou eintlik "konvensionele militêre inligting"? Dit is soms voordelig om 'n haas te wees!)

Gaandeweg het rede oor emosie in Simonstad begin seëvier wat al die belangrike kwessies betref. Uit al die duisende woorde en papiere kom mettertyd 'n fundamentele verstandhouding na vore. Dit wyk in sekere opsigte af van die Potgieter-verslag en sy gepaardgaande wetgewing, maar dit plaas Suid-Afrika op 'n nuwe intelligensiepad.

Die kernelemente daarvan is:

- Die voorsiening van inligtingsprodukte is 'n gesamentlike verantwoordelikheid van al die intelligensie-instellings. Dit sal by die Tak Veiligheidsbeplanning, wat deel van die eerste minister se kantooropset is, gekoördineer word.
- Die overte (openlike) insameling van veiligheidsinligting is almal se afsonderlike verantwoordelikheid, maar pogings sal aangewend word om duplisering en onnodige koste te vermy.
- Die Nasionale Intelligensiediens (NI) aanvaar primêre verantwoordelikheid vir die koverte (geheime) insameling van staatkundige inligting in die binneland.
- NI aanvaar ook primêre verantwoordelikheid vir die koverte insameling van niemilitêre veiligheidsinligting in die buiteland.
- Die Veiligheidstak van die SAP is verantwoordelik vir die koverte insameling van niestaatkundige veiligheidsinligting in die binneland.
- Die Weermag, by name Militêre Inligting, is primêr verantwoordelik vir die koverte insameling van militêre inligting in die binneland en die buiteland.
- Buitelandse Sake sal slegs overte diplomatieke inligting bedryf en volwaardig inskakel by die aktiwiteite van die inligtingsgemeenskap.
- 'n Koördineringsliggaam vir die bedryf van veiligheidsinligting moet daargestel word. Dit het spoedig as die Koördinerende

Intelligensiekomitee (KIK) met sy werksaamhede onder my as voorsitter begin en 'n nuttige rol gespeel om inligting van die verskillende intelligensiearms te koördineer.[6]

Dié ooreenkoms het daartoe gelei dat niemand met leë hande uit Simonstad weg is nie. Die Weermag en die Polisie het weliswaar nie daarin geslaag om van NI net 'n navorsingsinstelling te maak nie, maar ons het tot hul groot vreugde toegegee dat ons funksie as die oorheersende nasionale intelligensiediens verwater word. Dis egter glad nie wat in die praktyk gebeur het nie.

Die meeste lande het nie een enkele diens wat sowel binne-landse as buitelandse intelligensiewerk doen nie. In Westerse state is daar gewoonlik 'n buitelandse diens soos die Amerikaanse CIA, die Britse MI6 en die Duitse BND (Bundesnachrichtendienst) wat op potensiële buitelanse vyande spioeneer. Die binnelandse teenspioenasiedienste soos die Amerikaanse FBI, die Britse MI5 en die Duitse BFV (Bundesamt Für Verfassungsschutz) se taak is om spioenasie deur ander lande op eie bodem, asook plaaslike groepe wat ongrondwetlik optree, aan bande te lê. Dié benade-ring berus op die valse aanname dat vyande van die staat slegs in die buiteland voorkom.

Omdat Suid-Afrika se veiligheidsbedreigings in die binneland én uit die buiteland was, sou 'n organisatoriese skeiding van dié dienste egter rampspoedige gevolge hê. Spioenasie moet in sulke omstandighede uit een sentrale punt bestuur word. Geen spioen is in elk geval bereid om die besonderhede van bronne wat dikwels oor 'n leeftyd gekweek en versorg is, by die landsgrense aan kom-peterende kollegas op 'n skinkbord aan te bied nie.

Simonstad was vir my 'n mylpaal – nie net omdat die aanslag op NI afgeweer is nie; veel belangriker was die feit dat dit NI die kans gegee het om voortaan deur die gehalte van sy mense en sy werk sy slag te wys.

Wat my daar goed te staan gekom het, is 'n goeie luistervermoë – miskien juis omdat dit nie altyd so voorkom nie – en 'n strategiese oordeelsvermoë. Hoewel ek toe nog net 'n bietjie meer as 'n paar maande by NI was, het ek besef dat jy selfs in die wêreld van spioenasie met negatiwiteit net beperkte welslae kan behaal. Ons het toe reeds 'n positiewe ideaal gehad: om vir die onmiddellike toekoms die diens se oorlewing te verseker en gevolglik op die mediumtermyn twee tot drie jaar te skep waartydens die diens opgeknap en geherorganiseer kon word.

Van die deftige Admiraliteitshuis in Simonstad is ons terug na die grys gange van die Concilium-gebou in Pretoria. Ek doen aan my kollegas verslag oor wat in die Kaap gebeur het. Die drie van ons is ingenome met wat ons daar bereik het, maar ons word begroet met 'n skoot koue water van die ou hardebaard-polisiemanne. Ek verduidelik hoe sake verloop het; dat as ons ons hardekwas gehou het, ons die stryd sou verloor het, en hoe ons die diens se oorlewing voorlopig verseker het.

Daar is egter, soos by die Israeliete van ouds, 'n murmurering onder die skare omdat ek toegegee het oor die "medewete en instemming" waarvan die wet praat. Ons moes die Weermag en Polisie sommer vinnig opgedons het, is hulle advies.

"Kyk, ek verstaan daar mag van julle hier wees wat dink die toegewing is nie aanvaarbaar nie, maar ek vee my 'n bietjie daaraan af. Wat julle blykbaar nie besef nie, is dat ons in 'n oorlewingstryd is. Dit is die beste wat ons nou kon doen," sê ek vir hulle.

"Hierdie papierooreenkomste beteken eintlik nie veel nie en dis nie in 'n wet vervat nie. Die vraag is nou: Kan ons beter inligting as hulle (die Weermag en die Polisie) aan die eerste minister verskaf of nie? En ek gee regtig nie om as julle sogenaamde niestaatkundige inligting in die binneland inwin nie. As dit beter is as die Polisie s'n, gaan niemand vra of ons dit volgens die ooreenkoms van Simonstad verkry het nie.

"Die vraag is: Wie gaan die beste inligting op die tafel sit? Dís ons uitdaging. Dit sal ons laat oorleef."

Die ooreenkoms van Simonstad het nie die duisendjarige vrederyk in die intelligensiegemeenskap laat aanbreek nie. Niemand het dit seker verwag nie. Nogtans het die manier waarop sommige mense gepoog het om die verstandhouding te verdraai, my verbyster.

Toe ons spannetjie enkele dae ná die beraad redelik ingenome by die eerste minister se kantoor in Kaapstad opdaag, het 'n uiters onaangename verrassing op ons gewag.

Van der Westhuizen, die einste "Vuil Uil", deel ewe nonchalant 'n dokument van anderhalf bladsy uit waarin hy die ganse ooreenkoms wat oor vyf dae uitgewerk is, negeer en al die ou weermagstandpunte van vooraf op die tafel plaas.[7] Asof geen verstandhouding bereik is nie! Nie 'n woord word gemeld van die omskrywing van NI se werksterrein soos ooreengekom is nie.

"NI (sal) politieke inligting bedryf," word beweer – 'n kategorie wat nooit ter sprake was nie.

Botha en ministers Magnus Malan (Verdediging), Pik Botha (Buitelandse Sake) en Louis le Grange (Wet en Orde) luister aandagtig na Van der Westhuizen. "Hierdie nuwe verdeling van funksies impliseer dat die nasionale inligtingsdiens (sic) nie in sy huidige vorm kan voortbestaan nie en in wese nie 'n nasionale inligtingsdiens sal wees nie," lui die dokument.

Ek kook van woede oor dié eerlose en leuenagtige optrede van die hoof van Militêre Inligting, maar kry dit tog reg om my humeur te beteuel. Gelukkig het dié slinkse maneuver misluk toe Botha later beslis het dat die werklike en goed gedokumenteerde verstandhouding van Simonstad uitgevoer moes word.

Ek vermoed Botha het die dilemma goed verstaan soos dit uitgedruk word in die vraag: Wie waak oor die wagters? Anders gestel: Wie pas die spioene op?

Terwyl hy keelvol was vir die gevegte tussen die verskillende intelligensierolspelers, het hy besef dat 'n gesonde mate van oorvleueling sekere voordele inhou. Op dié manier kon voorkom word dat een instelling inligting vir sy eie doeleindes verdraai, oordryf of weerhou. Onnodig om te sê dat Van der Westhuizen daarna nooit weer in enige ooreenkoms vertrou is nie. Magnus Malan was nie van dié gepoogde miskenning van die Simonstad-ooreenkoms te verontskuldig nie.

Van der Westhuizen het egter steeds nie sy streke laat staan nie. Vyf maande ná Simonstad, in Junie 1981, lê Militêre Inligting onder sy leiding 'n dokument met die naam "Funksionele Verdeling van Verantwoordelikhede van die Intelligensiegemeenskap" by die koördineringskomitee KIK ter tafel. Weer eens word gepoog om die rol van NI te ondergrawe deur nou te beweer dat al die intelligensie-instellings gelykwaardig sal wees.

Die Weermag wou maar net nie aanvaar dat sy eskapades in Afrika deur ander organisasies se beter inligting getroef kon word nie. Hy het steeds aan die ylhoofdige droom bly vasklou dat Suid-Afrika se probleme slegs aan die optrede van kommunistiese terroriste in ons buurstate te wyte was. Dit was wel 'n probleem, maar nie die kern van die probleem nie.

Op 22 Junie 1981 word Van der Westhuizen en MI gefnuik toe die eerste minister en sy belanghebbende ministers finaal die aanbevelings van Simonstad aanvaar. Daarmee was die tyd vir praat verby, ook vir ons by Nasionale Intelligensie.

HOOFSTUK 5

OPERASIE REGRUK

MET Simonstad en die post mortem daarna agter die blad, het ons by NI met 'n soms losbandige ywer en drif aan die werk gespring. Nie veel minder as dit nie was nodig, want daar was berge om te versit.

Ons skep 'n gewone, doeltreffende en vaartbelynde bestuursmeganisme om die diens te organiseer. Week- en maandprogramme met spesifieke, meetbare teikens word ingestel; elke oggend kom die bestuur bymekaar en die navorsingsmense lewer verslag van die vorige 24 uur se gebeure en die ingesamelde informasie daaroor. Vrae word gevra, daar word besluit wie gaan wat doen, wat is die spertye daarvoor, en so meer. Dit gebeur elke dag van die week en is 'n totaal nuwe belewenis vir die personeel.

Een maal per week vergader ek en die vier hoofdirekteure. Sensitiewe projekte, geld- en personeelsake word bespreek.

'n Saak wat dadelik dringende aandag kry, is die opgradering van inligtingsverslae wat met my aankoms daar, met alle respek, 'n minderwaardige produk was. Ondanks die aanbevelings van die Coetsee-kommissie was daar steeds geen behoorlike stelsel van rapportering nie. Dit was waarskynlik daaraan te wyte dat opwindende operasionele werk – dit waaraan die meeste mense dink wanneer hulle die woord "spioenasie" hoor – steeds die fokus was en dat die polisiemanne wat grootliks die stigterslede van die diens was, die ontleding van inligting en die skryf van verslae as die werk van hase beskou het.

Navorsing en die evaluasie van veiligheidsinligting is ongelukkig

40

vandag nog die aspoestertjie van loopbane in die intelligensie-bedryf. Klaarblyklik is dit nie met dieselfde romantiek omgewe wat die adrenalien van geheime ontmoetings of die agtervol-ging van vreemde spioene of die plant van meeluisterapparate inhou nie. En tog is betroubaar vertolkte inligting die doel van alle spioenasiebedrywighede.

Ek verneem na die inligtingsverslae wat enige spioenasiediens wat sy sout werd is, feitlik daagliks behoort te lewer. "Dit help nie julle vertel my van die wonderlike bronne wat julle het en die waar-devolle informasie wat julle onderskep nie. Dit moet op papier (in daardie dae) wees sodat ons dit vir iemand kan gee," verduidelik ek by herhaling.

Hulle wys my die sogenaamde Nasionale Inligtingswaardering. Dit beslaan honderde bladsye en verskyn een maal per jaar!

Teen die einde van die jare sewentig was dit die departement se *enigste* inligtingstuk: 'n omvangryke evaluering van die politieke en staatkundige toneel met vooruitskattings oor die toekoms. Dit het soms tot vier volumes beslaan. Volgens een vertelling is 'n sekere jaar se bundels later in die kelder van die HF Verwoerd-gebou in Kaapstad aangetref – steeds onoopgemaak. By 'n ander geleent-heid is die jaaroorsig maande nadat dit Kaap toe gestuur is, in 'n pakkamer op die lughawe gekry, ook onaangeraak.

My onverbiddelike reël was dat dié oorsig – vir enige intelli-gensiediens die vaandeldraer van sy navorsingsvermoë – voortaan hoogstens 120 bladsye sou beslaan. Dit het spoedig twee maal per jaar verskyn om so vars en relevant moontlik te wees.

Goeie intelligensiedienste die wêreld oor ontvang minuut ná minuut, uur ná uur, dagin en daguit 'n magtige stroom informa-sie. Wat baie mense dalk sal verras, is dat ongeveer 80% van dié inligting kom uit openbare bronne soos die nuusmedia, sosiale media en die Internet wat tot almal se beskikking is.

Die oorblywende 20% kom van eie koverte bronne wat soms met lewensgevaar ingesamel word. Dit is daardie kritieke inligting wat die ontbrekende dele van die legkaart uitmaak.[1]

Dit is dan ook, in die intelligensiekonteks, die verskil tussen byvoorbeeld 'n akademikus en 'n intelligensienavorser. Laasgenoemde het tot sy beskikking daardie geheime inligting wat die openbare inligting aanvul maar dikwels ook weerspreek of in 'n heeltemal ander lig stel. Dit gee die navorser die geleentheid om 'n volledige en waarheidsgetroue beeld te vorm, of so na daaraan te kom as wat menslik moontlik is.

Daarby moet die navorser die vermoë hê om strategies te dink en om 'n blik van 360 grade op 'n saak, instelling of individu te verkry. Wat oor sy of haar lessenaar kom, is die volle hoop koring. Die korrels van waarheid en insig moet nog deur kundiges aan die hand van toepaslike prosesse uit die hoop gewan word. Dan eers word informasie vir intelligensiedienste inligting.

Vertolkte veiligheidsinligting moet voldoen aan 'n aantal kritieke vereistes wat onder meer die volgende behels: Dit moet so na as moontlik aan die volle waarheid wees, dit moet tydig wees, dit moet bondig en bevatlik geformuleer en oorgedra word, en dit moet objektief en eerlik wees sonder om die politieke sentimente van die ontvanger in ag te neem. Intelligensiewerkers moet dus die moed van hul oortuiging hê om hul gevolgtrekkings vreesloos oor te dra.

Geen staatshoof of regering behoort besluite op rou, ongeëvalueerde informasie te grond nie. Daarom is die tydige, onbevange en veral kundige ontleding van informasie onontbeerlik.

Gevolglik ontwikkel NI 'n nuwe produk waarmee Mike Louw 'n meester was. Die Nasionale Intelligensieflitse en -sketse (NIFS) was daaglikse kort berigte en diepte-ontledings van die jongste veiligheidsinligting. Daarmee was ons meteens op die tafel. Skielik het almal verstaan die lakmoestoets vir 'n intelligensiediens is wat hy daagliks in die vorm van veiligheidsinligting vir besluitneming kan produseer.

Die intelligensieflitse en -sketse was eerstens vir die aandag van die staatshoof aan wie ek en die diens regstreeks verslag en verantwoording gedoen het. Mettertyd stel ons ook inligtingsverslae op vir die aandag van spesifieke ministers en departemente oor verwikkelinge en feite waarvan ons meen hulle behoort kennis te neem.

Vars veiligheidsinligting wat lei tot tydige besluite verg oop en effektiewe skakelkanale tussen 'n intelligensiediens en die politieke besluitnemers. Verstopte kanale en ongeërgde besluitnemers is 'n nagmerrie. Dit is nie om dowe neute dat sogenaamde *hotlines* en spesiale telefone op staatshoofde se lessenaars pryk nie. As hulle net beman en beantwoord word!

'n Uitdaging vir intelligensiedienste wêreldwyd is om te verseker dat politieke besluitnemers die inligting lees, verkieslik bestudeer, waaraan miljoene bestee is en wat dikwels met groot risiko's verkry is. Daar word vertel dat die Amerikaanse CIA om dié rede berigte oor die seks-eskapades van staatshoofde in verslae aan pres. Lyndon Johnson ingesluit het.

By NI was ons minder banaal. 'n Lokaas wat ons bedink het, was om aan die president, en soms ook aan enkele ministers, onverwerkte telefoonverslae en onderskeppings (m.a.w. getranskribeerde gesprekke) deur te stuur. Dit was uit die perd se bek en is met groot belangstelling verslind. Pres. Botha het soms vergaderings onderbreek om dit te gaan lees, is ek meegedeel.

Die feit dat die wêreld ál meer visueel ingestel geraak het, het nie aan ons verbygegaan nie. Aan die einde van die tagtigerjare het ons inligting op videobande met beeldmateriaal begin plaas wat tydens inligtingsessies gebruik is. Daarvoor is spesiale inligtingslesers, gewoonlik aanvallige dames, gekeur en opgelei.

Later het ons ook die truuk bedink om verslae eksklusief vir 'n sekere ontvanger te ontwerp wat inligting oor sekere instansies of persone aangevra het of wat na ons mening daarvan behoort kennis te neem. Dit was altyd hoogs sensitiewe inligting van koverte bronne. Die verkeerde gebruik van dié inligting kon daartoe lei dat die bron aan die man gebring word ("geblaas word", soos ons sou sê) en daarom is die erns van die saak altyd oorgedra. Sulke dokumente is in rooi getooi en moes ná gebruik deur die ontvanger versnipper word.

Soms het ons egter die lag- én kommerwekkende situasie gehad dat sekere ministers hul sekretariële personeel gebruik het om die verslae of dele daarvan wat hulle gemeen het belangrik sou wees, vir sy aandag te merk!

Met die verloop van jare het ons vasgestel dat persoonlike voorligtingsessies steeds die beste manier is om inligting oor te dra. Dit het formeel tydens vergaderings of individueel tydens persoonlike ontmoetings plaasgevind. Sodoende kon die werklike inligtingsbehoeftes van die verskillende ministers beter bepaal word.

Die universele probleem hiermee is dat politici nie graag luister nie. Hulle praat graag. 'n Mens moes dikwels baie genade ontvang om met takt en geduld te luister wanneer ministers wêreldklaskundiges met hul oppervlakkige kennis van 'n sekere saak probeer beïndruk het.

'n Praktyk waaraan ek sterk geglo het, is dat die een wat die beste ingelig is oor 'n sekere onderwerp, daaroor moet skryf of mense daaroor moet voorlig. Van die begin af stel ek dit duidelik dat hoewel ek die hoof van die diens is, ek byvoorbeeld nie alle voordragte aan die Staatsveiligheidsraad gaan hou nie.

"Ons vat die man wat die meeste weet, al is hy 'n junior," lig ek my kollegas in. Uiteraard was ek altyd daar om 'n hand oor hulle te hou, want hulle was gesogte teikens vir ministers wat dalk hul mes ingehad het vir ons. (Ons het vrede gemaak by Simonstad; nie op mekaar verlief geraak nie!)

Deur dié hoëvlak-blootstelling het ons bygedra tot die ontwikkeling van 'n korps knap mense. Vir hulle, veral die jongeres, was dit hoogs bevredigend dat van hul werk en kundigheid op die hoogste regeringsvlak kennis geneem word.

Goeie navorsers is 'n onmisbare bate vir enige intelligensiediens. By NI het ons ook al die moontlike gedoen om die navorsers se vaardighede te identifiseer en hul vlak van kundigheid te verhoog. In die oë van die operasionele spioene het ek heiligskennis gepleeg deur mettertyd navorsers by buitelandse kantore soos New York, Washington, Londen, Dublin, Parys, München, Rome, Wene en Harare te plaas. Op dié manier is 'n eerste vertolkingsfilter ingebou wat vroeg reeds die kaf van die koring kon skei en die finale vertolking by die hoofkantoor soveel makliker gemaak het.

Navorsers kon op dié manier uit hul spelonke kom en wat die Duitsers 'n *Fingerspitzengefühl* noem, ontwikkel deur met eie oë en ore hul "teater van verantwoordelikhede" te beleef. Uiteraard het hulle ook eerstehands ervaar dat daar 'n groter wêreld daar buite is. Afgesien van die kennis wat so opgedoen is, het dit hulle ook die nodige selfvertroue gegee om met gesag te kon praat wanneer hulle met die leedvermakerige uitlatings van politici (soos "Toe ek nou laas daar was ...") gekonfronteer is.

In die proses om NI die staat se voorste intelligensievennoot te maak, het die diens talle legendes opgelewer. Dit was uiters kundige manne en vroue wat nie gehuiwer het nie om aan my, of lede van die Kabinet, beleefd maar met oortuiging ons denkfoute of die waninterpretasie van inligting uit te wys.

Selfs die formidabele dr. Gerrit Viljoen het hom in sy tyd as administrateur-generaal van Suidwes-Afrika teen 'n jong maar uitstekende navorser vasgeloop wie se strategiese ontleding van Swapo nie met sy siening geklop het nie. Die navorser het egter vreesloos by die feite en sy interpretasie gehou, dermate dat Viljoen agterna informeel gekla het dat "die jong mannetjie te voor op die wa is".

Soos alle wetenskaplikes, moet navorsers in die spioenasiewêreld 'n oop en eerbare intellektuele gemoed hê. Hy of sy moet mans genoeg wees om deur nuwe feite oortuig te kan word, byvoorbeeld dat radikale aanpassings in 'n land se staatkundige bedeling noodsaaklik geword het. Hy moet hom deur die nugtere waarheid laat lei en nie deur warmbloedige redenasies nie. Feit is dat die vertolkte waarheid oor veiligheidsinligting nooit versoen kan word nie met partypolitieke en ideologiese kruistogte waar die feite in voorafbepaalde raamwerke ingedwing word.[2]

Intelligensiedienste wat streef na gewildheid by hul politieke base doen die staat 'n onreg aan. Om al die moeite en koste aan te gaan om noodsaaklike informasie te bekom, dit so akkuraat moontlik te vertolk en dan die gevolgtrekkings van bewindhebbers te weerhou of onherkenbaar te verwater, is tog stompsinnig.

As die keiser kaal is, moet hy dit weet. Dit is per slot van rekening in sy – en, belangriker, die land se – belang. Dit was soms my plig om dié ongemaklike waarheid tuis te bring.

Intelligensienavorsing moet natuurlik ook die verwagting oor die veiligheidstoekoms van die staat so akkuraat moontlik vooruitskat. Dit is dikwels noodwendig spekulatief en riskant. Dis egter veel beter om nóú 'n dringende besluit te neem wat net 60% korrek is maar wat 'n veiligheidsbedreiging kan afweer of voorkom, as om môre 'n besluit te neem wat 100% korrek is maar te laat is om iets aan die saak te doen.

Een van die polisse teen die risiko's verbonde aan vooruitskattings wat helaas te min gebruik word, is die indringende wisselwerking met ander kundiges en akademici. Meningsverskille behoort in detail beredeneer te word en as sterk verskille bly bestaan, behoort besluitnemers die voordeel van verskillende standpunte te kry. Ongelukkig is dié verdienstelike praktyk nooit by politici gewild nie.

Dit is bekend dat sekere intelligensiedienste soos die CIA in sommige gevalle van 'n sogenaamde A- en B-span navorsers gebruik maak. Die opdrag aan die A-span is die gebruiklike: om met die beste inligting en insigte tot hul beskikking die bes moontlike vertolking van die informasie te gee.

Die opdrag aan die B-span is om met behoud van integriteit en op grond van goeie informasie die A-span se vertolking aan flarde te skiet. Die punt is dat daar binne 'n intelligensiediens die geleentheid en vermoë moet wees om vertolkings te toets en te beredeneer. Die rede hiervoor is dat die beste navorsers, selfs 'n hele intelligensiediens, tonnelvisie oor 'n saak kan ontwikkel.

Was tonnelvisie en geykte sienings nie een van die oorsake van die katastrofiese Amerikaanse inval in Irak in 2003 nie? Of was die Bush-administrasie uitgelewer aan sy intelligensieagentskappe se power inligting en weifelende ontledings? Die Amerikaners stry steeds oor wat werklik gebeur het.[3] 'n Mens moet dus allerlei oefeninge bedink om jouself en jou navorsers uit hul gemaksone te ruk.

Spioenasie is 'n uitsonderlike en unieke beroep en het vanselfsprekend sy eie opleidingsbehoeftes. Weens die betreklik eksklusiewe aard daarvan en die noodsaaklikheid van geheimhouding kan jy nie 'n span bedryfskonsultante kontrakteer om intelligensiewerkers op te lei nie. Spioene moet deur spioene opgelei word.

Veral operasionele beroepsgeheime kan slegs deur ervare hardebaarde aan die nuwelinge oorgedra word, en nie in lesinglokale nie maar in die tallose operasionele teaters van die beroep – wat dikwels aan die onderkant van die spoorlyn plaasvind. Dit strek vanaf die Withuis tot pres. Kenneth Kaunda se private wildtuin in die Luangwa- nasionale park in Zambië, van die Pigalle in Parys tot die Copacabana in Rio de Janeiro en gehuggies onder die sterrehemel êrens in Afrika.

In Oktober 1985 word 'n inrigting van wêreldgehalte, die NIA (Nasionale Intelligensie-Akademie), by die diens se "plaas" Rietvlei buite Pretoria geopen. Hier is top-opleiding gedoen en talle kursusse aan bevriende intelligensiedienste van Afrika aangebied. Niemand is by NI aangestel sonder dat hy of sy 'n hele reeks sielkundige toetse ondergaan het nie.

Op 'n dag vra PW Botha my of sy dogter Rozanne nie by ons kan kom werk nie. "Nee, dis reg," sê ek, "maar niemand word by NI aangestel sonder die sielkundige toetse nie."

Al was sy die president se dogter, was daar by my geen twyfel nie dat sy soos alle ander aansoekers behandel moes word. Dit was egter die laaste woord daaroor. Ons het nooit 'n aansoek van haar ontvang nie.

Van die begin af besef ek ook dat tegnologiese vernuwing van NI se vermoë noodsaaklik is. Die jongste rekenaartegnologie is aangeskaf en organisatories is die tegnologieafdeling opgegradeer tot 'n volwaardige hoofdirektoraat op die vlak van die ander hoofdirektorate: insameling, navorsing en administrasie. André Knoetze word die eerste hoofdirekteur en doen baanbrekerswerk. Die uitmuntende George Grewar volg hom op en voer mettertyd ons tegnologiese vermoë tot 'n nog hoër vlak.

By Rietvlei ontwikkel hulle 'n unieke onderskeppingsvermoë bekend as Valkoog, wat dit vir ons moontlik maak om satellietkommunikasie dwarsoor die wêreld te onderskep, ofskoon ons op Afrika fokus. Dit beteken as Thabo Mbeki in Londen sit en hy praat met die hoofkantoor van die ANC in Lusaka, onderskep ons daardie gesprekke want dit bevat waardevolle inligting. Die onderskeppings skep egter onhanteerbare volumes informasie, maar met hulpmiddels soos stem- en nommerherkenning en die voorkoms van gekose trefwoorde word die kaf van die koring geskei.

Die koms van die Internet en superinligtingstegnologie bied aan spioenasiedienste opwindende moontlikhede waarvan voorheen slegs gedroom kon word. Vertolkte inligting kan nou oombliklik ná voltooing aan die eerste minister of lede van die Kabinet of die Staatsveiligheidsraad voorsien word. Met my aankoms by NI was die tegnologieafdeling se hooftaak die meeluistering van telefone en die onderskepping van pos, veral briewe. Vandag is dit e-pos-onderskepping, wat baie vinniger en makliker gedoen word.

NI het ook vir sy eie kriptologie gesorg: die beskerming van eie kommunikasiestelsels en die verbreking van intelligensieteikens (in omgangstaal: die vyand) se stelsels. Reeds in 1981 is 'n seksie in NI belas met die studie van kriptoanalise. Hulle het 'n kragtige rekenaar gebruik wat vir talle inbrake in die ANC se kommunikasie gesorg het. Die beroemde apartheidstryder Bram Fischer en die vlootspioen Dieter Gerhardt se stelsels van geheime skrif is deur NI en ons voorgangers ontsyfer, wat 'n kritieke bydrae tot albei se skuldigbevinding gelewer het.

NI se afdeling vir teenspioenasie is ook uitgebrei en het vir baie opwinding en groot prestasies gesorg. Suid-Afrika se strategiese belangrikheid en sy sleutelrol in Afrika het tot 'n omvattende spioenasieaanslag gelei: Nie net ideologiese vyande soos die Russiese KGB en die Stasi van Oos-Duitsland nie, maar ook die Amerikaners, Britte, Duitsers en Franse was uiters aktief met politieke spioenasie.

Veral die Amerikaners het 'n grootskaalse poging geloods om meer oor Suid-Afrika se kernwapenvermoë uit te vind.[4] Dit was waarskynlik hulle wat in 1979 my tas met dokumente op pad na Bloemfontein onderskep het nadat ek in Washington navorsing oor kernbewapening gedoen het.

Ook met die uitbouing van die defensiewe kant van teenspioenasie – die toepassing van sekerheid en die beskerming van die staat se sekerheidsbelange – het NI 'n leidende rol gespeel. Dit bly altyd 'n stryd om die staat se vertroulike inligting te beskerm, veral omdat die belang daarvan nie na waarde geskat word nie.

Ten einde mense hieroor te sensitiseer, betree ons sogenaamde Takkraalspan soms snags die kantore van ministers en senior amptenare en fotografeer sensitiewe dokumente met uiters geheime inligting wat sorgeloos rondlê. 'n Paradys vir vreemde spioene! Klaarblyklik maak ons "klopjagte" NI nie baie gewild nie, maar dit dra by tot die opskerping van sekerheidsbewustheid in die staatsdiens.

NI het ook die verantwoordelikheid op hom geneem om Suid-Afrika se baie belangrike persone (BBP's) in die buiteland te beskerm. 'n Toegewyde korps is vir dié doel ontwikkel wat veral by die Mossad, die Israeliese geheime diens, en die Duitsers se GSG gevorderde opleiding ontvang het. Dié eenheid kry die toepaslike kodenaam Takkraal, wat die pioniersgeskiedenis in herinnering roep toe veekuddes snags teen roofdiere beskerm moes word. Takkraal was een van die min openbare toonvensters van NI, maar met hul professionele optrede (byvoorbeeld op PW Botha se Europese besoek in 1984 en dié van FW de Klerk aan Amerika in September 1990) het hulle wyd bekendheid verwerf.

Aan die wel en wee van ons mensebate het ons ná Simonstad dadelik aandag gegee en ingespring om hul lewensomstandighede so aangenaam moontlik te maak.[5] Spioene en hul gesinne lei dikwels 'n eensame lewe. Dis nie 'n beroep vir sosiale vlinders of mense wat die middelpunt van belangstelling wil wees nie.

Vanselfsprekend vermy 'n mens mense wat jou lastige vrae sal vra waarop jy nie heeltemal eerlik kan antwoord nie of plekke waar jy dalk weens jou, let wel, *vermeende* bedrywighede skeef aangekyk gaan word. Dit lei maklik daartoe dat 'n mens sosiaal geïsoleerd raak.

Uit Engela se kontak met van my manlike kollegas se vroue en haar eie ervaring bring sy dit by my tuis dat ons mekaar se familie is. Hoewel ek nie van nature 'n warm, sosiale mens is nie, doen ek gevolglik moeite om almal – die lede en hul gades – gereeld sosiaal te laat verkeer. Met haar buitengewone mensvaardighede kom Engela voortdurend met idees vorendag oor hoe ons 'n gemaklike samehorigheid buite die werkomgewing kan skep.

Omdat die gades, in NI van daardie jare was dit meestal vroue, 'n geweldig belangrike rol in ons sukses gespeel het, het ek by geleentheid die vroue toegelaat om saam met hul mans oorsee te gaan sodat hulle ook die wêreld kon sien en saampraat. So word die vroue ons bondgenote met begrip vir die beroep se unieke omstandighede en is hulle bereid om in belang van die land die tweede myl saam te stap. Met die voordeel van agternawysheid was dit miskien my grootste fout om nie die unieke bydrae wat vroue binne NI kon lewer, vroegtydig raak te sien nie.

Tussendeur kry die stugge Concilium ook 'n vriendeliker gesig aan die binnekant, maar streng reëls geld steeds vir almal. As jy uit jou kantoor gaan, moet jy die deur sluit. Geen papiere mag op 'n lessenaar gelaat word nie. Snags gaan daar gereeld lede van Takkraal deur die gebou. Bewaar jou siel as jy 'n enkele papier op jou lessenaar gelos het!

Hoekom is dit nodig in 'n reeds goed beskermde omgewing? Om die eenvoudige rede dat een van jou kollegas dalk 'n spioen vir die KGB, die CIA, die ANC of wie ook al is. Dit is hoe agterdogtig en, helaas, ook sinies 'n mens moet wees.

In ag genome dat dit 'n staatsdepartement was, het ek 'n baie liberale personeelbeleid gevolg. Dit was nie vir my belangrik dat iemand elke dag agt ure op kantoor moet wees nie. Ons het soveel oortyd gewerk dat as die werk dit nie vereis het nie, ek nie toegelaat het dat mense met hul duime op kantoor sit en speel nie. In daardie jare het ons baie van die naweke feitlik konsekwent deurgewerk.

Dikwels is daar deur die nag gewerk, maar ek het selde werk huis toe geneem. Dit was nie vreemd om in die vroeë oggendure huis toe te gaan, te stort en te skeer en vinnig saam met Engela koffie te drink voordat ek terug is kantoor toe nie. Sy het die kinders so te sê alleen grootgemaak.

Toe die gesprekke met Nelson Mandela in Mei 1988 begin, het dit gereeld gebeur dat ek tienuur die aand op kantoor kom. Dan het ons tot twee-, drie-uur die volgende oggend gewerk, dokumente geformuleer en dies meer. Ons werkritme is bepaal deur die eise van die oomblik. Krisisse – waarvan daar baie was – het hulle nie gesteur aan wanneer dit vir ons geleë sou wees nie.

Omdat NI talle nuwe uitdagings aangepak het en nuwe terreine betree is, moes die personeel noodwendig uitbrei. Oor die twaalf jaar, tot met my vertrek in 1992, het dit ongeveer verdriedubbel tot net minder as 4 000.

Weldra is 'n doeltreffende administrasie daargestel, die personeel saamgebind agter 'n gemeenskaplike doel en hul uitsonderlike talente ontsluit. NI was stewig op koers en het suksesvol op al sy silinders begin vuur. Dit word 'n wonderlike organisasie wat nie vreeslike motiveringstoesprake nodig het nie; die mense is vanself gemotiveerd.

Binne vier, vyf jaar slaag NI daarin om die president te wys dat ons inligting beter is as dié van ander staatsinstansies wat ook veiligheidsinligting insamel. Ons het nie daarop aanspraak gemaak nie; dit was ook nie nodig nie. PW het dit onmiddellik raakgesien.

Op grond waarvan was ons inligting beter?

NI se verwerking van informasie en die vertolking daarvan vir die hede en die implikasies vir die toekoms was eenvoudig beter as dié van ons kollegas in ander staatsdepartemente wat ook intelligensiewerk gedoen het. Ons inligtingsprodukte was beter omdat dit meer akkuraat en betroubaar en dus nuttiger was. My vertroue in intellektuele insig en teoretiese ontledings is daarmee gestand gedoen.

Wat is die beste barometer van die vertroue in 'n intelligensiediens?

Die antwoord is 'n teenvraag: Wie word eerste gebel wanneer die dinges in die drinkwater beland? Soos die nag van 19 Oktober 1986, toe die vliegtuig van pres. Samora Machel van Mosambiek in Suid-Afrika neergestort het nadat hy twee jaar tevore die Nkomati-verdrag met Suid-Afrika gesluit het.

As die staatshoof so iets moet bestuur, raadpleeg hy die mens wat hy weet onafhanklik kan dink en sal weet hoe om hom uit die moeilikheid te kry. En glo my: Politici is dikwels in die moeilikheid. En wanneer hulle daaruit moet kom, weet hulle dis nie nou die tyd om te luister na die lede van die juigkommando nie.

Nog 'n faktor was dat ons dit reggekry het om kort en kragtig by die kern van 'n saak uit te kom. PW het meer as een keer in die openbaar gesê: "Die een ding van Barnard wat my altyd beïndruk, is dat hy in drie minute kan sê wat die meeste van my kollegas twee uur neem om te vertel."

'n Praktiese voorbeeld van hoe vinnig en effektief NI met die hulp van PW Botha kon werk: Een van die NI-direkteure, noem hom X, sterf een aand aan 'n hartaanval. Dis 'n baie belangrike pos en daar moet dringend besluite geneem word. Die volgende oggend roep ek 'n groepie mense in – wie se oordeel ek hoog aanslaan – en vra hul mening oor wie X moet opvolg. Ek luister na almal en ons redeneer daaroor.

Toe die laaste een uit is, besluit ek dit moet A wees. Die hoofdirekteur van stafdienste berei 'n aanstellingsbrief voor wat die eerste minister moet teken. Ek weet die Kabinet sit die oggend, maar bel nogtans vir Ters Ehlers en sê ek moet die president, wat tot 1984 eerste minister was, dringend spreek. Hy bel later terug; Botha kan my tydens die etenspouse in die Uniegebou ontvang. Ek is daar en verduidelik wat gebeur het en hoekom dit dringend is.

Al wat PW vra, is: "Waar moet ek teken?"

Ek ry terug en roep A in; hy aanvaar die aanstelling en teken die vorms. Vieruur die middag is almal op die 11de verdieping bymekaar. Ek lig hulle in dat A die nuwe direkteur is. Ons klink 'n glasie op hom (en op X wat 'n paar dae later begrawe is).

In 1987 kon ons met die hulp van 'n doener soos PW Botha binne 18 uur nadat 'n senior lid oorlede is, sy opvolger aanstel. Teen 2014 het die ANC-regering ná twintig jaar aan die bewind steeds gesukkel om senior poste in die State Security Agency (SSA) te vul.

DIE KUNS VAN SPIOENASIE

MET 'n bietjie inlegkunde kan 'n mens spioenasie terugvoer tot 'n Goddelike opdrag in Bybelse tye.

In die boek Numeri[1] word vertel hoe die Here die aartsvader Moses ongeveer 1 400 jaar voor Christus opdrag gegee het om eers die beloofde land Kanaän te gaan verken voordat dit aangeval word. Gevolglik stuur Moses twaalf "verkenners" om vas te stel wat Kanaän se landboupotensiaal is, wie daar woon en of hulle sterk of swak, min of baie is, en of hul stede maklik ingeneem kan word.

Die twaalf kom terug met reusevrugte as bewys van wat die land oplewer, en hulle bring ook 'n meerderheids- en 'n minderheidsverslag uit. Net een van hulle, Kaleb, sien kans om Kanaän binne te val. Toe al was daar uiteenlopende vertolkings van die informasie wat ingewin is!

Sonder spioenasie, vermoedelik die tweede oudste beroep naas prostitusie, kan geen staat oorleef nie. Inligting verskaf kennis en kennis sorg weer vir voorkennis wat 'n staatshoof in staat stel om, in die ruim sin van die woord, besluite te neem wat sy land laat oorleef en laat wen. Vir die staat is kennis dus deurslaggewend om sy soewereine onafhanklikheid te verseker.

"Intelligence is truth well and timely told," het my kollega Mike Louw graag in voorligtingsessies verduidelik. Die kernfunksies van intelligensiewerk is eenvoudig die insameling van informasie en die vertolking daarvan.

State se intelligensiedienste word dikwels ingevolge wetgewing buitengewone vryhede toegelaat om inligting in te samel. Dit veroorsaak talle morele dilemmas. As die onafhanklikheid van die staat in die gedrang is, kan letterlik van priesters tot prostitute ingespan word. En 'n mens het meermale verbaas gestaan oor hoe die onheiliges én die heiliges voor Mammon swig. Die sekretaresse wat die president se hemelbed deel, kan – as sy wil en die voordeel daarvan is na haar sin – al die geheime kabinetsnotules bekom.

Deur die eeue was menslike spioene die deurslaggewende bronne van inligting. In die praktyk beteken dit meermale die uitbuiting van menslike swakhede om inligting te bekom. Geld, mag, aansien, seks, omkoopbaarheid, dwelms, geraamtes in die kas en al die swakhede wat die menslike natuur bied, word elke dag uitgebuit om inligting ter wille van die veiligheid van die staat te bekom.

Ironies genoeg het die klem op menseregte in 'n eeu waarin voortdurend aangedring word op die openbaarmaking van alles, die bronne van inligting minder toeganklik gemaak. Die staat is in die meeste samelewings nie meer die hoogste goed nie.

Tegnologiese metodes het met die wonder van rekenaars, selfone, satellietkommunikasie, meeluistering en ander vorme van kommunikasie-onderskepping, asook die meet van elektromagnetiese en akoestiese straling, 'n onmisbare deel van die insameling van informasie geword. Die tegnologie het egter ook sy beperkinge: Dit kan (nog) nie die mens se kop binnedring om vas te stel watter inligting daar verskuil word nie – en dáár sit dikwels die belangrikste en diepste geheime.

Soos die Chinese krygsfilosoof Sun Tzu (544-496 vC) gesê het: "Almal kan sien watter taktiek ek gebruik om oorloë te wen. Maar wat niemand kan sien nie, is my strategie wat tot die oorwinning lei."[2]

Spoedig ná my aankoms by die ou Departement van Nasionale Veiligheid (DNV) aan die einde van 1979 het Alec van Wyk, toe hoof van die departement, my op 'n oorsese toer begelei om my aan ons personeel in die buiteland en aan eweknieë van ander intelligensiedienste voor te stel en 'n bietjie in die kuns van skakeling tussen spioene in te lei.

In Duitsland het Klaus Kinkel, hoof van die Bundesnachrichtendienst (BND), ons baie gasvry ontvang in Pullach, hoofkantoor van die Duitse spioenasiediens naby München.[3]

Dit moes teen 1980 reeds nie meer vir die Duitsers maklik gewees het om openlik met Suid-Afrika te skakel nie. Die goedige maar soms heel vurige debat oor die politieke situasie in Suider-Afrika die aand in Kinkel se private woning tydens 'n baie genotvolle aandete het minstens daartoe bygedra dat ons mekaar se posisies beter verstaan het. Die belangrikste strydpunt was my geboorteland, die destydse Suidwes-Afrika – in Kinkel se kop nog deel van 'n vervloë Duitse koloniale ryk – wat volgens hom wederregtelik deur Suid-Afrika gebruik is om Angola deur militêre optrede te destabiliseer.

Die debat het baie vroeg een van die dilemmas van "spioenasiediplomasie" by my tuisgebring. Belangrike dele van Kinkel se standpunt was korrek, maar 'n mens moet tog jou land se amptelike beleid verdedig, of hoe? Moet intelligensiedienste mekaar nie juis die waarheid soos elkeen dit sien, vertel en eie dwaalweë erken nie?

Hoewel ek die regeringsbeleid daardie aand onvoorwaardelik verdedig het, het ek gou besef die antwoord op dié vraag is eintlik ja. As 'n staatsdepartement is dit juis een van ons unieke en kardinale verantwoordelikhede. Gebrek aan insig en ervaring, gepaard met jeugdige voortvarendheid, moet vir die dwaling by Pullach as verskoning geld.

Ons volgende besoekpunt was Parys, waar ons die gas van die legendariese Franse intelligensiehoof Alexandre de Marenches was. By 'n uithaler-middagete by sy kantoor het hy dit goedgedink om dié groentjie oor 'n belangrike les in spioenasie voor te lig: "The truth is not what it seems to be."[4]

Tydens die ete het ek opgemerk dat die Franse diskreet wyn van my geboortejaar, 1949, voorgesit het. Toeval? Ek glo nie. Dit was waarskynlik om my nonchalant daaraan te herinner dat daar ouer beskawings – en dus ook meer ervare intelligensiedienste – as die een aan die suidpunt van Afrika is.

In Amerika was Stansfield Turner toe die hoof van die CIA en ná die presidentsverkiesing in 'n kwaai stryd oor die behoud van sy pos gewikkel. Dus was Suid-Afrika sekerlik nie in daardie stadium een van sy prioriteite nie en die besoek aan die CIA se hoofkwartier in Langley, Virginië, was maar voel-voel en oppervlakkig.

Intelligensiedienste het van die mees wydvertakte en sensitiewe skakelkanale ter wêreld. Hul onderlinge verhouding is 'n wetenskap op sigself en is een van die steunpilare van 'n suksesvolle spioenasiediens. Soos my ewekniê van Singapoer, Eddie Teo, dit gestel het: "Intelligence liaison is valuable because it can be conducted quietly and is not subject to the whimsical dictates of diplomatic posturings."[5]

Die bemeestering van dié kuns vereis 'n groot poel talente waar die gebrek aan diepte en ervaring gou tot isolasie kan lei, want tussen spioene hou niemand vriende aan wat nie die moeite werd is nie. Die doelwit met skakeling tussen intelligensiedienste is die uitruil van inligting wat vir mekaar van belang is. Dit is hoofsaaklik inligting wat dienste aan mekaar kan verskaf oor die terreine van bedreiging teen die onderskeie state. Dié terreine word deur elke skakeldiens presies bepaal en berus op die voorvereiste dat dit nie tot die benadeling van eie belange sal lei nie.

Dis logies dat dienste nie peperduur koverte metodes sal gebruik om inligting in te samel as dit nie primêr in eie belang is

nie. Aan die ander kant hang dit gewoonlik ook af wat die teen-
prestasie is wat 'n diens vir die gelewerde inligting kan ontvang
en daarom kan dit die moeite werd wees om 'n ander diens van
hulp te wees omdat die rendement daarop waardevol kan wees.
Dit geskied dikwels nie dadelik of in gelyke munt nie.

Toe die KGB-spioen majoor Aleksei Kozlof gevange geneem
is, het dit ons die geleentheid gebied om ons ereskuld aan die
Duitsers vir veral opleidingshulp te betaal. Kozlof is in Januarie 1981
aangekeer nadat hy Suid-Afrika vroeër onder die naam Svenson
met vervalste Sweedse en Wes-Duitse paspoorte binnegekom het.
Hy is aan die Russe terugbesorg as deel van 'n pakket wat sappeur
Johan van der Mescht ingesluit het, wat in Februarie 1978 deur
Swapo gevange geneem is, en 11 Wes-Duitse spioene van die BND.

Dié gebaar aan die Wes-Duitsers het die grondslag gelê vir veral
tegniese hulp in die toekoms.

Die fokus van skakeling tussen dienste is gerig op dié gebiede
van bedreiging en teikenareas waar 'n mens se eie toegang beperk
is. NI het gedurende my termyn aan talle dienste in Europa, die
VSA, Latyns-Amerika, die Midde- en Verre Ooste en ook in
Noord-Afrika uitstekende inligting oor Suider-Afrika verskaf.

In ruil daarvoor het ons inligting oor ons intelligensieteei-
kens – hoofsaaklik die ANC – se bedrywighede in daardie dele
van die wêreld ontvang. Vanweë verskeie regerings se politieke
simpatie vir veral die ANC, was inligting oor dié organisasie deur
die amptelike kanale dikwels baie beperk. Dit het nie beteken
dat inligting waarvan die politieke meesters nie kennis gedra het
meermale onder die kombers oorgedra is nie.

Reëlings en ooreenkomste oor intelligensiedienste se ver-
houdings is soms erg kompleks en wissel van geval tot geval.
Normaalweg word met beide lande se medewete en instemming
amptelike verteenwoordigers onder diplomatieke dekking in

mekaar se ambassades of konsulate geplaas. Hulle dien as die amptelike kanale van skakeling.

Die reël is dat beide lande se diplomatieke korps van so 'n reëling moet weet en dit goedkeur. Dis egter voor die hand liggend dat dit nie altyd gedoen word nie, en dis een rede waarom die verhouding tussen spioene en diplomate selde na wense is.

In lande met wie daar nie diplomatieke verhoudinge bestaan nie, volg spioene unieke en eiesoortige skakelkanale en strukture. Toe NI in die laat sewentiger- en tagtigerjare verskeie verteenwoordigers in Afrikastate met dié lande se politieke hoofde se goedkeuring plaas, het hulle meestal onder die dekking van private sakebelange opgetree. Die hoofsaak is dat die dekking (of dekmantel) vir die gasheerland gemaklik en natuurlik verklaarbaar moet wees. In die operasionele intelligensiewêreld is dit 'n kernbeginsel dat 'n mens nêrens opvallend anders moet wees nie. Dit verg nogal vindingrykheid en aansienlike vernuf om sulke dekking te skep en dit van Togo tot Malawi en van Zambië tot Egipte uit te leef.

Ook vir NI was dit dikwels 'n uitdaging om die regte mense te vind om in ongewone en sukkelende lewensomstandighede ons verteenwoordigers te wees. Daar was nie veel inkopiesentrums of pretparke elders in Afrika nie.

In die huidige terreuraanslag teen veral Westerse lande is dit byvoorbeeld deurslaggewend dat spioene onopmerklik en doeltreffend in daardie dele van die wêreld kan optree. Hulle moet kan saamsmelt met mense in die kleihutte van Afganistan, verlate gehuggies in Afrika en ontsaglike krotgebiede van Kolkata, Meksikostad en Lagos.

'n Ander opmerking van Sun Tzu is hier vanpas: "As lewende spioene moet ons manne werf wat intelligent is maar skynbaar dom; wat lusteloos voorkom maar sterk van hart is; manne wat behendig, energiek, onverskrokke en dapper is; bedrewe in eenvoudige dinge en daartoe in staat om honger, koue, smerigheid en vernedering te verduur."[6]

Alleen só sal spioene toegang kry om die werklike strewes en verwagtinge van mense te leer ken en sodoende betroubare intelligensienetwerke op te bou. Daarsonder sal lande die stryd om die vaslegging van betekenisvolle en waarheidsgetroue inligting – die grondslag vir goeie strategiese besluitneming – verloor. Ek is nie so seker of daar nog baie mense met soveel offervaardigheid is nie.

Skakeling tussen intelligensiedienste vind gereeld ad hoc plaas. Permanente wedersydse verteenwoordiging is beslis nie 'n voorvereiste nie. NI het deur die jare letterlik honderde skakelverhoudings opgebou. Sommige was eenmalig. Ander was meer standhoudend en het oor lang tydperke gestrek. So moes lede van NI, ek ingesluit, meermale ure lank in die State House van Entebbe met sy verwaarloosde en afgesloofde meubels sit en wag vir 'n oudiënsie met pres. Yoweri Museveni van Uganda. Die tema was telkens die veilige hawe wat sy land aan die ANC gebied het.

Ook in dié skakeling word intelligensiedienste se toegang nie bepaal deur ideologiese voorkeure en verbintenisse nie, maar deur hoe goed die intelligensiediens is: wat die waarde en betroubaarheid van sy inligting is. Dienste wat weet wat aangaan, beroepsvernuf aan die dag lê en vertroulikheid kan handhaaf, is gesogte skakelvennote. Dit was dikwels interessant om agter te kom wat die inligting waaroor jy beskik, werd is vir staatshoofde wat dit nodig gehad het. Soms het van dié lande se eie dienste wel oor die inligting beskik maar was hulle te benoud om dit aan hul politieke meesters oor te dra. Dit is mos dikwels makliker om die boodskapper se kop af te kap as om iets aan sy boodskap te doen!

Die gangbare verstandhouding is dat skakeling tussen eweknieë plaasvind. Dit beteken nasionale dienste met nasionale dienste, militêre dienste met militêre dienste, polisiedienste met polisiedienste, en diplomate met diplomate. Dit is egter een van daardie reëls wat meestal met oorgawe deur alle deelnemers oortree word.

Die vraag is nie met watter ander spioen of bron jy nie mag praat nie. Feit is dat alle soorte spioene bitter graag met jou wil praat as jy oor sekere inligting en insigte beskik wat die skakeling vir hulle onontbeerlik maak.

In die skakeling tussen spioene is dit egter taboe om met iemand anders se kalwers te ploeg. Dit beteken jy mag nie inligting wat jy van 'n intelligensiediens ontvang as jou eie aanbied nie. Jy sal verbaas wees hoe maklik jy uitgevang word. Maar niks belet spioene om hul uitvistegnieke op ander spioene te gebruik nie!

Boonop leer 'n mens vinnig wie waartoe in staat is. Wanneer byvoorbeeld die berugte "Elite Squad" van pres. Lennox Sebe van die Ciskei belangrike inligting oor die CIA begin verskaf, is dit met meer as die gewone korreltjie sout geneem.

Goeie spioene werk ook nie in netjies afgebakende kompartemente nie. Hoe dom sou dit byvoorbeeld nie vir NI se verteenwoordiger in Zambië wees as hy in 'n gesprek met die Zambiese intelligensiehoof oor politieke verwikkelinge in Suid-Afrika nie ook ag slaan op wat dié persoon oor die getalle en wapentuig in ANC-kampe in Zambië vertel nie. Die werklikheid was dalk dat ons weermaggeneraals nie enige skakeling met hul eweknieë in Zambië gehad het nie.

Of amptelik is daar dalk skakeling, maar die intelligensiehoof weier vanweë 'n persoonlike renons in die Suid-Afrikaanse generaal om enige kontak met hom te hê. Daar vind dalk ontmoetings plaas, maar as gevolg van 'n gebrek aan vertroue word kardinale inligting nie oorgedra nie. In so 'n atmosfeer is dit moeilik om te weet wat jou kollega weet en wat hy of sy nié weet nie.

Wanneer intelligensiedienste met mekaar skakel, is goeie

interpersoonlike verhoudings deurslaggewend. NI het deur die jare meesters op die gebied van gemaklike omgang met totaal uiteenlopende mense opgelewer. Dikwels berus die gehalte van die verhouding op intieme kennis van die medespioen se voortreflikhede en swakhede.

Dít is wanneer "kultuurwapens" soos goeie Kaapse wyn, beleë Skotse whisky en Uganda se berugte jenewer (alkoholinhoud 80%!) goed te pas kom. 'n Oormaat Duitse bier het al menige spioen se waaksaamheid in die nanag laat wankel.

Wie kan die waarde bepaal van Cor Bekker se joviale skouerklop op sy Japannese ewekniê wat hom op die vloer van sy huis in Tokio laat beland het toe dié twee agterkom albei het onlangs oupa geword? Die fyn geboude Japannees het gelukkig die voorval met gelatenheid aanvaar, en die twee het voor die einde van ons besoek aan Japan van die mooiste uitrustings vir die onderskeie kleinkinders oorhandig.

Of wat is die intelligensiewaarde van die kunsies van twee NI-manne wat op die walle van die Zambezi windmakerig voor hul Zambiese kollegas die sjampanjebottels se koppe in die Franse tradisie, weliswaar nie met swaarde nie maar met knipmesse, afkap? Sekerlik het NI daarna onder die sterreprag van die Afrikahemel inligting uit Zambië verkry wat nie andersins moontlik was nie.

DIE BRITTE

Die Britte het deur die eeue een van die wêreld se beste intelligensiedienste ontwikkel. MI6, deesdae die SIS (Secret Intelligence Service), het in baie opsigte die standaard vir spioenasie gestel.

Volgens alle aanduidings is dit wat die aantal personeellede betref 'n klein diens, maar elke lid met wie ek te doen gehad het,

was uiters professioneel: gepoleerde en geslepe kalante wat mis-
leiding, aanprysing, verdraaide waarhede en subtiele dreigemente
almal meesterlik kan hanteer.

Suid-Afrika se verhouding met die MI6 in die dae van die
Buro vir Staatsveiligheid was 'n stormagtige een. Die misbruik
van diplomatieke dekking in die 1970's het daartoe gelei dat geen
formele skakeling in Londen toegelaat is nie. MI6 se verteenwoor-
digers in Suid-Afrika was ook maar skoorvoetend en so afsydig
soos net 'n Brit kan wees.

Die Engelse het vroeg al ingesien dat die bevrydingsbewe-
gings 'n al hoe groter rol in Suid-Afrika se politieke toekoms gaan
speel; hulle was dus versigtig om nie openlik met "the Boers" te
flankeer nie, terwyl hulle lustig bronne in die bevrydingsbewegings
gewerf het. Gee die duiwel wat hom toekom. Wie in die spioena-
siewêreld vroegtydig die ontvouing van die geskiedenis kan lees,
kan sorg dra om die regte bronne op die regte tyd in die regte
plekke te hê.

Op ons kontinent het hulle die soms oorhaastige proses van
onafhanklikwording meesterlik gebruik om spioenasie-opleiding
aan die kleuterdienste van Afrika te verskaf. Dit was natuurlik nie
om filantropiese redes nie. Met die werwing van die beste poten-
siaal tydens dié opleiding was hul agente en bronne uitstekend na
aan die staatshoofde van baie lande geplaas, want dit is waar die
mense wat hulle opgelei het, te lande gekom het. Dit was honderd
maal meer werd as al die groot lughawens wat dikwels deur ander
voormalige koloniale moondhede op godverlate plekke in Afrika
opgerig is en waar tot vandag toe nog weinig vliegtuie land.

Die Britte het met oorgawe teen Suid-Afrika se intelligen-
siebelange gewerk. Vir politieke uitgewekenes was daar gereeld
etes in toprestaurante van Londen tot Parys, van die beste Skotse
enkelmout-whisky tot Harris Tweed-baadjies en Stilton-kaas,

studiebeurse vir kinders, diskrete gesprekke met toonaangewen-
des, vakansies in uitsoekplekke waar net die rykes uithang ...

So het talle Suid-Afrikaners hulle, wetend én onwetend, gekom-
promitteer. Die tragiese is dat van hulle vandag in Suid-Afrika in
die hoogste regeringskringe sit, terwyl hulle kwesbaar is vir veral
die Britte, wat waarskynlik nou hulle pond vleis opeis.

In my getuienis voor die Waarheids-en-Versoeningskommissie
(WVK) in 1997 het ek juis die stelling gemaak dat talle senior
ANC-figure wetend én onwetend inligting aan buitelandse intel-
ligensiedienste verskaf het.[7] Dit was nie net die Britte nie; veral die
Amerikaners en die Duitsers wou net so graag weet wat in Suid-
Afrika aan die gebeur is. Trouens, Brittanje wou eintlik beheer
neem oor die onderhandelinge.

In die tagtigerjare het NI se verhoudinge met die SIS gaandeweg
verbeter. Ons wou die Britte se kennis en insig in ons situasie toets
en hulle wou uitvind wat vir Suid-Afrika se toekoms beplan word.
Talle ontmoetings het plaasgevind totdat die Britte mak geword
het. Uiteindelik het hulle Suid-Afrika op intelligensiehoofvlak
besoek: Die eerste was sir Colin McColl (hoof van die diens van
1989 tot 1994), en die voorheen melaatses van NI is ook toegelaat
om by hul hoofkwartier besoek af te lê.

DIE AMERIKANERS

Suid-Afrika se intelligensieverhouding met die Amerikaners strek
ver terug. Van NI se beste en soms senior operasionele lede is in
Washington geplaas vir skakeling met die CIA en in New York,
met as teiken die VVO. My voorganger, Alec van Wyk, het in die
jare sewentig as verteenwoordiger in Washington juis in same-
werking met die FBI gesorg vir die ontmaskering van die gebore
Suid-Afrikaner Jennifer Miles, 'n spioen vir Kuba.[8]

Wat die werwing en hantering van bronne in Amerika betref, lewer dit nie vir NI 'n ryke oes op nie. Al ons verklaarde verteenwoordigers word met arendsoë deur die FBI dopgehou. Spoedig word beide kantore in die VSA uit Pretoria getaak om spioentalent uit te snuffel wat veral op Afrika toegespits was. So is talle potensiële bronne geïdentifiseer wat later buite Amerika gewerf kon word.

Wat hul eie vermoë betref, het die Amerikaners eenvoudig nie dieselfde intelligensiekundigheid en insig as dié wat die Europeërs danksy hul koloniale geskiedenis oor Afrika ontwikkel het nie. Hul kulturele meerderwaardigheid gepaard met 'n gemaksugtige lewenstyl sorg nie eintlik vir goeie spioene in Afrika nie.

Hul unieke naïwiteit en verbandhoudende onkunde word miskien die beste geïllustreer deur 'n gesprek wat ek gehad het tydens die enigmatiese William ("Bill") Casey, hoof van die CIA, se hoogs geheime besoek aan Suid-Afrika in 1983. NI was die gasheer by 'n spoggerige dinee in die Concilium-gebou se eetsaal wat spesiaal vir dié geleentheid opgedollie is. Ek het die eer om langs mev. Casey te sit. Sy is diep begaan oor die geweld in die land en bekommerd oor wat van die wit mense gaan word.

"From which country in Europe did you emigrate to South Africa?" wil sy weet.

Aanvanklik verstaan ek nie die vraag nie, maar kom agter dat sy werklik glo dat iemand met 'n wit vel nie 'n gebore Afrikaan kan wees nie. My antwoord aan haar: "Ma'am, I am the second son of the ninth generation of a German soldier of fortune, Johannes Bernard, who left Cologne in Germany in 1706 and two years later moved to the Cape and permanently settled in South Africa."

En, voeg ek toe kamma onskuldig by: "Do you know for how many generations the Caseys have been in America?" Ek is nie seker of sy begryp het wat ek tussen die reëls probeer sê het nie.

In die tagtigerjare gaan ons skakeling met die CIA gemaklik op die hoogste intelligensievlak voort. Ná Stansfield Turner verskyn die enigmatiese Bill Casey op die toneel. Hy is 'n ou kalant uit die OSS-dae (die "Office of Strategic Services", voorloper van die CIA) en 'n vertroueling van pres. Ronald Reagan. Hy het 'n obsessie met paramilitêre optredes en glo met 'n soms kinderlike bravade dat die klandestiene onttroning van diktators en geheime militêre operasies teen kommunistiese regimes die hooftaak van 'n intelligensiediens is.[9]

In hierdie dwaling het hy 'n getroue navolger in PW van der Westhuizen en sy makkers in Militêre Inligting gevind. Vandaar die botsings tussen Casey en die Amerikaanse departement van buitelandse sake oor hulp aan Jonas Savimbi se Unita-beweging in die Angolese burgeroorlog waarby Militêre Inligting intiem betrokke was.

Geheime militêre operasies deur intelligensiedienste is egter selde suksesvol. Dit word klokslag in die media onthul, waarop gewoonlik lang kommissies van ondersoek volg en die betrokke diens in die openbaar verneder word. Intelligensiedienste is uiters sensitiewe organisasies met lede wat slegs optimaal presteer as hulle persoonlik glo in wat hulle doen en nie bloot opdragte uitvoer nie. Dis vreemd dat 'n supermoondheid wat al male sonder tal sy vingers met dié soort optrede in byvoorbeeld Kuba, Chili, die ou Kongo en Irak verbrand het, nie dié feit wil insien nie.[10]

Die CIA sal natuurlik redeneer dat hy in Afganistan baie sukses behaal het en elders in die wêreld met veral *drone*-aanvalle talle terreurselle kon neutraliseer.[11] Uiteraard kan dit takties gesproke vir momentele suksesse sorg, maar die strategiese vraag is: Hoeveel verbitterde "terroriste" wie se enigste lewensideaal wraak teen Amerika of die Weste is, word deur elke *drone*-aanval geskep?

DIE DUITSERS

Die Duitse intelligensiediens, die Bundesnachrichtendienst (BND), het jare lank die ou Buro vir Staatsveiligheid van aansienlike hulp met opleiding, onder meer vir die beskerming van staatshoofde, voorsien.

NI se verhouding met die Duitsers het uit talle samesprekings bestaan en etlike wedersydse besoeke het plaasgevind. Hierby het veral die jonger lede van NI baie baat gevind. Oorsese besoeke het hulle geleer dat spioene nie met oogklappe na die wêreld moet kyk nie en deurentyd bewus moet wees van die groter prentjie.

Ons het hulle voorsien van inligting oor Afrika – wat vir hulle 'n harde neut gebly het – in ruil vir waardevolle inligting oor die destydse Oosblok, veral oor Oos-Duitsland. Talle aspirantspioene van die ANC is opgelei deur die Stasi, die Oos-Duitse geheime diens wat wêreldwyd met agting bejeën is.[12] Uiteraard wou ons agterkom wie daar opgelei word, waarin en so meer. Die regering in Bonn het self ook noue bande met die ANC gehandhaaf en was uiters versigtig om nie amptelik inligting oor te dra wat hom polities in die sop sou laat beland nie.

Op die gebied van teenspioenasie (sien hoofstuk 7) het NI en die BND goed saamgewerk, soos blyk uit die insluiting van elf Wes-Duitse agente in die uitruilpakket met Kozlof. In 'n private lokaal op Frankfurt se lughawe het ek en Herr Ackermann van die BND met die sing van "Die Wacht am Rhein" uit volle bors die suksesvolle uitvoering van die operasie gevier.

Met die val van die Berlynse Muur in November 1989 het die BND ook die gevaarlike wanpersepsie ontwikkel dat die Duitse staat deur geen bedreiging meer in die gesig gestaar word nie. Dat

Al Qaeda-lede uit Duitsland opgetree het om die aanval op die
World Trade Center in New York op 11 September 2001 moontlik
te maak, het dié persepsie hopelik die nek ingeslaan.

Op besoeke aan Duitsland as gaste van die BND moes 'n mens
meestal die uitmergeling van Pruisiese presisie verdra. Jy word geen
oomblik met rus gelaat nie. Toe ek hulle by geleentheid ernstig
versoek om my en Engela in vrede te laat sodat ons 'n bier in 'n
straatkafee kan geniet, was hulle stomgeslaan.

"As u dit wil doen, sal u 'n dubbelganger moet kry wat as uself
optree, want ons stelsel maak nie vir sulke afwykings voorsiening
nie," was die antwoord.

DIE MOSSAD EN ANDER

Intelligensiedienste se vermoë en internasionale statuur hou nie
noodwendig verband met hul land se posisie in die internasionale
magskonstellasies nie. Van die grootste moondhede het soms van
die swakste intelligensiedienste en kleiner lande het dikwels van
die wêreld se beste dienste. Die Mossad van Israel is van laasge-
noemde 'n voorbeeld, terwyl ek meen die CIA sal nie veel goue
medaljes op 'n intelligensie-olimpiade wen nie.

Die Israeli's ly egter ook aan 'n groot dosis van soms onuit-
staanbare arrogansie, gepaard met wat in Afrikaans gepas die
"kortgatsindroom" genoem word. Dit verberg dalk 'n gebrekkige
besef van eiewaarde en 'n ongesonde selfbeeld.

Die keersy van die munt is seker dat die Jode konstant onder
soveel bedreiging van hul voortbestaan verkeer dat hulle nie altyd
die kuns "hoe om vriende te maak en mense te beïnvloed" probeer
nastreef nie. Intelligensiedienste is immers daar om hulle lande se
voortbestaan te verseker.

Nietemin het hulle 'n mens baie laat wonder of hulle ook so

kordaat sou wees indien hulle alleen die mas moes opkom en nie immer op die veiligheidsnet van Big Brother Amerika in hulle uur van nood kon aanspraak maak nie. Hul gedrag was dikwels soos dié van 'n bedorwe kind.

Op my eerste besoek aan Israel vroeg in die 1980's word ek, soos baie ander kere, deur Gert Rothmann vergesel. Genl. Yitzhak Hofi was toe die hoof van die Mossad, maar die meeste van die praatwerk aan hulle kant word deur 'n aanmatigende senior lid van die Mossad gedoen. Hy is so slim soos die houtjie van die galg en vol raad vir Suid-Afrika, maar oor die Midde-Oosterse probleem op sy voorstoep swyg hy soos die graf.

Ná 'n frustrerende dag is ons op pad na die hotel en ek vaar uit oor die ongenoeglike gesprek wat ek as taamlik beledigend ervaar het. Dat die Israeli's kon dink dat hulle die groentjie so maklik om die bos kan lei!

Rothmann luister geduldig en antwoord toe met wyse raad wat 'n sak vol sikkels nie kan koop nie: "Doktor, onthou, in die intelligensiewêreld is dit altyd tot jou voordeel as ander mense jou intelligensie onderskat." 'n Gesegde van die wyse ou Sun Tzu oor hoe jy jou vyand moet benader, is ook hier gepas: "Hou jou minderwaardig en moedig sy arrogansie aan."[13]

NI se verhouding met die Mossad vorder met stampe en stote omdat dit deur die samewerking op militêre gebied oorheers word. Ons het nietemin uitstekende inligting van die Israeli's oor die politieke, ekonomiese en strategiese situasie in die Midde-Ooste en Noord-Afrika ontvang en het hulle op ons beurt van inligting oor Suider-Afrika voorsien.

NI het besonder goeie verhoudinge met die Italiaanse buitelandse diens, SISME, én die binnelandse diens, SISDE, gehandhaaf. Veral op tegnologiese gebied met die onderskepping van inligting op satellietkommunikasie het ons onontbeerlike hulp van die

Italianers ontvang. Die Italianers het na my ondervinding een van die mees onderskatte intelligensievermoëns in die wêreld. Spioenasiedienste kan sekerlik nie gemeet word aan die onbevoegdheid en knoeiery van hul politieke meesters nie!

Ons het ook met die dienste van talle ander lande – van die Ooste tot die Weste, die noordelike tot die suidelike halfrond – kontak gehad, in sommige gevalle net by geleentheid.

AANKLANK BY DIE RUSSE

Die Russe is in baie opsigte soos boeremense: baie reguit, soms selfs kru, maar hulle is eerlik, gemaklik en onopgesmuk. Hulle probeer jou nie met allerlei tierlantyntjies en dingetjies beïndruk nie.

Rusland se vroeë agtiende- en negentiende-eeuse geskiedenis toe hy saam met Engeland, Oostenryk-Hongarye en die Franse 'n groot moondheid in Europa was, het my nog altyd gefassineer. Daarom het ek genoeg van hulle geweet om nie te dink, soos die meeste van my militêre kollegas, dat elke Rus 'n kommunis is nie. Hulle is net so nasionalisties in hul lewensbeskouing as wat ek is. Om dié redes het ek van die eerste kennismaking met die Russe by hulle aanklank gevind – nie dat dit maklik was nie!

Die Suid-Afrikaanse Kommunistiese Party (SAKP) is een van die wêreld se oudste kommunistiese partye buite Rusland. Die KGB, sekerlik die mees gevreesde en berugte intelligensiediens van die moderne tyd, was deur baie jare 'n getroue ondersteuner van die SAKP. Die Sowjetunie het tydens die Koue Oorlog oral in Afrika en op elke denkbare manier sy belange ten koste van die voormalige koloniale heersers probeer uitbrei.

In Suider-Afrika is wapentuig op groot skaal in veral Angola en ook Mosambiek ingepomp, met verreikende implikasies vir ons deel van die kontinent wat geteister is deur bloedige burgeroorloë wat duisende lewens geëis het en waaroor Suid-Afrika nie sy hande in onskuld kan was nie. Hieroor het 'n verbete woordestryd in die binnekamers van die intelligensiegemeenskap tussen NI en Militêre Inligting gewoed omdat Suid-Afrika deur eie toedoen betrokke geraak het in 'n militêre stryd, by name in Angola, met die lakeie van 'n supermoondheid wie se militêre vermoë eenvoudig oordonderend was.

Ja, ons kon skermutselings en sekere veldslae wen en ander korttermynsuksesse behaal, maar vanselfsprekend kon Suid-Afrika nie op die lange duur as oorwinnaars uit 'n militêre konflik met die Sowjetunie tree nie. Dis 'n redelik eenvoudige som.

Reeds vanaf 16 Junie 1981 het NI onder leiding van Gert Rothmann die onderhandelinge oor die Kozlof-uitruiling gebruik om gesprekvoering tussen ons en die Russe te bewerkstellig. Ons wou na die Groot Beer in sy grot gaan en aan die Russe oordra dat ons self besig was om ons probleme op te los en dat ons nie inmenging van buite wil hê nie. Die Russe is aanvanklik rateltaai en ons gesprekke met die KGB in talle stede in Europa, dikwels in Wene, is 'n gespook om hulle te oortuig van die waarde van 'n geheime diplomatieke kanaal.

Die gesprekke vind plaas met 'n KGB-lid wat ons Leo doop en wat nie in dingetjies soos politiek en diplomasie belangstel nie. By NI is ons egter oortuig ons is op die regte pad en glo as die supermoondhede Afrika in die hande van Afrikane los, sal ons veel gouer in staat wees om ons kontinent se probleme op te los.

Ons maak stadig vordering. Die eerste ontmoeting vind in Augustus 1984 plaas toe 'n afvaardiging van NI en Buitelandse Sake[14] in die Russiese ambassade in Wene die Russe onder leiding van hul ambassadeur daar ontmoet.[15] Die KGB gebruik die intelligensiekanaal om NI te versoek om die Mosambiekse weerstandsbeweging Renamo te oortuig om 'n aantal Russe wat hulle sedert die vorige jaar aanhou, vry te laat. Militêre Inligting weier egter om saam te werk.

Dit verg die toetrede van die eerste minister, wat die Weermag opdrag gee om Renamo te oorreed om die gyselaars vry te laat. Dit gebeur net ten dele, want Renamo hou twee Russiese geoloë, Joeri Gawrilof en Viktor Istomin, as gevangenes agter. Ons spook so wat ons kan by die Weermag om dié twee ook vrygelaat te kry, maar dis alles puur verniet, en ná die ondertekening van die Nkomati-verdrag in Maart 1984 weier Renamo volstrek.

Uiteindelik word dié uitgerekte episode eers in Januarie 1988 in Wene afgesluit toe die nuwe skakelman, Boris, ons baie emosioneel meedeel dat hulle onweerlegbare inligting het dat Gawrilof en Istomin reeds sedert Mei 1985 dood is ná 'n aanval op Renamo se hoofbasis by Gorongoza in Mosambiek. Ons Russiese kollegas is veral ontsteld omdat hulle vermoed ons geweet het dat die twee nie meer leef nie. Eers ná maande se gesprekke het die verhouding weer begin vlot toe hulle ons kategoriese versekering aanvaar het dat ons niks daarvan geweet het nie.

Dit kan na 'n onbenulligheid in die groter konteks van gebeure lyk, maar in die broederskap tussen spioene skep wedersydse hulp die onontbeerlike vertroue wat later die groot, bykans onmoontlike, verstandhoudings moontlik maak. Klaarblyklik was dié insig bo sommige van ons militêre kollegas se vuurmaakplek.

Uiteindelik maak Rothmann op 29 Maart 1987 die deurbraak waaraan ons so lank gewerk het nadat hy uitvoerig gewys het op die wedersydse voordele op verskeie gebiede wat kan spruit uit gesprek en samewerking. Die Russe stem in tot die vestiging van 'n geheime hoëvlakgesprekskanaal.

Hulle is egter ernstig bekommerd daaroor of die Amerikaners oor die KGB se kontak met NI ingelig is en vra aanhoudend versekerings dat dit nie die geval is nie. Dit kon ons hulle kategories gee. Die Russe hoor by herhaling dat ons nie die lakeie van die VSA is nie en dat Suid-Afrika uit eie reg 'n uiters belangrike streek-moondheid, trouens kontinentale moondheid, in Afrika is. In daardie stadium het ons besef dat Moskou se ekspansionistiese drome vir Afrika aan die verbrokkel is en dat ons die gaping wat dit bied, moet benut.

Eers teen die einde van Oktober 1987 gee die besluitnemers in Moskou finaal die groen lig dat die hoof van NI hulle in Wene kon spreek. Dit vind op 17 Mei 1988 plaas.

By dié ontmoeting het ek die kollega (noem hom "R") meegedeel dat ek 'n uiters sensitiewe boodskap van my staats-hoof het om oor te dra, maar dat ons eers oor 'n paar ander sake duidelikheid moet kry.

Die eerste is dat ons nie oortuig is dat die kanaal tussen die NI en die KGB sy eintlike doel dien nie. Ons is nie seker of die kanaal deur Moskou as die amptelike skakelkanaal met Suid-Afrika erken word nie. Gevolglik weet ons nie of ons boodskappe in die KGB-burokrasie verstrik raak en of dit ooit die hoogste gesag in Moskou bereik nie. Ons is bewus van talle pogings deur die Russe om met Suid-Afrikaanse diplomate, sakelui, akademici en kerkleiers te skakel, terwyl hulle eerstehands deur NI al die inligting kan kry waarin hulle belangstel.

Tweedens is ons bekommerd dat die Russe nie hulle regmatige rol in die vredesprosesse in Suider-Afrika speel nie. Deur ons bronne in die frontliniestate weet ons dat die Russiese leier, Michail Gorbatsjof, druk op die Kubane en die Angolese uitoefen om tot 'n skikking in Angola te kom, want Rusland sien nie langer kans om die finansiële las van die konflikte in Suider-Afrika te dra nie. Bowendien, deel ek R mee, lyk dit nie goed dat hulle deur die Amerikaners in die vredesprosesse rakende Suidwes se onafhank-likwording oordonder word nie.

Derdens word R by herhaling en uitdruklik meegedeel dat ons nie die pionne van die Weste of die regering in Washington is nie. Trouens, die CIA én die Britse geheime diens SIS is aktief besig om ons belange te ondermyn. Suid-Afrika sal nie toelaat dat ons uit Washington, Londen óf Moskou voorgesê word nie.

Oor twee weke vind 'n spitsberaad in Moskou tussen pres. Ronald Reagan en Gorbatsjof plaas en ons meen dit sal kortsigtig wees as die KGB nie die Russiese leier kundig voorlig oor verwikkelinge in Suider-Afrika nie. Hulle weet goed waar hulle die bes vertolkte en strategiese inligting in dié verband kan kry.

Vierdens moet die Sowjetunie weet dat nie die ANC of enige ander revolusionêre groep oor die militêre vermoë beskik om die Suid-Afrikaanse regering met geweld omver te werp nie. Dit geld ook vir die frontliniestate. Ons weet dat die KGB se eie ontledings toon dat die ANC nie met geweld kan wen nie. Moskou moet eerder die ANC oortuig om geweld af te sweer en aan die vreedsame politieke proses in Suid-Afrika deel te neem.

Vyfdens weet ons dat die jongste militêre offensief in die suidooste van Angola die Sowjetunie miljoene der miljoene gekos het. Ons meen egter dat Moskou sonder verlies van aansien sy ondermynende aktiwiteite kan beëindig. Suid-Afrika is gereed om te help met die konstruktiewe ontwikkeling van Suider-Afrika en wil graag sien dat die Russe vennote in dié heropbou en herlewing word.

Sesdens is daar talle ander terreine van samewerking wat met groot vrug deur Pretoria en Moskou verder ondersoek behoort te word. Benewens die gebiede van mynbou, landbou en diamanthandel kan daar wat mediese kundigheid en energievoorsiening (byvoorbeeld olie uit steenkool) betref, gesamentlike navorsing en samewerking tot wedersydse voordeel wees.

Ek het die sensitiewe boodskap van die Suid-Afrikaanse president aan R oorhandig, met die versoek dat dit dringend aan die regering in Moskou besorg word. Dit het gelui: "The South African government is prepared to discuss covertly the possibility of signing the NPT [Non-Proliferation Treaty] with the government of the Soviet Union provided that South Africa's security interests, political autonomy and other interests are recognised and guaranteed."[16]

Die boodskap was 'n manier om die Russe te laat verstaan ons is nie Amerikaanse skoothondjies nie en kan ook met Moskou oor die groot strategiese vraagstukke van die wêreldpolitiek gesprek voer. In daardie stadium was ek al hartlik sat vir ons pogings om altyd die Amerikaners oor die Kernsperverdrag te probeer behaag. In die lig van die Amerikaanse wetgewing oor omvattende sanksies teen Suid-Afrika[17] het ons per slot van rekening nie veel vir ons kniebuigings voor die Amerikaners gekry nie. Dan was dit eerbaarder en meer gebalanseerd om 'n eiesoortige en nielakeiagtige onafhanklikheid in wêreldsake na te streef.

R het onderneem om dié boodskap en sy sorgvuldige notas van ons gesprek aan die hoogste gesag in Moskou oor te dra. Nog dieselfde nag stuur ek aan PW Botha 'n omvattende gekodeerde verslag oor die detail van die gesprek.

Presies twee weke later het R terugvoering gegee. Suid-Afrika word geadviseer om die saak oor die Kernsperverdrag by die Internasionale Atoomenergieagentskap (IAEA) in Wene aanhangig te maak en dat die Russiese missie reeds opdrag oor sy optrede in dié verband gekry het. Oor die ander sake wat via die "secret channel" geopper is, was hy positief en dui aan dat daar spoedig verdere verwikkelinge verwag kon word. Oor die status van die kanaal het hy niks gerep nie. Ek sou later leer dat dit ingevolge Russiese logika beteken dit word aanvaar.

Vir die eerste keer in dekades het daar aan die internasionale diplomatieke front versigtig bewoorde maar positiewe geluide jeens Suid-Afrika uit Moskou se dampkring begin opklink. Tydens die viering van die 25ste bestaansjaar van die VVO se Spesiale Komitee teen Apartheid in New York in 1988 het die verteenwoordiger van Oekraïne, ene Gennadi Oedawjenko, gesê toestande in Suid-Afrika is nie meer dieselfde as 25 jaar vantevore nie. Hy het verder opgemerk dat "betekenisvolle verandering" plaasvind en dat die tyd aangebreek het dat vorentoe beweeg moet word met 'n politieke skikking.

Uit Washington is berig dat druk vermoedelik op Oedawjenko uitgeoefen is en dat 'n Russiese diplomaat kort voor Oedawjenko se toespraak 'n dokument in sy hand gedruk het.[18]

Dit sou egter nog geruime tyd, meer as twee jaar, duur voordat groter deurbrake danksy die skakelkanaal met die KGB behaal is. Dit was nietemin deur en deur die moeite, tyd en koste werd. Dit was 'n wêreldklasprestasie om in die geheim 'n wedersyds voordelige verhouding met 'n eens geswore vyand te kon opbou.

ONTMASKER!

DIS Maart 1989. Ek en Mike Kennedy, adjunkhoof van NI se teenspioenasie-eenheid, bevind ons in die heiligdom van die Britse Secret Intelligence Service (SIS) in Londen. Dis elfuur in die oggend, maar ons het nie kom tee drink nie.

Trouens, ons mededeling aan Christopher Curwen, hoof van die SIS, het hom pas 'n wind laat sluk. Maar soos dit 'n goeie spioen betaam, wys hy min daarvan en herwin hy oënskynlik gou sy kalmte: "Can I pour you gentlemen a whisky ... a single malt, perhaps?"

Die rede vir dié gepoogde aandagafleier is eenvoudig: Curwen is pas ingelig dat ons van sy spioene vasgetrek het wat besig was om op Suid-Afrika se kernwapenvermoë te spioeneer. Dis nie die soort nuus wat die hoof van een van die mees gerekende intelligensiedienste in die wêreld op sy nugter maag wil hoor nie.

Vir 'n wyle is daar pogings tot ontkenning, ook deur die SIS se verklaarde verteenwoordiger in Suid-Afrika, Mike Thicket, wat ook die vergadering bywoon.

Ek is baie beleefd en vra dat ons nie mekaar se tyd mors met kat-en-muis-speletjies nie. Indien hulle belangstel, kan ons hulle die stawende foto's, bandopnames van gesprekke en video-opnames van geheime ontmoetings wys.

Wat verder sout in die wonde vryf, is 'n brief van die Suid-Afrikaanse staatshoof[1] vir die aandag van die Britse premier, Margaret Thatcher, waarin ten sterkste beswaar gemaak word teen hierdie ondermyning deur "die veroweraars". Ironies genoeg was Thatcher in daardie jare een van minder as 'n handjievol Westerse leiers wat Suid-Afrika openlik, maar nie kritiekloos nie, gesteun het.

Daardie aand het ek en Mike Kennedy 'n glasie whisky geklink – sonder die komplimente van Haar Koninklike Hoogheid – op 'n prestasie van Nasionale Intelligensie wat my die grootste persoonlike genoegdoening besorg het.

Maande later wou Curwen van my weet: "Dit was van ons beste operateurs wat deur julle betrap is. Hoe het julle dit gedoen? Ons het teruggegaan op ons spoor en kon nêrens afkom op 'n fout wat ons gemaak het nie."

My wedervraag was: "Dankie vir die kompliment, maar wat maak julle beste spioene in Suid-Afrika? Ek sou reken hulle behoort in Moskou te wees. Of in een van die Oosbloklande. Watse bedreiging hou ons vir julle in?"

Ek het nie juis 'n antwoord gekry nie. En hulle ook nie op die vraag oor hoe ons te werk gegaan het nie.

Nogtans het Curwen, wat later tot ridder geslaan is, my nog 'n tikkie genoegdoening besorg deur te vertel hoe die Ystervrou hulle oor die kole gehaal het oor hul Suid-Afrikaanse flater.

Meer as 'n jaar later is ek en Mike na Washington, op 'n soortgelyke sending om die Amerikaanse Central Intelligence Agency (CIA) te konfronteer oor sy spioene, van wie sommige saam met die Britte aangekeer is. 'n Brief van protes vir die aandag van pres. George HW Bush is ook oorhandig.[2]

Suid-Afrika was ook 'n teiken vir die spioenasiedienste van die Duitsers, Franse, die ou Oosbloklande en die Russe in die vorm van die KGB en GRU, onderskeidelik die land se siviele en militêre intelligensiediens. Talle van dié projekte is suksesvol beëindig of "omgekeer". Die Russe se "agente" was hoofsaaklik Suid-Afrikaanse diplomate of amptenare van verskeie staatsdepartemente soos

Buitelandse Sake, Handel en Nywerheid, Toerisme, Mineraal- en Energiesake, en Landbou wat in Suid-Afrikaanse ambassades en missies oorsee en plaaslik gestasioneer was. Hulle is genader en in baie gevalle gewerf en gehanteer deur verklaarde én onverklaarde intelligensieamptenare.

Al dié lande was veral op soek na binne-inligting oor politieke, militêre en ekonomiese sake – in dié volgorde. Bannelinge (die sogenaamde *exiles*) van die bevrydingsbewegings het gesogte teikens geword, veral namate Suid-Afrika op pad na 'n nuwe politieke bestel beweeg het en dit voorspelbaar was dat van dié bannelinge belangrike rolspelers in die nuwe bedeling sou word. Ons kon dit uiteraard nie beheer nie, maar was meestal goed ingelig oor wat op dié gebied gebeur.

Toe die SIS en die CIA gekonfronteer is, is hulle net genoeg inligting gegee om te wys dat ons 'n onomstootlike saak teen hulle het. Meestal, in sulke gevalle, het ons nie die name van die Suid-Afrikaners verskaf wat deur hulle genader of gewerf is nie, maar slegs die naam van die hanteerder, of soms – as dit ons gepas het – andersom. Die doel daarmee was om hulle aan die raai te hou oor wat ons weet en wat nie. Indien hulle dit nie kon vasstel nie, was hulle verplig om alle operasies af te gelas. Op dié manier bly operasies waarvan ons nie geweet het nie óók in die slag.

Van die Britte se ondersteuningsagente is later aan die Britse ambassade oorhandig en is daarna stilweg teruggestuur Londen toe. Die onverklaarde intelligensieamptenare[3] wat by dié operasies betrokke was, is na Londen teruggeroep voordat Suid-Afrika hulle tot ongewenste persone kon verklaar.

Dieselfde het die Amerikaners gegeld, behalwe dat in hulle geval meer mense en 'n groter aantal sake betrokke was. Oor die algemeen was die Amerikaners minder gefokus met hul insameling van inligting as die Britte. Dit was waarskynlik te wyte aan die feit hulle meer mannekrag en feitlik onbeperkte geld beskikbaar gehad het. Ook die Amerikaners het hulle spioene wat hierby betrokke was, teruggeroep.

Die CIA en SIS het natuurlik vermoed dat hulle deur NI binnegedring is en ons het sake lank dopgehou om te sien hoe hulle rondsoek na ons "molle" in hulle geledere. Die kernoogmerk van teenspioenasie gaan juis daaroor om die opponerende intelligensiediens binne te dring en tot sekere hoogte beheer van hul werk of sekere operasies "oor te neem".

Die KGB het deur die jare verskeie Suid-Afrikaanse amptenare en sakemanne oorsee – ook in die buurlande Angola, Mosambiek en Botswana – genader. Ons was redelik suksesvol daarmee om hulle uit te snuffel en het 'n aantal interessante "dubbelagent-operasies" teen hulle bedryf. Dit het behels dat van hul agente oorreed is (meestal in ruil vir nie-ontmaskering) om óók vir Suid-Afrika te spioeneer sodat ons toegang kon kry tot die inligting wat hulle oor die KGB het. Dit het ons in die posisie geplaas om hulle met vals inligting te kan voer. Van hierdie operasies is oor agt jaar en langer suksesvol uitgevoer.

'n Ontmaskering wat ek nou vir die eerste keer bekend kan maak, is dié van die Poolse spioen kol. Jan Wierzba. Hy was oënskynlik (en werklik!) 'n opgeleide ingenieur, maar wat hy nie vir sy bure vertel het nie, was dat hy ook 'n lid van die Poolse intelligensiediens was wat hierheen gestuur is om op Suid-Afrika se kernwapenvermoë te spioeneer.

Ongeveer 15 jaar lank het hy by kragstasies en ingenieursondernemings in Suid-Afrika gewerk. Hy was oral 'n aangename kêrel, uiters betroubaar, het vir die Nasionale Party gestem en die regte antikommunistiese geluide gemaak. As 'n werknemer en ingenieur het hy 'n goeie reputasie opgebou en uiteindelik daarin geslaag om 'n betrekking by Krygkor te kry.

Nadat hy met die hulp van 'n Suid-Afrikaanse ondersteuningsagent aktief inligting begin insamel het, het hy by verskeie geleenthede kontak gemaak met sy Poolse hanteerders wat as personeel van die Poolse lugdiens die land besoek het. Later het hy sy hanteerders in Europa ontmoet, asook lede van die KGB in Oostenryk.

Wierzba se geval wys hoe geduldig 'n spioen dikwels moet wees voordat hy sy eintlike werk kan begin doen. Ons was net so geduldig. Wanneer jy met 'n goeie spioen te doen het, duur dit gemiddeld agt jaar vandat hy begin opereer voordat hy aangekeer kan word. Nadat ons redelik seker was Wierzba spioeneer op Suid-Afrika se kerngeheime, het ons sy bedrywighede omtrent vier jaar lank intensief gevolg.

Soos enige ander koverte spioen moes hy ook minstens een maal per jaar sy hanteerder(s) fisiek ontmoet of 'n unieke bewys verskaf dat hy nog lewe ('n sogenaamde *sign of life* toon) en dat die inligting wat hulle van hom kry, inderdaad van hom af kom. Dit was om seker te maak hy is nie intussen gevange geneem of dat "sy" boodskappe dalk van NI af kom nie. Dit was baie moontlik!

Ons het gou genoeg bewyse teen hom gehad om vroeg teen hom op te tree, maar daar was 'n langtermynoogmerk: Ons wou vasstel presies hoe hy te werk gaan, terwyl ons die moontlike skade wat hy kon aanrig, beperk het deur die inligting wat hy aan sy hanteerders oordra, te "bestuur" – natuurlik sonder dat hy dit geweet het. Daarom het ons hom eers laat begaan.

Uiteindelik het ons omtrent 'n vertrek vol dokumente en bewyse oor hom gehad: van watse petrol hy ingooi tot waar hy sy hare laat sny. Hy het feitlik elke dag in dieselfde restaurant ontbyt geëet en ons was meestal by 'n nabygeleë tafel sonder dat hy ooit onraad vermoed het. Elke krieseltjie inligting kon belangrik wees om die legkaart te voltooi. Die ander oogmerk was om vas te stel presies hoe sy kop werk, want ons kon dit vir die opleiding van ons spioene gebruik.

Ons het van die begin af geweet ons gaan Wierzba nie laat aankla en vervolg nie. Al sou ons daarmee 'n paar punte in die oë van die publiek verdien het, was hy vir ons veel meer werd as dit. Sy werkwyse, tesame met insae in hoe hy dinge benader, het ons in staat gestel om later talle ander spioene aan te keer.

Ná sy inhegtenisneming teen die middel 1980's is hy ten volle *gedebrief*.[4] Daar was nie eintlik sprake van ondervraging nie, want ons het reeds alles van hom geweet. Hy wou natuurlik net een ding weet: "Hoe de joos het julle my uitgevang?"

Ons het hom 'n antwoord skuldig gebly. Hy is uiteindelik teruggestuur na Pole en aan sy intelligensiediens oorhandig.[5]

'N WÊRELD SONDER REËLS

DIE Duitsers het 'n spreekwoord wat lui: "Der Beruf des Spions ist so schmutzig, nur ein Gentleman ist dazu fähig." ('n Spioen se beroep is so vuil dat net 'n gentleman dit kan beoefen.)

In die praktyk kom dit hierop neer: Dit maak nie saak hoe jy "die waarheid" bekom nie; alles is geoorloof. Jou plig is om die lewensnoodsaaklike inligting vir die staat in die hande te kry en aan die regte mense oor te dra.

Uiteraard, as iets so belangrik is dat dit tot elke prys bekom moet word, beteken dit daar is weinig (indien enige) reëls vir hóé dit gedoen word. En dit beteken dis 'n omgewing met soveel morele en etiese dilemmas dat jy soms wens jy het liewer nié hiervan of daarvan geweet nie.

By meer as een geleentheid het ek boodskappe van my eweknieë in Parys of Berlyn of Londen gekry wat ongeveer so gelui het: "Minister P van julle is hier. Hy het gisteraand in hotel B by 'n vrou wat ons as QR ken, geslaap. Ek kan jou die kamernommer gee as jy belangstel. Sy werk vir die KGB. Ek dink julle behoort hiervan te weet. As jou minister afleiding van so 'n aard nodig het, kan ons vir hom die nommers van mooier en veiliger vroue gee."

Ek het gou geleer dat 'n intelligensiediens nie die bewaker van ministers en ander se sedes kan wees nie. Tot groot hoogte is hul leefwyse hulle saak. Die punt vir ons was dus nie dat die minister sy vrou verkul nie. Die punt is dat sy gedrag 'n veiligheidsrisiko vir die staat skep.

Gevolglik is ons by Nasionale Intelligensie verplig om die

minister dop te hou. In die lig van ons buitelandse kollega se mededeling sal dit grof nalatig wees om dit nié te doen nie. Dit blyk uit ons waarneming en die onderskepping van gesprekke dat die bewering waar is. Die risiko vir die staat word dus by die nag groter.

Wat maak ek nou met dié inligting? Gee ek dit vir PW Botha en sê: "Kyk wat vang u minister aan!" Of hoop 'n mens dit was 'n eenmalige oomblik van swakheid?

Ek het gewoonlik die man gekonfronteer. Dis van die moeilikste gesprekke onder die son.

Party se heel eerste vraag was: "Weet PW hiervan?"

Ander het rasend van woede geword en eers alles ontken. As dít nie meer moontlik was nie, is ek beskuldig: "Wie de hel gee jou die reg om op my te spioeneer?" Dis gelukkig nie 'n moeilike vraag om te beantwoord nie.

Ek het gewoonlik gesê: "Ons het 'n probleem hier. Ontken jy dit, of nie? Gaan jy voort met hierdie dinge van jou, of gaan jy dit los? As jy dink jy word te na gekom, gaan sê dit vir die eerste minister. Ek gee jou nou die kans om jou neukery te los. As dit voortgaan, gaan sien ons saam vir PW."

Dit was gewoonlik die einde van die storie.

Op dié manier het ek probeer om die risiko wat dit vir die staat inhou, te beëindig én om die man 'n kans te gee om tot sy sinne te kom.

Hierby het ek vir myself nóg riglyne gevoeg: Om sulke inligting absoluut vertroulik te hou en aan niemand anders oor te dra nie. Om dit nie op enige manier vir persoonlike gewin, of dié van 'n politieke party of opponente, te gebruik nie.

'n Ander omstrede inwinning van informasie is die onderskepping van telefoongesprekke en deesdae ook van elektroniese boodskappe soos e-pos. Vroeër jare was die onderskepping van posstukke 'n voor die hand liggende metode, maar dit het grootliks in onbruik verval.

Intelligensiewerkers sal moeilik die persepsie ontwyk dat hulle na willekeur die telefoon- of ander persoonlike gesprekke van verdagtes sonder hul medewete afluister. Dit sal nooit by die publiek 'n gewilde gebruik wees nie, maar tegelyk is dit wêreldwyd aanvaarde praktyk om op dié manier inligting oor (vermeende) vyande van die staat in te win. Hedendaags is die inligting wat só bekom word onontbeerlik om veral smokkelbase, dwelmhandelaars en terreurvoerders se planne te fnuik.

NI het in dié opsig ook nie omstredenheid vrygespring nie. Laat in die jare tagtig het ons meegeluister op die foon van Chris Ball, besturende direkteur van Barclays Nasionale Bank, nadat sy simpatie vir die ANC ons ore bereik het. Dit het aan die lig gekom dat die bank R150 000 aan 'n kliënt geleen het om te betaal vir koerantadvertensies wat die 75ste bestaansjaar van die ANC herdenk en waarin om die ontperking van die organisasie gevra word.

Ek was oorsee en my adjunk het dié brokkie inligting oorgedra aan PW Botha, wat nie die versoeking kon weerstaan om dit in die parlement te onthul en die bankbaas onder stof te loop nie. Ball het ontken dat hy óf die bank vooraf van die advertensies geweet het. Dit het 'n helse herrie afgegee: oor Ball se vermeende simpatie vir 'n verbode politieke organisasie én oor die onderskepping van sy oproepe.[1]

Pik Botha het my in 'n hysbak voor stok gekry en gewaarsku dat NI se stommiteit tot die val van die Regering kon lei. Die gewalt het sulke afmetings aangeneem dat ek aangebied het om te bedank, maar PW het dit van die hand gewys en ons in die parlement met hand en tand verdedig.

Die voorval bring nog 'n dilemma van 'n intelligensiediens na vore: Moet jy die staatshoof van inligting voorsien wat nie van kritieke belang vir staatsveiligheid is nie maar wat hy moontlik – of as jy hom goed genoeg ken: waarskynlik – vir politieke gewin gaan gebruik?

Dit kan nóg ingewikkelder raak: Wat maak jy as die staatshoof self of die minister aan wie jy rapporteer vanweë sy leefstyl of streke 'n veiligheidsrisiko vir die staat word? Moet jy hom daaroor aanspreek? Mag jy inligting van hom weerhou, al vra hy daarna?

'n Eenvoudige feit wat dikwels uit die oog verloor word, is dat 'n telefoon twee punte het. Dus, as Helen Suzman kla haar foon word afgeluister, is dit (i) korrek, maar (ii) nie korrek nie. Feit is, haar foon word nie afgeluister nie, maar sy praat met mense wie se telefone wel afgeluister word.

As iemand, al is dit 'n parlementslid, herhaaldelik gesels met iemand wat die staat aktief ondergrawe, is dit net 'n baie dom spioen wat nie vir homself sê hier is iets aan die gang nie. Jy het dan een van twee keuses: Óf jy dien 'n spesiale aansoek by die Poskantoor in om ook na daardie telefoon (destyds was dit landlynfone) te luister, wat die vinnigste en goedkoopste manier is om agter te kom wat aangaan, óf jy moet 'n span stuur om die persoon fisiek te volg en waar te neem, wat 'n moeilike en duur oefening is.

Geeneen van dié metodes sal ooit by die publiek gewild wees nie. Intelligensiedienste is egter nie daar om openbare gewildheidskompetisies te wen nie. Die werk wat hulle doen, maak van nature inbreuk op die hedendaagse kultuur van menseregte.

Ons het nie 'n spesifieke belangstelling in mense se bedsake of hul foonpraatjies gehad nie, maar wel in bedrywighede wat deur die staat se vyande uitgebuit kon word. Ja, dit was 'n skending van hul reg op privaatheid. Nee, dis nie 'n absolute reg waaragter hulle in alle omstandighede kan skuil nie. Die staat se reg op veiligheid raak die ganse bevolking en weeg daarom swaarder as 'n enkeling se reg op privaatheid.

Dit is 'n regspunt en nie so moeilik om te begryp nie. Etiese en morele kwessies is veel ingewikkelder en 'n intelligensiehoof moet noodgedwonge alleen daaroor besluit. Eweneens moet 'n koverte spioen ook talle morele besluite op sy eie neem, met weinig meer as sy gewete en oortuigings as rigsnoer.

Dis verdienstelik om 'n intelligensiediens se werksaamhede met wette te probeer vaslê, maar in die praktyk speel dit 'n geringe rol. Wetgewing is wel belangrik, want dit kan jou beskerm as jy betrap word: as van jou projekte rugbaar raak. Spioene is egter kreatiewe mense wat onkonvensioneel te werk moet gaan, anders sal hulle nooit enige sukses behaal nie.

As jy lewensnoodsaaklike inligting in die hande moet kry, is feitlik alles geoorloof. Daar is eintlik nie grense aan wat jy mag doen as die staat se veiligheid op die spel is nie.[2] Hieroor huldig ek dieselfde oortuiging as die kardinaal van Richelieu, Armand Jean du Plessis (1585–1642), aan wie dié uitspraak toegedig word: "Ek is bereid om met die duiwel 'n ooreenkoms aan te gaan as dit in die staat se belang is."

Wanneer die staat sekere noodsaaklike inligting nodig het en jy bekom dit, word daar nooit, maar nooit nie gevra: "Hoe het jy dit gekry? En was dit binne die wet?"

Een taktiek waarmee ons mense byvoorbeeld sukses behaal het, was met sogenaamde valsvlag-operasies, wat daarop neerkom dat jy iemand as 'n bron werf onder die voorwendsel dat hy of sy inligting vir sê maar die CIA moet inwin, en die situasie in alle opsigte so hanteer, terwyl die inligting in der waarheid vir NI bestem is. Veral in die apartheidsjare was daar natuurlik mense wat eerder vir die CIA sou werk – en in dollar betaal word – as vir NI.

Daarom is 'n intelligensiehoof, as hy sy werk goed doen, 'n baie magtige mens met ontsaglik baie vryheid. Hy besluit op wie of wat daar gespioeneer word, waar en hoe hy sy geldelike en menslike bronne en die ingesamelde inligting gaan aanwend, asook wat hy aan sy politieke hoof gaan oordra en wat nie ...

Dit verg onkreukbaarheid en morele oordeel van die hoogste orde.

Die bitter beker van onmoontlike keuses is my ook nie gespaar nie.

Uiteraard het NI talle bronne binne die ANC en ander organisasies gehad in die jare toe hulle uit buurlande geopereer en terreur teen Suid-Afrika beplan en uitgevoer het. Van tyd tot tyd het die Suid-Afrikaanse veiligheidsmagte, gegrond op die inligting wat hulle ingewin het, op ANC-basisse in Mosambiek, Zimbabwe, Zambië, Botswana, Angola, Lesotho en Swaziland toegeslaan.

In enkele gevalle is ek vooraf op kort kennisgewing oor 'n aanval ingelig. Soms was van ons bronne juis in basisse of plekke wat vir "optrede" geoormerk is.

Meestal is ek nie ingelig nie, want, het die veiligheidsmagte geredeneer, as ons julle inlig en julle waarsku julle bron(ne) en hulle maak hulle uit die voete, sal almal dadelik weet hier kom moeilikheid en op die vlug slaan. Hoewel ek hulle punt kon insien, het dit my magteloos en woedend gelaat.

Wanneer ek wel vooraf ingelig is, was die dilemma nog meer akuut. Indien ons die bron waarsku en hy maak dat hy wegkom, sal sy makkers weet dat hy vooraf ingelig is. Dit is so goed soos 'n doodsvonnis. Indien die ANC nie met hom afreken nie, sal hy waarskynlik nogtans as 'n bron verlore wees.

Wat staan jou te doen?

Afgesien daarvan dat dit 'n verskriklike keuse is, is dit nie 'n duidelike swart-wit keuse nie. Daar is altyd die moontlikheid dat die aanval kan misluk of net deels slaag. Dit het dikwels gebeur. Maar dit kon ook gebeur dat die aanval uit die veiligheidsmagte se oogpunt uiters geslaagd is en dat jou bron sneuwel.

Nie net gaan dit oor 'n medemens – eintlik 'n kollega – van vlees en bloed nie; bronne is meestal oor jare met die grootste omsigtigheid en met groot koste gewerf en opgelei. Betroubare menslike bronne is na my ervaring meer werd as die duikbote en bomwerpers wat ons so mateloos beïndruk.

Dit is 'n onmoontlike keuse wat jou die hele nag laat rondrol. En jou uiteindelike besluit bring nie veel gemoedsrus nie, want jy weet agterna steeds nie met volkome sekerheid of dit die regte besluit was nie.

Dit was in sulke tye dat ek soms net gewéét het: Nou moet ek wegkom. Ek het stilte nodig.

Dan het ek dit met Engela en die werk gereël, 'n paar goedjies in die kar gepak en die pad gevat Karoo toe. Na 'n plek suid van Beaufort-Wes waar 'n vriend op sy plaas 'n berghut het. Dit is geheel en al afgesonder en onherbergsaam, minstens 'n uur se ry met 'n moeilike pad die berg op.

Op die eerste dag het ek my geweer gevat, veld toe gestap en 'n springbok geskiet, vir myself kos gemaak, drie dae daar gebly en net gesit en dink, en vroeg gaan slaap en baie met die Groot Man daarbo gepraat. En geluister.

Die wydsheid, die grasvlaktes, die stilte het die wêreld van my jeug opgeroep, want daar was soveel ooreenkomste. Maar daar was ook 'n kardinale verskil: die verlies van onskuld. Ek kon nie meer met die oë van 'n kind na die wêreld kyk nie.

Versreëls van 'n gedig van EA Schlengemann waarin die Namib-woestyn aan die woord is, het by my opgekom: [3]

Maar saans as die mis oor my west'like strand
Soos 'n lykkleed my kaalte bedek,
En die nagwinde kerm oor my eind'lose sand
En skadu's my lengte oorstrek –
Dan word ek meteens met weemoed omgewe,
Al bly ek hoogmoedig en wreed,
En ek smag na die wellus van groenheid en lewe,
En sug in my eensame leed.

Ek is seker alle spioenbase én spioene moet van tyd tot tyd selfon-
dersoek doen, en daarvoor is stilte en afsondering noodsaaklik.
Ons worstel daarmee of ons die mag wat inligting 'n mens bied,
altyd reg gebruik. Soms wil ons net alleen wees en nie dag vir
dag, minuut vir minuut, met moeilike besluite oor die vaderland
te kampe hê nie.

In sulke tye kon ek onder die Karoosterre my kwelvrae en
vertwyfelinge met die Groot Man daarbo deel. Dit was, soos sy
genade, vir my genoeg.

Een van die wanopvattings oor intelligensiedienste is dat almal
wat daar werk, diep koverte spioene is. Dit is hoegenaamd nie die
geval nie.

Vanselfsprekend werk die mense van die vervoerafdeling nie
met hoogs geheime inligting nie. Dis ook nie nodig dat ons genees-
heer moet weet wat almal doen nie; trouens, dis onwenslik. Soos
goeie dienste, oor die wêreld heen, het ons ook op die "need to
know"-beginsel gewerk. Dit beteken jy kry net die inligting wat
jy nodig het om jou werk te doen, niks meer nie. En as jy in detail
begin uitvra wat jou kollegas doen, begin die wenkbroue lig en
wonder ons hoekom jy dit wil weet.

(Dit het ook vir my gegeld. As ek byvoorbeeld hoogs geheime

inligting kry oor 'n beplande staatsgreep in Kenia, vra ek nie na die bronne of hoe dit bekom is nie. Ek wil net weet of dit betroubaar is. Daar is goeie redes voor, die een uit vervloë dae: Gestel jy beland in die hande van 'n vyandiggesinde land of spioenasiediens. Die enigste ding wat hulle sal wil weet, is: Wie is jou bronne? Dan is dit tot jou voordeel as jy eerlikwaar nie weet nie.)

Daarby is NI ook 'n gewone staatsdepartement waarin 'n groot klomp mense elke dag agter lessenaars sit en verslae skryf. Maar dis nie die soort stof waarvan spanningsflieks gemaak word nie.

"Operasionele personeel" is 'n ander term vir spioene, en hulle werk gewoonlik in twee kategorieë: koverte spioene en diep koverte spioene. Albei moet inligting insamel wat nie algemeen of op die gewone maniere, m.a.w. openlik (overt), te kry is nie. Vandaar die begrip "kovert" wat "geheim" of "vermom" beteken. In die konteks van spioenasie impliseer dit noodwendig 'n element van onwettigheid.

Diep koverte spioene het almal 'n sogenaamde lewende dekking wat beteken dat hy of sy 'n ander, openlike werk het. Of daar word 'n maatskappy of meer as een gestig waar die man werk, maar dis eintlik net 'n front vir sy spioenasiewerk. Bel jy soontoe, kom jy by iemand uit wat dalk lewensversekering of so iets verkoop, maar dis nie wat hy eintlik doen nie.

Sy vrou en kinders weet nie eens dat hy 'n spioen is nie. 'n Goeie spioen gaan op sy oudag dood sonder dat hy ooit ontmasker is. Dis moeilik om vas te stel, maar 'n mens kan redelik seker wees dit gebeur elke dag êrens in die wêreld.

Spioene het 'n opwindende én gevaarlike lewe. Hulle hanteer uiters sensitiewe bronne en moet werk met die veronderstelling dat hulle voortdurend dopgehou word. As jy in die buiteland opereer en jy word betrap, is jy in groot moeilikheid. Die adrenalien wat deel van so 'n lewe is, kan verslawend wees. Sulke mense vind dit byna onmoontlik om normale kantoorwerk te doen.

Daar is verskeie uitdagings. Die grootste is dikwels nie om iemand soos 'n minister of eerste minister van 'n Afrikastaat as 'n bron te werf nie, maar hoe om die inligting van hom of haar fisiek te bekom. Hy kan dit tog nie by die sekretaresse in 'n koevert los nie! Die baie ou tegniek van "dead letter drops" word vandag nog gebruik: Die bron laat die inligting in een of ander vorm by 'n afgespreekte plek en die hanteerder haal dit daar af. Hulle kom glad nie bymekaar nie.

Dis die basiese idee; hoe dit uitgevoer en aangepas word, hang van die vindingrykheid van die betrokkenes af. 'n Man draf elke dag deur die park, of elke tweede dag, doen allerlei strekoefeninge, draf verder ... week ná week. Op 'n dag gaan hy weer deur die hele prosedure, buk om sy skoenveters vas te maak en tel ongesiens 'n geheuestokkie op wat in die gras gelaat is, doen sy strekoefeninge en draf weg.

Die moontlikhede is eindeloos. Dié soort ding raak 'n lewenstyl; dit verg 'n spesifieke soort persoonlikheid en dit moet binne die werking van 'n staatsdepartement ingepas word.

NI se diep koverte mense het uit ander geboue as ons gewerk en ek het hulle feitlik nooit besoek nie, want mense kon my dalk herken en gevolgtrekkings maak. Van hulle het ek by geleentheid in veilige omgewings ver van die gebaande weë ontmoet, maar tot vandag weet ek nie wat hul regte name is nie. Ek hoef dit nie te weet nie.

Dit is dus nie 'n leë stelling dat spioene 'n eensame lewe het nie. In feitlik geen opsig kan hulle spontaan optree nie. Die meeste van die tyd speel jy toneel. Jy kan later selfs begin wonder wie jy nou werklik is, wat jy regtig ervaar, wat jy eerlikwaar dink.

En moenie enige erkenning of eer verwag vir wat jy doen nie, al het jy jou land van 'n ramp gered. Een of ander politikus, waarskynlik meer as een, sal dit namens jou opeis.

Nog 'n algemene persepsie by die publiek is dat spioenasiedienste die wêreld oor gereeld en onder beskerming van die wet "vyande van die staat" om die lewe bring. Dit is nie heeltemal onwaar nie, en dis te verstane waar dié opvatting vandaan kom.

In tientalle James Bond-agtige spioenasierillers en -films samel die held nie net op alle moontlike en onmoontlike maniere inligting oor die vyand in nie, hy reken ook persoonlik met hulle af nadat hy allerhande bomenslike truuks uitgehaal en heel menslik ook voor 'n skone dame of twee geswig het.

Maar oortuigender as dié fiksie is die feit dat verskeie intelligensiedienste soos die CIA 'n "operasionele arm" het wat eliminasies beplan en uitvoer. Dis ook 'n feit dat veral in die ou Oosbloklande en die Sowjetunie spioenasiedienste gebruik is om die politieke hoof van die land tot elke prys aan die bewind te hou. Daarom mag sy lastigste opponente uit die weg geruim word. Onderliggend hieraan lê 'n totalitêre beskouing van die staat en sy funksionarisse.

In 'n demokrasie is die veiligheid van die staat ook van die opperste belang, maar die eerste minister (president, koning) is nie die staat nie. Sy of haar persoonlike (politieke) belang is ondergeskik aan die belange van die staat, wat in belang van die algemene bevolking moet regeer.

In beginsel is ek nie daarteen gekant dat mense wat die veiligheid van die staat dodelik bedreig en 'n gevaar vir die samelewing is, uit die weg geruim word nie. Osama bin Laden is 'n goeie voorbeeld. Daarby glo ek 'n mens moet mans genoeg wees om verantwoordelikheid vir jou dade te aanvaar. Dit behoort ook te geld vir iemand soos Edward Snowden, die gewese IT-stelseladministrateur van die National Security Agency, wat met sy roekelose onthullings die lewe van duisende mense in gevaar stel.

Die oomblik as 'n intelligensiediens uitvind iemand spioeneer vir 'n vyandiggesinde land op hom, sal so iemand oor 'n lang tydperk intensief dopgehou word, onder meer om vas te stel wie hom help. Onthullings soos dié van Snowden oor die identiteit van agente en bronne vlek onmiddellik 'n hele netwerk van mense oop wie se lewe oornag weinig werd word. Dit is verraad teenoor hulle en teenoor jou vaderland. Daarom het ek geen simpatie vir hom as die Amerikaners sy bloed soek nie.

Maar – hieroor voel ek baie sterk – dit is nié 'n intelligensiediens se taak om sulke operasies uit te voer nie. Ek het dit met my diensaanvaarding by NI van die begin af teenoor almal wat moes weet, duidelik gemaak. Daar was gesprekke daaroor en ook eenstemmigheid dat dit nie 'n spioenasiediens se taak is nie. Ek kan met stelligheid verklaar dat sulke operasies nie in my tyd beplan of uitgevoer is nie.

Eerstens hoort dit nie by 'n departement wie se enigste taak dit is om inligting in te samel en te vertolk nie. Ons was gevolglik nooit toegerus of bevoeg om dit te doen nie.

Tweedens: Sluipmoorde en ander vorms van eliminering los nooit die onderliggende probleem op nie. Daar is geen waarborg dat die slagoffer se opvolger nie radikaler of doeltreffender sal wees nie.

Derdens: Dit vergroot agterdog en maak dit selfs moeiliker om oplossings te vind. Dis 'n feit dat die rol van sogenaamde spesmagte in die beslegting van konflik totaal oorskat word. Hul operasies loop dikwels skeef en waar dit "slaag", dra dit nie tot 'n blywende oplossing by nie.

Vierdens: Op die ou end kom sulke operasies op die lappe en dan word jy tot in die afgrond verguis. Dit maak die werwing van bronne nog moeiliker as wat dit reeds is. Dieselfde geld vir die noodsaaklike skakeling met die dienste van ander lande. Niemand vertrou 'n bende moordenaars nie.

Daarmee wil ek nie die indruk wek dat spioenasie 'n verhaal van kabouters en feetjies is nie. Dis 'n harde wêreld met weinig reëls waarin engeltjies nie oorleef nie.

En tog – dis iets waarop ek vandag nog baie trots is – toe die Waarheids-en-Versoeningskommissie ná 1994 menseregteskendings begin ondersoek en lede van die veiligheidsmagte bieg oor alles wat hulle aangevang het, het nie een enkele lid van NI gaan vertel wat hy of sy gedoen het en hoe skuldig hulle nou daaroor voel nie. Dit sê vir my dat niemand gedwing is – óf deur 'n opdraggewer óf deur "die stelsel" – om iets te doen wat teen hulle beginsels ingedruis het nie, asook dat die lede lank tevore reeds, terwyl hulle hul pligte uitgevoer en soms ook moeilike besluite moes neem, vir hulself duidelikheid gekry het oor die moraliteit daarvan.

'n Soms omstrede aspek van spioenasie waaroor ek nie slaap ingeboet het nie, is die aanwending van vroue in NI. Tot my eie skade moet ek erken dat ek ná 'n hele paar jaar eers besef het watter unieke en eerbare rol vroue in die diens kan lewer.

Praktiese voorbeelde illustreer dit die beste. Ons is in 'n taai gesprek met die intelligensiehoof van 'n ander land met wie ons bande wil aanknoop, maar daar is allerlei haakplekke. Dit word 'n "battle of wits" waarin ons mekaar probeer uitoorlê.

Ek trek weg met 'n redenasie en kry 'n ligte skop onder die tafel van een van NI se vroue. Onmiddellik weet ek, ek is op die verkeerde spoor.

Ons pouseer vir 'n vinnige dampie. Daar hoor ek: "Jy verstaan hom verkeerd. Dis nie X waarop hy afstuur nie. Hy het Y in sy kop."

Dit is nou maar eenmaal geneties so: Vroue het veel meer

emosionele intelligensie as mans en kan dit vernuftig aanwend. Hulle vang golwe en trillings op waarvan ek nie eens bewus is nie.

En terwyl ek by mans se swakhede stilstaan, nog 'n voorbeeld: Ons wil 'n voorlegging oor die ANC aan een van die staatshoofde in Afrika doen. In daardie stadium is ek, met respek, 'n wêreld-kenner op dié gebied, maar ek weet hy sê vir homself: "Hier is daai blerrie spioen van die Boere al weer. Watse snert gaan hy my nou weer vertel?"

Gelukkig besef ek dit en weet ek dat veral blonde vroue hierdie manne mateloos interesseer, en ek staan terug vir een van die dames wat self baie kundig is.

Die president hang aan haar lippe, vra allerlei vrae oor sekere punte, maak grappies ... Dit duur amper twee maal so lank as gewoonlik. Wanneer ek voorstel dat ons die voorligter verskoon, is sy reaksie: Nee, nee, sy moet asseblief bly; hy het nog vrae!

Daar is geen geredekawel oor die inhoud nie. Hy stem met alles saam.

Dikwels eindig dit nie daar nie. Daar is sensitiewe inligting wat ons van hom wil hê. Die aand breek aan en ons drink drankies in die kroeg. Die dame is goed opgelei en weet hoe om hom met die regte vrae, skalkse laggies, die regte lyftaal en nog 'n glasie wyn of twee aan die praat te hou. Ons kry wat ons wou hê.

Nege uit die tien keer wil hy meer hê en sake met die voorlig-ter verder in sy hotelkamer bespreek, maar ek is daar en hou 'n vaderlike hand oor my kollega. Indien nodig, raak ek onbeskof, staan daar met my hele ses voet plus, en dis die einde daarvan. Elkeen gaan slaap in sy eie bed.

GEHEIME DIPLOMATE

DIS nie altyd die flambojante vleuel of die stormram van die skrum wat die drie druk nie.

Intelligensiedienste het al vir van die wêreld se grootste diplomatieke suksesse gesorg. Die rede daarvoor is eenvoudig: Spioenasiedienste skep 'n regstreekse *en vertroulike* skakelkanaal tussen een staatshoof en 'n ander staatshoof. Daarby soek professionele spioene nie die eer en erkenning wat gewoonlik met sogenaamde diplomatieke deurbrake gepaardgaan nie.

NI se mense het oor baie jare suksesvol met staatshoofde en ander hoës vanoor die wêreld onderhandel en meermale vir opspraakwekkende welslae gesorg, waarvan min steeds bekend is. Veral in die tyd van Suid-Afrika se diplomatieke isolasie in die tagtigerjare het ons interstaatlike verhoudings bewerkstellig en in stand gehou wat vandag nog vriend en vyand sal verstom.

Wanneer ons soms ons kollegas by Buitelandse Sake oor dié gesprekke ingelig het, was hulle meermale briesend dat ons hulle terrein betree het. 'n Mens het begrip daarvoor, maar moes ons dit ter wille van burokratiese etiket nagelaat het terwyl ons deurbrake vir Suid-Afrika kon bewerkstellig? Moes ons die unieke geleenthede wat die intelligensie-omgewing bied, eenvoudig onbenut gelaat het?

My gewaardeerde en bekwame kollega van Buitelandse Sake, Neil van Heerden, het my op 'n keer onthuts meegedeel dat hulle moeg is om deur die agterdeur in te gaan. Die tyd om by die voordeur in te gaan het vir Suid-Afrika aangebreek, het hy my ingelig. Vergun my dié stukkie boerewysheid dat die agterdeur nader aan die kombuis en gasvrye gemoedelikheid is, terwyl die voordeur na die sitkamer met sy dikwels opgesmukte maniertjies lei.

Veral in die jare tagtig het NI uitstekende verhoudings met talle staatshoofde in Afrika opgebou. Dit illustreer dat daar veral in tye van diplomatieke afsydigheid 'n noodsaak vir betroubare skakelkanale bestaan.

Die waarde van 'n direkte kanaal tussen staatshoofde wat dikwels deur intelligensiedienste gefasiliteer word, kan moeilik oorskat word. Dit, terloops, is een van die redes waarom intelligensiedienste direk onder die beheer van staatshoofde moet val. Die regstreekse en persoonlike oordra van boodskappe en indrukke het talle voordele, soos die uitskakeling van die manipulasie van tussengangers wat, helaas, ook kollegas en ministers van ander staatsdepartemente kan insluit.

Die grootste waarde lê egter in geheimhouding. Die wêreldwye aandrang op volledige openheid van interstaatlike verhoudinge soos veral deur die nuusmedia aangestook, is 'n kolossale mistasting. Dit is gewoon nie waar dat die sogenaamde openbare mening ingelig of kundig genoeg is om betekenisvolle bydraes te lewer oor die dikwels snel en ingewikkelde ontvouing van gebeure in die diplomasie nie.

PW Botha en Nelson Mandela was langer as twee jaar voortdurend in indirekte verbinding met mekaar voordat dit wêreldkundig gemaak is. 'n Mens sidder om te dink wat die gevolge kon wees as dit van meet af aan onderworpe was aan die fanfare, bespiegelinge en wolhaarstories wat joernaliste dikwels opdis. Dit sou Suid-Afrika sonder twyfel sy vreedsame revolusie gekos het.

Geheime skakeling kan ook verleentheid verberg. As foute gemaak word, hoef daar geen openbare verontskuldigings te volg nie. Deur die vertroulike gesprekskanaal kan daar reguit en eerlik gepraat word en emosies oorgedra word wat die ander party die erns van die situasie kan laat begryp. Goeie spioene leer vinnig om deeglik van mense se emosies kennis te neem. Dit kan vir sommige 'n blufspel wees, maar dit is tog 'n feit dat tydens emosionele uitbarstings die waarheid soms kru maar eerlik oorgedra word.

In dié verband het ek die kostelike herinnering uit die vroeë jare tagtig aan Klaus Kinkel, die destydse hoof van die BND (die Wes-Duitse intelligensiediens), se besoek aan PW Botha in die ou Verwoerdgebou in Kaapstad. Kinkel, vergesel van 'n Duitse *Mädchen* as tolk, het die kantoor op die agtiende vloer vol Pruisiese bravade ingestap.

PW was ontstoke oor die aanvalle op Suid-Afrika deur die Duitse ambassadeur in die Verenigde Nasies. Kinkel het spoedig onder PW se roede deurgeloop. Die arme tolk het later geswyg toe sy die verbale aanslag nie langer kon hanteer nie.

Botha het sulke geskille nie altyd grasieus gehanteer nie, dis 'n feit. Niks is in diplomatieke wol toegespin nie. Die voordeel is dat albei partye daarna presies geweet het wat elkeen se standpunt is en wat hulle aan mekaar het.

Toe ons later oor 'n glasie wyn olie op die wonde van Duitse selfrespek vryf, het Kinkel erken dat hulle ongevoelig was oor die politieke sentimente van sommige groepe in Suid-Afrika. Onnodig om te sê, die voorval het nooit tot enige openbare verleentheid gelei nie. Die regering in Bonn het egter daarna wel Suid-Afrika se sensitiwiteit oor Duitse diplomatieke opportunisme begryp.

DEUR AFRIKA NA DIE WÊRELD

Vroeg in die tagtigerjare het dit vir ons glashelder geword dat dit absoluut noodsaaklik is dat NI 'n brughoof na Afrika slaan. Dit was sekerlik ook waar NI se primêre intelligensietoekoms – en sy grootste toets – gelê het.

Om verhoudinge met die Franse, Amerikaners, Britte, Duitsers en ander te hê, was voor die hand liggend: Dis voormalige koloniale moondhede met uitgebreide sake- en ander belange in Suid-Afrika. Maar die hart van die bedreiging teen Suid-Afrika het in Afrika gelê. Hulle wil die laaste wit enklawe aan die suidpunt wegvee en elkeen voel hy kan 'n rol daarin speel. Gevolglik is dit belangriker en 'n groter uitdaging om hier skakel- en kontakverhoudinge te vestig as met al die ander Europese lande saam.

Feit is, feitlik die ganse Afrika is kop in een mus met ons grootste opponent, die ANC. Ons kontinent was nie ons vriend nie; trouens, Suid-Afrika is wêreldwyd deur die leiers van Afrika verguis voor gehore wat graag saamgesing het in die koor en mildelik tot die koffers van die veldtogte bygedra het. Nogtans gaan praat ons met hulle.

Wat doen ons in die laat tagtigerjare jare in Afrika?

Ek en van my senior en operasionele kollegas maak kontak met etlike lande, maar veral met, wat ons betref, die Groot Vyf: Nigerië, Egipte, Kenia, Uganda en Zambië. Daar was ook kontak en bande met ander state, maar ons het die saak eers goed oorweeg en besluit om ons toe te spits op die belangrikste rolspelers – ook wat hul gasvryheid jeens die ANC betref.

Ons is in der waarheid op 'n diplomatieke sending. Die groot en kritieke verskil is dat dit in die geheim gebeur en vertroulik gehou word. Die doel is om aan hulle te verduidelik dat Suid-Afrika besig is om weg te beweeg van apartheid en dat ons 'n nuwe politieke bedeling in samewerking met alle beduidende politieke groepe wil uitwerk.

Ons boodskap lui ongeveer só: "Ons pak nie die politieke hervormings uit 'n posisie van swakheid aan nie. Vergeet daarvan. Die

ANC kan dit op sy maag skryf om die Suid-Afrikaanse regering met geweld omver te probeer werp. Ons hervorm, want dis die regte ding om te doen. Ons wil 'n einde maak aan die bloedvergieting in Angola, Mosambiek en ook die terreuraanvalle in Suid-Afrika, want niemand baat daarby nie. Ons wil Afrika help opbou en kan 'n reusebydrae lewer, maar dit kan nie in 'n klimaat van gewapende konflik gebeur nie. Daarom vra ons julle om die ANC-kampe in julle lande toe te maak. Ons weet dit gee julle baie probleme."

Die gesprekke met staats- en intelligensiehoofde is taai maar eerlik en wydlopend, en gaan oor alles onder die son. Ek deel hulle mee dat ek daar is met die magtiging en medewete van pres. Botha en dat ek van tyd tot tyd briewe van hom aan die betrokke individu sal bring. "Ek kan nie namens hom besluite neem nie, maar ek praat namens hom. Hy het my gestuur. Wat jy my meedeel, dra ek regstreeks aan hom oor."

Die Buro vir Staatsveiligheid, NI se voorganger, se formele skakeling in Afrika was beperk. Met Swaziland, Lesotho en Botswana is gereeld en soms met rukke en stote geskakel, terwyl daar goeie bande met Malawi was. In Zaïre is 'n permanente kantoor (met die gepaste naam "Warmpatat") gevestig.

NI het deur die jare 'n goeie verhouding met die Zimbabwe Central Intelligence Organisation (ZCIO) gehad wat voor onafhanklikheid in 1980 as die Central Intelligence Organization (CIO) bekend gestaan het. Die CIO se destydse hoof was 'n gebore Brit, Ken Flower, wat nie sonder handskoene aangepak kon word nie.[1]

'n Voorbeeld van die tasbare voordele wat goeie bande tussen intelligensiedienste kan inhou, is die geval van die Suid-Afrikaanse spioen Odile Harrington. Sy was 26 jaar oud toe sy teen 1986 deur die SA Veiligheidspolisie as 'n bron gewerf en Zimbabwe toe gestuur is om op die ANC te spioeneer.

Volgens 'n berig in die *New York Times* was sy "an idealistic, poignantly unqualified amateur enticed into the underworld of espionage and exploited by her handlers to infiltrate the African National Congress". Kort nadat sy in Harare aangekom het, het sy brokkies inligting en 'n foto van 'n vermeende ANC-lid in 'n koevert geplaas, aan 'n adres in Suid-Afrika gerig en 'n polisieman wat die ANC se veilige huis opgepas het, gevra om dit te pos![2]

Sy is verhoor, skuldig bevind aan spioenasie en tot 25 jaar gevangenisstraf gevonnis, waarna sy aangehou is in die berugte Chikurubi-gevangenis waar sy volgens haar getuienis wreed aangerand en kos van haar weerhou is.

Ek het 'n goeie verhouding met die destydse hoof van die ZCIO gehad en het deur die jare Harrington se vrylating gereeld geopper. Hy was 'n vriendelike oubaas, maar pessimisties oor so 'n moontlikheid, want pres. Robert Mugabe was volgens hom "moeilik".

Op 'n oggend in November 1990 terwyl ek in 'n bestuursvergadering was, kry ek 'n dringende oproep van hom. "As jy mej. Harrington wil hê, moet jy haar *vandag* kom haal. Ek het Mugabe omgepraat, maar môre is dit dalk weer 'n ander storie."

Ons het dadelik 'n vliegtuig gereël en minder as twee uur later van Lanseria opgestyg, met ondere andere NI se dokter en een van die vroulike personeel (met 'n sakkie grimeergoed) aan boord. My Zimbabwiese eweknie het ons op die lughawe ontmoet en die adres gegee van 'n huis waar Harrington sou wees.

Alles het glad verloop en teen vyfuur die middag was ons terug op kantoor. Ek bel vir Rusty Evans, adjunk-direkteur-generaal van Buitelandse Sake, en lig hom in dat Harrington veilig in Suid-Afrika en in ons sorg is.

Hy ontplof. "Wie de hel gee julle die reg? Ons is besig daarmee. Hou julle neus uit ons sake!"

Ek bly ook nie kalm nie: "Luister, Rusty, jy en jou minister kan albei in julle moer vlieg. Dit is soos Zimbabwe dit wou doen. Die vrou is nou hier. Julle kan haar, en al die kalklig, môre kry."

By die volgende dag se nuuskonferensie by die Uniegebou het Evans langs mej. Harrington plaasgeneem. Pik Botha was oudergewoonte ook in die nabyheid.

Ons het in die laat tagtigerjare en daarna gereelde besoekers in van die belangrikste hoofstede en lande in Afrika geword. Van Kenneth Kaunda se kamp op die walle van die Luangwa tot by pres. Museveni se tent onder die lowerryke bome in Kampala, van sjampanje saam met my vriend Assih onder die nagtelike hemel in Togo tot bootvaarte saam met minister Omar Suleiman[3] van Egipte op die Nyl, waar 'n mens deur die wonder van die Godheid se skepping oorweldig word. Ook deur die wondere van 'n vorige beskawing wat 'n mens diep laat dink oor wat tot die ondergang daarvan gelei het.

Met die opening van die NI-kantoor in 1983 in Lomé, hoofstad van Togo in Wes-Afrika, was ons dikwels soos die spreekwoordelike eerstejaar op die kampus, maar ons het vinnig geleer. Indien Togo dalk as 'n onbenullige landjie voorkom, trek gerus die atlas nader en let op dat dit naby Nigerië lê en digby van NI se belangrikste intelligensieteikens. Uit so 'n operasionele basis is spioenasie-optrede net soveel makliker en potensieel aan minder professionele waarneming as byvoorbeeld in Nigerië onderworpe.

NI is in Togo met die goedkeuring van pres. Gnassingbe Eyadema. Ons mense bou ook 'n goeie werkverhouding met die dienshoof, Assih, wat ek eerder as 'n kollegiale vriend dan as 'n vyand sou wou hê. Hy is tans 'n gas van die Franse regering êrens in Frankryk nadat hy glo met die hulp van die Franse, die voormalige koloniale heersers, 'n staatsgreep probeer uitvoer het.

Op my eerste besoek aan Togo wag ek angstig in die hotel se

voorportaal op die mense wat my om 09:00 vir die afspraak met pres. Eyadema om 10:00 sal kom haal. Maar in Afrika moet 'n mens leer om te wag. Ná sewe uur se wag sit ons uiteindelik in die president se kantoor en ontvang die genade om voor te gee dat dit vir ons heel natuurlik is. Dit was nie net in Togo waar 'n mens aan dié soort uitmergeling onderwerp is nie.

Dit is na my mening 'n oordrewe beklemtoning van die Afrika-kultuur waarin tyd glo nie 'n faktor is nie. As ek dit reg het, was staatshoofde uit Afrika nog altyd baie betyds vir afsprake met die Britse koningin of die Amerikaanse president.

My gesprek met Eyadema was die eerste van baie. Hy was nie juis oor die politieke verwikkelinge in Suid-Afrika begaan nie. Hy het my eerder op 'n tipies diktatoriale manier van sy prestasies vertel en my 'n lang lesing oor al die ongeregtighede van die koloniale bewind gegee. By verskeie geleenthede het hy kaviaar geëet en Franse sjampanje van die beste oesjare gedrink, terwyl 'n mens oral in sy arm, sukkelende land die gevolge van sy beleidsrigtings kon sien.

In Togo het ons baie geleer, veral oor die kommunikasiestelsels wat daar onder die moeilikste omstandighede op die dak van die NI-woning in 'n tipiese woonbuurt van Lomé ingerig moes word. Ons mense moes leer om in die buitengewone lewensomstandighede van Togo hulle weg te vind, en baanbrekerswerk is in die proses gedoen. Togo is dikwels besoek en dan is daar ure lank beraadslaag oor ons verdere optrede en operasies in Wes-Afrika. Saans het die gesprekke dikwels gegaan oor die rol wat Suid-Afrikaners in die ontwikkeling van ons kontinent kan en moet speel.

Die Franse intelligensiediens het ons aktiwiteite noukeurig dopgehou en was sekerlik nie altyd ingenome met ons indringing in hulle invloedsfeer in Wes-Afrika nie. Ons het dit egter nie as 'n botsing van belange beskou nie en was versigtig om hulle nie te probeer verdring nie en het selfs op sekere terreine saamgewerk.

'n Moderne opleidingsentrum vir die Togolese intelligensiediens is later buite Lomé opgerig waaraan NI met die beplanning en befondsing 'n leeueaandeel gehad het. Onder meer danksy suksesse met dié projek kon ons ons toegang op die kontinent aansienlik uitbrei en het ons spoedig op die hoogste vlak met die vernaamste state en leiers in Afrika begin skakel.

'n Paar jaar ná die Togo-operasie het ons 'n kantoor in Lagos, Nigerië, geopen. Deur sy nasionale veiligheidsadviseur, genl. Aliyu Mohammed Gusau, het ons op die hoogste vlak kontak met pres. Ibrahim Babangida gehad. Gevolglik kon ons hulle eerstehandse inligting gee oor wat in Suider-Afrika gebeur. In ruil daarvoor was ons veronderstel om nuttige inligting van die Nigeriërs te kry, maar dit het nie eintlik gebeur nie.

Dit was nie die einde van die wêreld nie, want ons het Nigerië as 'n fokuspunt vir beïnvloeding beskou en wou hom op hoë vlak ingelig hou oor politieke verwikkelinge in Suid-Afrika. Hy was 'n groot ondersteuner van die ANC. In Januarie 1977 is Thabo Mbeki as die ANC se eerste verteenwoordiger in Nigerië in die hoofstad, Lagos, geplaas.[4] Ons het dus 'n unieke geleentheid gehad om op die hoogste vlak aan die Nigeriërs te verduidelik dat die ANC nie die enigste mense is wat 'n rol in Suider-Afrika speel nie en dat die Regering ernstig is oor 'n nuwe politieke bedeling.

Daarmee het ons gehoop dat Lagos en ander Afrikalande 'n sagter houding jeens Suid-Afrika sal inneem en die ANC se militêre bedrywighede sal begin inperk. Dit het in sekere mate gebeur.

FAUX PAS

Die stasies wat ons in Afrikalande oopgemaak het in die jare tagtig, in die hoogty van die apartheidsjare, is 'n voorbeeld van NI se welslae, maar faux pas waaroor 'n mens soms weinig beheer het, gebeur ook.

In die tweede helfte van 1981 besoek ek onder meer die streek-kantoor in Durban waar 'n personeellid, Martin Dolinchek, my vra om 'n kennis van hom te ontmoet wat 'n belangrike projek met my wil bespreek. Dit blyk toe die huursoldaat Mike Hoare te wees. Sy ambisieuse plan was om 'n staatsgreep in die Seychelle uit te voer ten einde die linksgesinde president, Albert René, wat self deur 'n staatsgreep aan die bewind gekom het, uit die kussings te lig. Dit sou dan Suid-Afrika se landingsregte op 'n strategiese plek in die Indiese Oseaan verseker en die RSA 'n uitkykpos verskaf op die beweging van vaartuie in die gebied.

Dit was 'n gek en ondeurdagte plan en ek het "Mad Mike", soos hy bekend was, onder geen misverstand gelaat wat ek daarvan dink nie en ook dat NI niks daarmee te doen wil hê nie. Hoare het egter deurgedruk, en op 25 November vertrek hy met 45 huursol-date, van wie omtrent die helfte oudsoldate van die Weermag was, van die Matsapa-lughawe in Swaziland op 'n vlug van die Royal Swazi National Airways na die Seychelle. Onder sy "soldate" was Dolinchek, sonder my medewete of instemming.

Hulle doen hulle voor as 'n bierdrinkklub, Ye Ancient Order of Froth Blowers, en volgens latere getuienis in die hof het hulle reeds op pad na Mahé dié naam gestand gedoen. Daar aangekom, ontdek 'n doeanebeampte op die lughawe 'n AK47 in een van die bierdrinkers se rugsak. 'n Geveg breek uit, en een van die huur-soldate word doodgeskiet en 'n paar gewond en gevange geneem. Een van hulle is Dolinchek. Die res slaag daarin om 'n Boeing van Air India wat pas in Mahé geland het, te kaap en die vlieënier te dwing om na Durban te vlieg.

Lugbeheer in Suid-Afrika vermoed onraad en Hoare en sy

manne word op die lughawe buite Durban in hegtenis geneem, later verhoor en op een na almal tronkstraf opgelê. In sy outobiografie vertel genl. Magnus Malan dat 'n NI-lid (vermoedelik Dolinchek) Hoare aan lede van Militêre Inligting voorgestel het en dat weermagoffisiere ná verskeie gesprekke met Hoare wapens aan hom verskaf het. Volgens Malan het geen weermaglede egter aan die mislukte staatsgreep deelgeneem nie.[5]

'n Stukkie ironie is dat elke selfrespekterende intelligensiediens in die wêreld alles sal doen om sy spioene, al het hulle hoeveel drooggemaak, lewend terug te kry indien hulle gearresteeer of gevange geneem word. Op die ou end het die staat 'n losprys van 'n paar miljoen rand vir Dolinchek se vrylating betaal.

Die Seychelle-fiasko was uiteraard groot nuus en talle vingers word toe na NI gewys, want ek het dan vir Hoare voor die mislukte staatsgreep ontmoet en boonop was 'n personeellid van NI regstreeks daarby betrokke. Natuurlik kan alles verduidelik word, maar my beleid was dat dit deel van spioenasie-etiek is om nie oor jou werk te praat nie. Die nadeel is dat jy jou dan ook nie in die openbaar teen valse beskuldings kan verweer nie. Ons het bloot in 'n bondige verklaring ontken dat NI amptelik betrokke was en verder geswyg.

In 'n tent in Entebbe

Die Zambiese hoofstad, Lusaka, was jare lank die ANC se hoofkwartier in Afrika. Van hier is die politieke propagandaoorlog en die militêre aanslag teen Suid-Afrika beplan en gekoördineer. In en om Lusaka was by geleentheid derduisende ANC-meelopers wat elders heen op pad was vir verdere opleiding of wat gewag het om op sogenaamde militêre sendings na Suid-Afrika te vertrek. In die Pamodzi-hotel het hoëvlakleiers van die ANC gereeld uitgehang.

Van die volle omvang van die ANC se bedrywighede in sy land het pres. Kaunda dikwels weinig kennis gedra. Nogtans het NI sedert die middel tagtigerjare regstreeks met hom en lede van sy intelligensiediens, die Zambia Security Intelligence Service (ZSIS), begin skakel. Ons doel was eerstens om 'n gesprekskanaal te skep waardeur Kaunda op die hoogte gehou kon word van politieke verwikkelinge in Suid-Afrika en tweedens om dié land minder gasvry jeens die ANC te stem.

Ek was bevoorreg om vroeg in Mei 1989 'n lang gesprek en middagete saam met Kaunda op die walle van die Luangwa te geniet in natuurskoon wat van die beste in die wêreld is. Kaunda se gesprekke was altyd filosofies en vol vermanings dat ons in Afrika vrede moet maak en dit moet handhaaf.

Die volgende maand besoek twee senior lede van NI, vergesel van twee verteenwoordigers van ons Departement van Buitelandse Sake, Kaunda in Lusaka. Die gesprek handel oor Swapo se verraderlike aanval oor die noordgrens van Suidwes-Afrika in weerwil van Resolusie 435 om die komende verkiesing te beïnvloed. Die manne bring ook 'n amptelike versoek van die Suid-Afrikaanse president dat Kaunda sy statuur as ringkop moet gebruik om Sam Nujoma, leier van Swapo, tot besinning te bring.

Kaunda gee die versekering dat die Swapo-magte in die weste van Zambië volledig onder die beheer en toesig van sy weermag is en dat hy geen verbreking van Resolusie 435 van die Verenigde Nasies sal toelaat nie. Tussen die reëls gee hy egter toe dat Nujoma sterk onder die invloed van pres. Robert Mugabe is en dat die twee mekaar voor die inval gereeld besoek het.

Ek het Kaunda 'n hele paar keer persoonlik gespreek, in sy kantoor in State House in Lusaka of in die Luangwa-natuurreservaat. Wat ek van hom waardeer, is dat hy nie sy identiteit die rug toegekeer het nie. Hy sou sy kos baie netjies met die hand eet, met 'n sakdoekie daarby. Daarmee wou hy klaarblyklik wys dis sy kultuur en dis wie hy is.

Kaunda het maklik gehuil, soos almal weet wat hom leer ken het. Wanneer hy vertel van die ongeregtigheid wat ons teenoor swart mense pleeg, raak hy aan die huil. Dan probeer ek troos en sê dis darem nie so erg nie, dan huil hy nog meer. En later voeg hy by: "Maar julle Boere is eintlik nie so sleg nie. Ek vertrou julle meer as die Britte, wat so oppervlakkig en gemaak vriendelik is."

Om pres. Yoweri Museveni in sy tent onder die lowerryke bome van die State House in Entebbe te ontmoet was 'n ervaring so eg aan Afrika soos kan kom. Hy het 'n mens nooit in die staatshuis ontvang nie, slegs in die tent wat eenkant op die grasperk opgeslaan is. Dan het hy graag vertel hoe hy uit dié tent sy militêre veldtogte teen Idi Amin gevoer het totdat hy hom uiteindelik onttroon het. Daarmee het hy baie vernuftig die beeld van hom as 'n guerrillavegter teen die bewind van Amin lewend gehou.

Van al die leiers in Afrika wat ek ontmoet het – press. Olusegun Obasanjo, Ibrahim Babangida, Hosni Moebarak, Daniel arap Moi, Kenneth Kaunda, Eduardo dos Santos – het Museveni op my die grootste indruk gemaak. Hy het 'n sterk karakter, in 'n ander sin as die meeste van sy eweknieë. Hy is hoflik en 'n goeie luisteraar, maar as hy praat, kan jy luister na wat hy sê.

Hy kon oortuigend redeneer. Sy belangrikste punt was: "As julle Boere net so ver wil kom om te verstaan dat julle nie alleen die politieke mag kan hou nie. Ek verstaan hoekom julle dit doen. Julle vertrou nie ons swart mense nie. Maar ek is ook 'n Afrikaan en ons kan nie met julle vriende wees solank julle as die minderheid alleen regeer nie. Ons weet julle het besondere vaardighede en vermoëns wat ons in Afrika nodig het en ons is nie kwaad vir julle nie, maar sien nou net ons kant van die saak ook in."

'n Groot voordeel van die vertroulike gespreskanale soos

hierdie wat ons geskep het, was dat ons die boodskap by die belangrikste Afrika-leiers kon tuisbring dat Suid-Afrika wegbeweeg van apartheid en dat ons op pad is om 'n nuwe politieke bedeling in oorleg met al die inwoners van die land uit te werk. Dit was openhartige gesprekke, want nie hulle of ons het ooit gevrees dat die blote feit van die gesprekke, afgesien van die inhoud daarvan, môre op die koerante se voorblaaie sou wees nie.

Die feit dat ons te midde van internasionale isolasie daarin kon slaag om in Afrika eintlik 'n addisionele diplomatieke skakelkanaal te vestig, is myns insiens 'n groot deurbraak. Daarby het ons 'n minder gunstige klimaat vir die ANC in hierdie "gasheerlande" help skep. Teen 1988-'89 het die aktiewe ondersteuning van die ANC se terreuraanvalle teen Suid-Afrika redelik afgeneem.[6]

Die "Afrika-projek" was een van NI se grootste suksesse.

'N NOODSAAKLIKE "STAATSGREEP"

IN my jong dae in die destydse Suidwes-Afrika en as student en dosent aan die Vrystaatse Universiteit in Bloemfontein het ek polities gesproke en andersins 'n konserwatiewe lewensuitkyk gehuldig. In sekere opsigte is ek vandag nog konserwatief – iets waarvoor ek nie enige verskonings aanbied nie.

Dit is egter eweneens 'n feit dat ek in die vroeë jare tagtig belangrike denkskuiwe gemaak het.

'n Paar maande voor my aanstelling by die Departement van Nasionale Veiligheid (DNV) aan die einde van 1979 is ek gevra om by die jaarvergadering van die Federasie van Afrikaanse Kultuurvereniginge (FAK) in Bloemfontein 'n voordrag te lewer. Daarin het ek onder meer gesê: "Vorentoe sal die beskermende staatkundige milieu wat die Afrikaner sy eie gemaak het deur inherente lewens- en wêreldbeskoulike krag behou moet word ..." en dat "die beleid van meerdere staatkundige soewereiniteite vir Suid-Afrika se swart volke (lees: apartheid) 'n eerbare en waardige poging (is)" om vreedsame naasbestaan moontlik te maak.[1]

By dié vergadering is ek uit die bloute tot die hoofbestuur van die FAK verkies, wat iets verklap van die denkruimte waarin Afrikaners hulle in daardie stadium bevind het. 'n Paar maande later is ek aangestel as 'n lid van 'n kommissie van ondersoek na veiligheidswetgewing. Konserwatiewes kon met reg verwag dat ek sou wal gooi teen die moontlike liberalisering van dié wetgewing.

Met my aankoms by Nasionale Veiligheid was ek nog die mening toegedaan dat die Suid-Afrikaanse veiligheidsmagte die revolusionêre ANC en al sy meelopers kon hokslaan en dat die Regering met die nodige wetgewing en gepaardgaande kragdadigheid hul planne en idees in die kiem kon smoor.

Oor dié strategie en die haalbaarheid daarvan is tientalle gesprekke in die binnekring van die departement gevoer. Vier dae per week is ons blootgestel aan die inligting wat deur NI ingesamel is. Dié faktore het my oor die volgende twee, drie jaar oortuig dat die geldigheid en werkbaarheid van ons politieke beleid én die militêre aktiwiteite waarmee Suid-Afrika besig was, verstryk het.

Die oortuiging het by my posgevat, ook danksy die invloed van my kollega Mike Louw, 'n Bloedsap van Prieska se wêreld, dat ons politieke en militêre benadering geen blywende oplossing bied nie; dat die land se brandendste vraagstuk 'n politieke en staatkundige antwoord benodig en nie 'n militêr-strategiese een nie. Ek het gaandeweg besef dat 'n mens jou gewete geweld aandoen deur die waarheid van "die waarheid" te ontken.

Ek wil graag glo dat ek 'n intellektueel eerlike mens is. Een implikasie daarvan is dat 'n mens altyd bereid moet wees om jou mening aan nuwe inligting te toets en, indien nodig, jou standpunte en oortuigings aan te pas. Dít, en nie een of ander soort Damaskus-ervaring nie, het my geleidelik tot nuwe insigte gebring oor die regte pad vorentoe vir die land.

Hierin was ek deel van 'n intense gistingsproses in Afrikaner- en regeringskringe oor die politieke koers wat die land behoort in te slaan. 'n Kritieke forum waar hierdie proses hom laat geld het, was die Staatsveiligheidsraad (SVR), wat die terrein geword het vir intense debatte en woordgevegte agter die skerms – ook tussen my en sommige militêre leiers.

Anders as wat baie mense tot vandag glo, was PW Botha nie die geestesvader van die Staatsveiligheidsraad óf die "totale aanslag" nie.

Die oorsprong van dié teorie kan teruggevoer word tot die era van die Koue Oorlog (1947–1991) en die oortuiging in die Weste dat die Sowjetunie daarop uit was om alle middele tot sy beskikking in te span ter wille van die ideaal van wêreldoorheersing. Die triomf van Mao Zedong se magte in China in 1949 en kommunisties geïnspireerde revolusies in Griekeland, Maleia, Korea en Indo-China het gelei tot die Amerikaanse doktrine van "containment" waarmee Amerika danksy ooreenkomste met streekmoondhede probeer het om die USSR se magsuitbreiding te stuit.

In Suid-Afrika het militêre strateë 'n ooreenkoms tussen dié verwikkelinge en die totstandkoming van Marxistiese regerings in Mosambiek en Angola, gepaard met die eskalerende "Grensoorlog" (1966–1989), gesien. Die idees wat die Franse genl. André Beaufre in die 1950's op grond van sy ervarings in die Algerynse onafhank-likheidsoorlog ontwikkel het, het by hulle byval gevind.

Hoewel die Franse feitlik alle skermutselings teen die rebelle gewen het, moes hulle uiteindelik die aftog blaas. Volgens Beaufre was die rede daarvoor dat die Franse nie die lojaliteit van die Algeryne kon wen of hulle daarvan kon oortuig dat hulle 'n beter toekoms onder Franse beheer as onder die rebelle sou hê nie. Die gepaste reaksie daarop sou wees om 'n sterk militêre beeld te behou, maar ook "die vyand sy troefkaarte te ontneem" deur grondige hervormings in te stel wat die hoop op 'n beter toekoms sou skep.

Beaufre het aangevoer dat die "totale aanslag" op alle lewens-terreine deur revolusionêre bewegings wat poog om die bewind in 'n land oor te neem, net deur 'n "totale strategie" hokgeslaan kan word. Hy het Suid-Afrika in 1974 op uitnodiging besoek, 'n lesing vir senior offisiere van die Weermag in Pretoria aangebied en groot invloed uitgeoefen op die hoof van die Weermag, genl.

Magnus Malan, wat sy ontledings op die Suid-Afrikaanse situasie toegepas het. Die "totale aanslag"-doktrine en die antwoord daarop in die vorm van 'n "Totale Nasionale Strategie" het amptelik beslag gekry in die Witskrif oor Verdediging wat in 1977 deur die minister van Verdediging, PW Botha, by die Parlement ingedien is. Só het hy, verkeerdelik, as die vader van dié strategie bekend geword.[2]

Gedurende die termyn van Botha se voorganger, adv. John Vorster, het die Staatsveiligheidsadviesraad (SVAR) in 1972 tot stand gekom as uitvloeisel van 'n ondersoek na veiligheidsake deur appèlregter HJJ Potgieter. Die SVAR was betreklik onaktief totdat dit gedurende Botha se ampstermyn in 1979 in 'n effektiewe, geïntegreerde bestuursmeganisme omskep is en die naam verkort is tot Staatsveiligheidsraad.[3]

Die kernfunksie daarvan was om die Regering van raad insake veiligheidsake te dien en was wat dit betref, nie uniek nie; talle lande en ook die sogenaamde bevrydingsbewegings het oor soortgelyke meganismes beskik. In die ANC se geval was dit sy "Politico Military Council".[4]

Die SVR was naas drie ander komitees (vir ekonomiese sake, welsyn en grondwetlike sake) wesenlik 'n kabinetskomitee. Die laasgenoemde drie komitees was vir die Nasionale Welsynbestuurstelsel (NWBS) en die SVR vir die Nasionale Veiligheidsbestuurstelsel (NVBS) verantwoordelik.

Ingevolge wetgewing het die SVR bestaan uit die eerste minister (as voorsitter), die mees senior minister in die Kabinet, asook die ministers en departementshoofde van die Weermag, die Polisie, die Departement van Justisie, die Departement van Buitelandse Sake en Nasionale Intelligensie. Op dié manier is elkeen van die betrokke staatsdepartemente verplig om 'n bydrae ten opsigte van staatsveiligheid te lewer, of ten minste daaroor te besin.

Hoewel die SVR deels tereg daarvan beskuldig is dat dit 'n

magtige binnekring geskep het, het die besluite van die SVR gedien as aanbevelings vir die Kabinet, wat dit kon afkeur. Dit het waarskynlik selde gebeur.

Nog 'n wanopvatting oor die Staatsveiligheidsraad is dat dit 'n gekonkel deur 'n klomp eendersdenkende politici en amptenare was wat planne beraam het om die swart bevolking verder te onderdruk.

As iemand wat direk daarby betrokke was, is my eerlike mening dat dit 'n bona fide-poging was om in 'n krisistyd die land op koers te hou. Die notules van die SVR boekstaaf hoe daar dikwels ure lank geworstel is om die ekonomiese, maatskaplike en sosiale omstandighede in die land só te bestuur dat die bloedige revolusie wat in sommige kringe beplan is, voorkom kon word.

In die jare negentig het ek by die Waarheids-en-Versoenings-kommissie (WVK) daarvoor gepleit dat dié notules openbaar gemaak word omdat ek glo die raad, ondanks sekere mistastings, niks gehad het om weg te steek nie en omdat openbaarmaking die agterdog en gerugte oor dié liggaam kon stopsit.[5] Ongelukkig het min. Kobie Coetsee dit teengestaan en sy sin gekry.

Tweedens kan dit nie as 'n gekonkel bestempel word nie, want daar was hoegenaamd nie eensgesindheid oor hoe die aanslag teen die land afgeweer moes word nie, hoewel daar mettertyd 'n breë konsensus hieroor ontwikkel het.

Derdens was dit allermins gemik op die onderdrukking van die bevolking. Ja, noodtoestande is afgekondig en burgerlike vryhede is aan bande gelê, maar dit was daarop gemik om 'n redelike mate van reg en orde te handhaaf sodat 'n klimaat geskep kon word waarbinne die voorbereiding vir 'n onderhandelde skikking kon geskied.

Na my mening het die volgehoue en onweerlegbare inlig-tingsvoordragte deur Nasionale Intelligensie 'n groot rol gespeel om die lede van die SVR daarvan te oortuig dat 'n politieke skikking Suid-Afrika se enigste hoop op vrede en voorspoed is. Sommige lede, soos ministers Chris Heunis, Pik Botha en Alwyn Schlebusch, het nie oortuiging nodig gehad nie. Hulle en 'n paar ander het voortdurend gewaarsku teen 'n ekonomiese insinking, internasionale isolasie en die "going it alone"-opsie deur aan te voer – in ooreenstemming met NI se vertolking van die situasie – dat daar vir alle konflik op die ou einde slegs 'n politieke antwoord kan wees.

Heunis was 'n intense en hardwerkende mens, bedeel met 'n buitengewone intellek en 'n geheue soos 'n olifant. Soms het hy egter in lang diskoerse verstrik geraak en homself dikwels in die rede geval met nuwe idees wat sy toehoorders verwar het. Hy het met 'n dringende haas gepraat wat my "bankmaat" by die SVR, genl. Jannie Geldenhuys, onderlangs laat vra het: "Is die spoed waarteen 'n mens praat, 'n aanduiding van sy intelligensie?"[6]

Pik Botha, minister van Buitelandse Sake, het op vergaderings van die SVR baie van hom laat hoor. Hy was 'n unieke politieke persoonlikheid en het dikwels in die raad en daarbuite vir briljante insette gesorg. Hy en sy departement het 'n onmisbare bydrae gelewer om te sorg dat die stem van internasionale denke en moraliteit in die SVR en ander veiligheidstrukture gehoor en verreken word.

Vir die doeltreffende werking van die SVR is die land in verskillende geografiese gebiede verdeel wat ongeveer saamgeval het met die latere provinsiale grense. In elke area is 'n gesamentlike bestuursentrum gestig wat die owerheid in staat moes stel om die bestuur van veiligheidsake in daardie gebied te koördineer.[7]

Die SVR het elke tweede Maandag in die Uniegebou in Pretoria of in Tuynhuys in Kaapstad vergader, met die gevolg dat besluite vinnig uitgevoer kon word. Die raad is uitgebou met 'n werkkomitee en 'n sekretariaat.

Die werkkomitee was 'n belangrike liggaam wat al die voorbereidende werk vir die SVR gedoen het. Sy lede was die hoofde en topamptenare van die vier staatsdepartemente uit wie die SVR saamgestel is. 'n Groot voordeel van die werkkomitee, waarvan ek 'n lid was, was dat sy lede hul menings vrylik kon lug en planne ter uitvoering van staatsbeleid aan die hand kon doen weg van die glurende oog van hul politieke hoofde, wat dikwels hul eie agendas gehad het.

Hier is deur die jare hewig debat gevoer wat maklik tot gevegte kon gelei het as dit nie vir die gemoedelike en wyse leiding van die voorsitter, lt.genl. André van Deventer van die Weermag, was nie.

In die revolusionêre stryd waarin Suid-Afrika in die jare tagtig gewikkel was, was dit nie net vir die Regering belangrik om reg en orde te handhaaf nie maar ook om die stryd om die *hearts and minds* van die bevolking te wen. Dit was geen geheim nie dat groot dele van die swart, bruin en Indiër-bevolking gegrief was oor diskriminerende wette en swak lewensomstandighede wat regstreeks aan die beleid van apartheid gewyt is.

Dit het dikwels tot plofbare situasies gelei wat deur die meganismes van die SVR en die betrokkenheid van die Weermag en sekere staatsdepartemente ontlont kon word. Waarop dit prakties neergekom het, is dat veral die Weermag in rekordtyd 'n skool, kliniek of 'n pad kon bou of 'n verstopte rioolstelsel kon herstel, terwyl dit langs die gewone burokratiese kanale soms maande, selfs jare, geduur het om sulke projekte af te handel.[8]

Uiteraard was hierdie intervensie nie gewild by staatsdepartemente wat graag hul werk gedoen het nie, want tegnies is hul lynfunksies opgehef en deur die Nationale Veiligheidsbestuurstelsel oorgeneem. Dit was, in sekere sin, 'n (noodsaaklike) staatsgreep op die administrasie van die land, want die outonome funksies van sekere staatsdepartemente is oorgeneem deur die Veiligheidsbestuurstelsel, wat daarmee by implikasie gesê het: "Julle prosesse en werkverrigting is nie goed genoeg vir die omstandighede waarin die land hom bevind nie. Ons neem nou oor en help julle voorlopig om dinge gedoen te kry."

Dit was maklik om in te sien dat die raad 'n omstrede instelling sou wees. Vir my was die kritieke vraag egter: Gaan die Veiligheidsbestuurstelsel en die Staatsveiligheidsraad daaroor om 'n militêre diktatuur te vestig en grondwetlike onderhandelinge te kelder? Of probeer hulle 'n klimaat skep waarbinne mense om 'n tafel kan sit en met mekaar oor die land se toekoms praat, pleks daarvan om mekaar oor geweerlope aan te gluur?[9]

Lede van die Kabinet wat nie lid van die SVR was nie, het tereg uitgesluit gevoel van 'n deurslaggewende beleidsforum en het toenemend krities geraak jeens die topamptenare van die veiligheidsgemeenskap wat daarvan beskuldig is dat hulle hulle aangematig het dat húlle die land regeer. Onder die meeste verkose politici was die SVR ook nie gewild nie, want onverkose amptenare en sekurokrate het nou die regering van die land oorgeneem.

Hoewel PW Botha hiervoor begrip gehad het, het dit hom mateloos gefrustreer dat die Polisie, wat primêr vir die handhawing van reg en orde verantwoordelik was, dit nie konsekwent en suksesvol kon toepas nie. Terselfdertyd het hy besef dat die goedgesindheid van die breë bevolking onontbeerlik was om vrede en voorspoed te laat gedy. Daarby was hy 'n doener wat groot respek gehad het vir die Weermag se vermoë om dinge vinnig en doeltreffend gedaan te kry.

In die SVR het hy die geleentheid gesien om veral die Weermag aan te wend vir projekte wat vir die land net so belangrik was as om militêr paraat te wees. Ongelukkig het dit ook ongedissiplineerde elemente in die veiligheidsmagte, soos die Burgerlike Samewerkingsburo (BSB), die geleentheid gebied om allerlei onwettige aksies uit te voer.

Die Staatsveiligheidsraad het wel ook sekere omstrede projekte aangepak, soos paramilitêre hulp aan hoofman Mangosuthu Buthelezi en die Inkatha-Vryheidsparty, iets wat ek sterk teengestaan het.[10]

Nog 'n projek wat oorweeg is maar waarop nooit besluit is nie, was die stigting van 'n sogenaamde derde mag, 'n veiligheidskomponent "tussen die Polisie en die Weermag" wat moes help om stabiliteit in die land te verseker. Dit sou dan die probleem oplos dat die Polisie nie reg en orde behoorlik kon handhaaf nie en dat die Weermag liefs nie vir dié taak gebruik moes word nie. Daar is aangevoer dat lande soos Spanje, Italië en Frankryk soortgelyke instellings het om dié probleme te oorkom. 'n Kommissie is opdrag gegee om die wenslikheid van so 'n mag te ondersoek.

Ek was van die begin af om twee redes daarteen gekant. As 'n staatsdepartement nie suksesvol funksioneer nie, behoort alles in werking gestel te word om dit behoorlik te laat funksioneer. Nog 'n staatsinstelling sou 'n kunsmatige oplossing wees. Die ander, myns insiens deurslaggewende, rede was dat nog 'n speler op die veiligheidsveld onvermydelik tot verdere konflik oor terreinafbakening sou lei. Hieroor was daar reeds genoeg kattegevegte.

Die kommissie wat die saak ondersoek het – waarvan ek nie lid was nie – het eweneens aanbeveel dat so 'n kan nie in die lewe geroep word nie. Die SVR het dit aanvaar en, hoe teleurstellend dit nou ook al vir sommige mense kan wees, daar is nooit besluit om 'n sogenaamde derde mag te stig nie.[11]

Dié naam het wel 'n gerieflike kapstok geword om allerlei onwettige optredes deur elemente in die Polisie en Weermag (soos die skietery op treine, die plant van motorbomme en die moorde op sekere politieke aktiviste) aan op te hang. As iemand die bedrywighede van die Burgerlike Samewerkingsburo (BSB) of dié by Vlakplaas aan 'n "amptelike" derde mag wil toeskryf, is dit hulle keuse, maar dit is feitelik verkeerd.

Ek moes al dikwels dié vraag beantwoord: Het Nasionale Intelligensie nie geweet van die moorde deur BSB-lede of dié by Vlakplaas en ander plekke nie? En indien julle nie geweet het nie, hoekom nie? 'n Intelligensiediens moet mos alles weet!

Feit is egter dat geen instelling alles weet nie en dat geen regdenkende mens dit verwag nie. 'n Intelligensiediens is nie 'n alsiende oog wat êrens in die heelal sit en alles waarneem nie. Intelligensiedienste spioeneer ook nie op ander staatsdepartemente nie. Dis 'n ongeskrewe reël, want elke departement en sy hoofde is self daarvoor verantwoordelik dat geeneen van sy lede die staat se veiligheid ondermyn nie.

Intelligensiedienste is nie instellings wat "gewone misdaad" ondersoek en oortreders laat vervolg nie. Daarom, toe ons by NI in die loop van ons normale aktiwiteite bewus raak van die bedrywighede by Vlakplaas, het ek genl. Johan van der Merwe, kommissaris van Polisie, daaroor ingelig. Wat my betref, was my verantwoordelikheid daarmee afgehandel.[12]

Toe ons agterkom, weer eens in die loop van die normale insameling van inligting, dat die Weermag in stryd met die Nkomati-verdrag wapens en hulp aan die Mosambiekse rebellebeweging Renamo en sy hoofde verskaf, het ek dit met die president bespreek en vir hom gesê: "Meneer, ons kan dit nie so doen nie."

Hy het my aangesê om dit by genl. Constand Viljoen, die hoof van die Weermag, aan te roer. Viljoen het hom opgeruk en my daarvan beskuldig dat NI op die Weermag spioeneer. Hy het die gewoonte gehad om 'n mens soos een van sy troepe op die paradegrond te behandel as jy hom teëgaan. Op dié dag het ek genoeg daarvan gehad.

"Luister, generaal, wat jy nie verstaan nie, is dat die staat 'n amptelike beleid oor sulke sake het. Julle verbreek dit. As jy dit (die hulp aan Renamo) nie stopsit nie, sal ek dit openbaar maak. Wie gee jou die reg om staatsbeleid te ondergrawe?"

Dit het 'n onaangename gesprek geword, want as 'n tipiese militêre offisier was Viljoen gewoond daaraan om opdragte te gee, nie om daaroor te redeneer nie. Die hulp aan Renamo is egter uiteindelik wel gestaak.

Uiteraard het ons ook 'n oog gehou oor die verregses en talle organisasies wat op daardie akker opgeskiet en dikwels weer net so vinnig verlep het. Hier moes 'n mens voortdurend 'n onderskeid tref tussen wanneer dié mense hul reg uitgeoefen het om hulle polities uit te druk en te organiseer, en wanneer hulle oorgegaan het tot staatsondermynende bedrywighede.

Boonop moes jy bedag wees op wat PW Botha moontlik met die inligting wat jy hom gee, gaan doen. Hy kon maklik jou verslag gryp en die Konserwatiewe Party môre in die Parlement met die inligting kasty. Dan is die gort gaar en NI in die moeilikheid omdat ons op politieke partye sou spioeneer.

Teen die middel van die jare tagtig het ons by NI en die meeste lede van die Staatsveiligheidsraad besef dat 'n onderhandelde skikking die aangewese manier is om Suid-Afrika se politieke krisis te ontlont. Die ander gepaardgaande oortuiging was dat so 'n skikking net suksesvol kon wees in 'n klimaat wat só stabiel is dat mense ordelik oor vrede kon onderhandel. Ons by NI het in die onstuimige Suid-Afrika van die middel tagtigerjare geglo 'n instrument soos 'n noodtoestand is nodig om stabiliteit te handhaaf.

Hoe kan jy oor vrede praat as jy besig is om oorlog te maak?

Die ironie wat in dié vraag opgesluit lê, illustreer waarom soveel vredespogings (soos in die Midde-Ooste tussen Israel en die Palestyne) by voorbaat gedoem is: Mense wat op mekaar skiet, kan nie terselfdertyd om 'n tafel sit en hul probleme uitpraat nie.

In die SVR was daar geen eenstemmigheid oor die wenslikheid van die noodtoestande van 1986–1989 nie. Die Polisie was ten gunste daarvan, want dit het hulle wye magte gegee om oproerige elemente vas te vat. Die Weermag was nie seker wat hy wou hê nie. Buitelandse Sake was daarteen gekant, want dit sou tot meer ekonomiese sanksies lei. By NI het ons begrip daarvoor gehad, want dit is so dat sanksies groot ekonomiese en maatskaplike implikasies gehad het, maar ons moes dit opweeg teen die alternatief van onrus en wanorde met weinig vooruitsigte op 'n politieke skikking.

In daardie stadium het NI by die lede van die SVR reeds die status gehad van 'n instansie wat nie 'n radikale ideologie aanhang nie, hom deur die feite laat lei, gebalanseerde oordeel aan die dag lê en in landsbelang standpunte inneem.

Dié raad, die Weermag en die Polisie het, ondanks foute en tekortkominge, 'n onontbeerlike rol gespeel om relatiewe vrede en orde te handhaaf in 'n stadium toe die land 'n smeulende kruitvat was. As dit nie vir dié instellings was nie, was bloedige burgeroorloë en 'n verskroeide aarde waarskynlik Suid-Afrika se voorland.

Die Staatsveiligheidsraad, en by implikasie ook NI, is later jare deur sommige mense daaroor verwyt dat ons nie kon voorsien het nie dat die Driekamerparlement wat in September 1984 in werking getree het, politieke onrus sou verhoog omdat dit swart mense uitgesluit het.

Mense wat nie begryp hoe die staat werk (of gewerk het) nie, sal dit moeilik glo dat die Driekamerparlement (wat bruin mense en Indiërs op die hoogste vlak inspraak in die landbestuur gegee het) nie deur die SVR bespreek is nie. Na my beste wete het dit nooit gebeur nie, beslis nie in enige diepte nie.

Die rede daarvoor is eenvoudig: Dit was 'n (party)politieke aangeleentheid wat in die Parlement en die politieke arena bespreek en afgehandel is, terwyl die SVR hom met veiligheidsake besig gehou het. Uit die aard van die saak het so 'n nuwe staatkundige bedeling wel veiligheidsimplikasies en daarom het ons by NI dit intern bespreek.

Een van die grootste uitdagings in die staatkunde en die politiek is nie net om die regte *ding* te doen nie, maar dit ook op die regte *tyd* te doen. Die vraag is: Wat was aan die begin van die jare tagtig haalbaar, veral in die wit politiek?

Ek is daarvan oortuig dat indien 'n nuwe politieke bedeling swart mense toe ook op die hoogste vlak polities betrek het, die kanse op 'n regse militêre staatsgreep baie groot was. Dit sou waarskynlik op 'n burgeroorlog uitgeloop het. Hou in gedagte dat die Sowjet-blok nog 'n groot magsfaktor was en dat die bevrydingsbewegings steeds groot militêre steun uit daardie oord gekry het.

Daarom het ons standpunt by NI hierop neergekom: Die Driekamerparlement is sekerlik nie die finale oplossing vir die land se politieke vraagstuk nie, maar dit is 'n stap in die regte rigting. Ons het die nuwe bedeling beslis nie gesien as 'n poging om met die wittes, bruines en Indiërs 'n magsblok teen die swart mense te vorm nie.

Mense wat nou met agternawysheid redeneer dat jy die inisiatiewe van 1989–'90 tien jaar vroeër moes ingevoer het, is wat my betref oningelig en naïef.

Vir 'n tipiese dienaar van die staat soos ek was die grootste vreugde minstens dat bruin mense en Indiërs ook betrek is by die administrasie van die land. Dit is geweldig maklik om die staatsdiens te kritiseer, maar om dit behoorlik en doeltreffend te laat funksioneer is 'n perd van 'n ander kleur.

PRAAT – VOOR DIT TE LAAT RAAK

DIE "wye en droewe land" waaroor NP Van Wyk Louw gedig het,[1] was in die middel tagtigerjare van die vorige eeu ook 'n onstuimige, bloeiende land. Binnelands was gewelddadige betogings, bomontploffings in openbare plekke, verbruikersboikotte en geweld aan albei kante van die stryd aan die orde van die dag.

Saboteurs van die ANC het skade van miljoene rande aan onder meer Sasol, die land se prestige-olie-uit-steenkool-raffinadery, en die Koeberg-kernkragsentrale buite Kaapstad aangerig. By die Lugmaghoofkwartier in Kerkstraat, Pretoria, het 'n motorbom ontplof wat tot die dood van 19 mense, van wie sewe Lugmagpersoneellede was, gelei het. Altesame 217 mense is beseer.

Dele van die land was wat vandag genoem word 'n *stateless state*. In dié gebiede was daar feitlik geen dienslewering deur die staat nie, want reg en orde het gewyk voor die ANC se plan om die land onregeerbaar te maak. Ondanks die Polisie se versekering dat "alles onder beheer is", het ons by Nasionale Intelligensie geweet dit is nie die geval nie. Verhoudings tussen wit en swart het versleg en wedersydse agterdog het toegeneem.

Die politieke geweld het 'n grusame hoogtepunt bereik in die vorm van halssnoermoorde waardeur boendoehowe vermeende kollaborateurs van die Regering tereggestel het. Verdagtes is vasgebind, 'n motorband om hul nek geplaas, petrol oor hulle uitgegooi en aan die brand gesteek. Volgens syfers van die Polisie is 406 mense op hierdie manier tussen September 1984 en April

1992 om die lewe gebring. In dié tydperk was daar 80 507 onlus-voorvalle waarin 9 280 mense dood is.[2]

In hierdie klimaat van wetteloosheid het die wetstoepassers se hande nie skoon gebly nie. Talle politieke aktiviste is om die lewe gebring, het dit later geblyk.

In Augustus 1985 het buitelandse banke kredietlenings aan die Regering opgesê nadat Chase Manhattan geweier het om Suid-Afrika se leningsgeriewe te hernieu. Die waarde van die rand het geval en 'n finansiële krisis het gevolg, terwyl die sogenaamde Grensoorlog in Angola en steun aan Renamo in Mosambiek die land miljarde gekos het.

In die internasionale isolering van Suid-Afrika was die ANC uiters suksesvol. Ons het spreekwoordelik die muishond van die wêreld geword. In die VVO[3] en op tallose ander internasionale platforms is ons uitgeskop, geïsoleer en uitgeskel as 'n onwettige minderheidsregime wat in baie gevalle met die gruwels van Nazi-Duitsland vergelyk is. Ekonomiese sanksies en boikotte, olie-embargo's, sportisolasie, kulturele afsondering, diplomatieke isolasie en selfs kerklike ekskommunikasie het gevolg.

Die relevansie van grondwetlike instellings soos die (wit) Parlement het onder druk gekom omdat die oorgrote meerderheid swart mense dit as 'n nuttelose instrument vir politieke verande-ring beskou het en hulle in tientalle buiteparlementêre partye en groepe georganiseer het. Die bedanking in 1986 van dr. Frederik van Zyl Slabbert, leier van die Progressiewe Federale Party, uit die Volksraad het die legitimiteit van die Parlement verder ondermyn.

Die deursnee- wit mens se reaksie op hierdie verwikkelinge was een van vrees vir die toekoms en 'n wantroue in swart mense, met 'n gevolglike agteruitgang in rasseverhoudinge, 'n verhar-ding van gesindhede en 'n wye gevoel dat die swartes "op hul plek gesit moet word". Regsgesinde lede van die Volksraad wat gekant

was teen magsdeling tussen wit, bruin en Indiërs in die soge-
naamde Driekamerparlement het van die NP weggebreek en die
Konserwatiewe Party (KP) gestig wat in Mei 1987 die progressie-
wes as die amptelike opposisie vervang het. Afrikaanse taal- en
kultuurorganisasies, ook die kerke, het skeurings langs politieke
lyne of verlammende geskille beleef.[4]

Die Afrikaner se ou terugvalopsie van laertrek in die aangesig
van bedreiging het in baie kringe al hoe sterker geword. Vir talle
in die Weermag en Polisie was dit 'n uitgemaakte saak dat "die
blankes tot die bitter einde sou baklei".

Daar was egter ook ander menings binne en buite die Regering.
By NI het die meeste van ons geglo 'n politieke oplossing vir die
land se knellendste vraagstuk – en derhalwe die onvermydelik-
heid van onderhandeling – was die enigste uitweg. Reeds vroeg
in die tagtigerjare het 'n senior lid die moed aan die dag gelê om
gesprekvoering met Nelson Mandela voor te stel wat toe nog op
Robbeneiland tronkstraf uitgedien het. In daardie dae het so 'n
plan feitlik aan hoogverraad gegrens. Mense soos Mike Louw en
die intellektuele ligte van ons navorsingskomponent het ál sterker
ten gunste van die onderhandelingsopsie begin argumenteer. Vir
hulle moes die skyngevegte van die oorloë in Angola en Mosambiek
deur binnelandse politieke onderhandelinge vervang word.

'n Groeiende groep bondgenote het gaandeweg gestalte
gekry. Min. Chris Heunis en die Departement van Staatkundige
Ontwikkeling het geesdriftig aan 'n politieke oplossing gewerk.
As 'n deurwinterde politikus wat op nasionale, provinsiale en
plaaslike regeringsvlak wye ervaring gehad het en wat boonop 'n
jare lange vriendskap met PW Botha gehandhaaf het, was hy uit
eie reg 'n belangrike rolspeler. Hy het egter nie oor 'n departement
en amptenare beskik wat hom na behore kon ondersteun nie.

Min. Pik Botha en die Departement van Buitelandse Sake, wat

in die voorste linie van die buitelandse aanslag teen Suid-Afrika was, was ook sterk voorstanders van 'n onderhandelde politieke skikking. In dié verband was veral die direkteur-generaal, dr. Brand Fourie, 'n rots. Daar was ook ander staatsdepartemente wat 'n skikkingsproses ondersteun het; sommige heimlik, omdat hulle bang was om die argwaan van die president en sy vertrouelinge in die veiligheidsmagte uit te lok.

Ander weer, soos dr. Kobus Loubser van die Departement van Vervoer, en sy opvolger, Bart Grové, was mans genoeg om sterk standpunte oor die verlammende ekonomiese gevolge van die oorloë in Suider-Afrika in te neem. Hulle was ook sterk gekant teen die instelling van sogenaamde ekonomiese knypaksies teen die buurlande deur die afsnyding van spoor- en padverbindings, en het gereeld op die nutteloosheid daarvan op lang termyn gewys.

Daar was ook sterk stemme buite die Regering wat ten gunste van 'n politieke oplossing opgeklink het. Mense soos Helen Suzman en dr. Van Zyl Slabbert het jare lank binne en buite die Parlement die boodskap verkondig. Al hoe meer sakelui, kerklikes, akademici en selfs sportlui het sedert die middel tagtigerjare deel van 'n groeiende koor ten gunste van 'n politieke skikkingsproses geword. Uit die binnelandse versetpolitiek het die United Democratic Front (UDF) en later die Mass Democratic Movement (MDM) saam met skynbaar ontelbare ander organisasies na vore getree om openbare verset en geweld aan te stook solank die Regering weier om oor "politieke oorgawe" te onderhandel.

Vir die oningeligte het al dié pogings verdienstelik voorgekom. As die Regering dan te stompsinnig was om die skrif aan die muur te sien, sou hulle self die inisiatief neem en die owerheid tot optrede dwing. Hulle was natuurlik onbewus van waarmee die Regering teen die einde van die jare tagtig in die geheim besig was.

Wat was die Regering se oorkoepelende strategiese reaksie op die binnelandse en buitelandse aanslag aan alle fronte?

Dit het op twee bene berus: die infasering van politieke hervormings en die handhawing van reg, orde en algemene stabiliteit. As deel van die proses van politieke hervorming is swart vakbonde toegelaat (reeds in 1979), sommige rasgebaseerde wette en "klein-apartheidsmaatreëls" is afgeskaf en 'n nuwe staatkundige bedeling (die sogenaamde Driekamerparlement) waarin bruin mense en Indiërs beperkte politieke seggenskap verkry het, is in 1984 ingestel.

Die beweegredes het gestrek van koue politieke realisme tot morele besware teen die aantasting van mense se waardigheid.

Die reaksie op die aanslag was sterk veiligheidsoptrede teen terreurstokers ten einde binnelandse reg en orde te kan handhaaf, en gewone mense se veiligheid te verseker. In Julie 1985 is 'n gedeeltelike noodtoestand afgekondig wat 'n jaar later landwyd uitgebrei en jaar ná jaar verleng is.[5] Die media is ernstig aan bande gelê om oor politieke verset verslag te doen. Deur die Staatsveiligheidsraad is 'n semiveiligheidsdiktatuur geskep om die landsadministrasie op koers te hou.

Wesenlik is albei bene daarop gemik om "die vyand" se posisie te verswak en jou eie te versterk. Die basiese uitgangspunt was een wat oor dekades proefondervindelik reg bewys is: dat omvangryke politieke hervormings, wat noodwendig onsekerheid meebring, alleen in 'n stabiele en betreklik ordelike samelewing suksesvol uitgevoer kan word.

Die tragiese ironie is dat die meeste Nasionale Party-politici, lede van die Kabinet inkluis, nie seker was hoe verlig of "hervormingsgesind" die eerste minister (later die president) werklik was nie. 'n Mens kon hulle dit seker nie verkwalik nie, want by tye het PW Botha progressief vorentoe gebeur en dan weer hardnekkig vasgeskop as hy gemeen het hy word in 'n rigting gedwing. Sy rampspoedige Rubikon-toespraak in Augustus 1985 was 'n goeie voorbeeld hiervan.[6]

Wat die verhouding met Botha vir baie NP-parlementslede verder bemoeilik het, is dat hy later al hoe humeuriger geraak en nie teëspraak geduld het nie.[7]

Almal het geweet die Weermag en militêre sake lê Botha na aan die hart, al het hy in Oktober 1980 afstand gedoen van die portefeulje Verdediging. Dit was ook bekend dat die meeste generaals en brigadiers gemeen het die land se politieke probleme moet militêr opgelos word. Mense wat anders gedink het, het geweet – of geglo – hulle is op gladde ys.

Onder die oppervlak was die klimaat na my mening veel meer ten gunste van onderhandeling as wat na buite geblyk het, maar die meeste was te lugtig om hul stem te verhef en te sê waar hulle staan. Van hulle het jare later, toe die gevegte verby en die stryd gewonne was, vertel van hul groot heldedade saam met verligte vriende onder die Stellenbosse eikebome, maar toe hulle hul man in die Staatsveiligheidsraad en elders moes staan, was hulle so stil soos muise.

Ek het 'n baie goeie persoonlike vertrouensverhouding met PW Botha opgebou en hom as gevolg van my werk soms meer as een keer elke week gespreek en honderde gesprekke met hom gevoer. Daarom kan ek met redelike sekerheid sê dat hy teen 1986 aanvaar het, miskien wel teësinnig, dat 'n onderhandelde skikking die beste oplossing vir ons politieke vraagstuk sou wees.

Ek glo dat NI daarin geslaag het om Botha opnuut oor sy politieke oordeel te laat dink en sy gewete vir regverdigheid te aktiveer. Ons voer tientalle gesprekke en ek bespreek met hom die potensiaal van sogenaamde *soft power*[8] (onder meer diplomasie, gesprek en onderhandeling) om konfliksituasies te ontlont.

Die ander faktor is dat hy ontvanklik was vir die betroubare inligting wat NI letterlik daagliks aan hom voorsien het. Dit het aangetoon dat 'n mens die breë gang van die geskiedenis nie kan stuit nie, en in die Suid-Afrika van 1985 het dit beteken dat die "politieke ontvoogding" van die swart bevolking en die erkenning van hul regte onafwendbaar was.

Onweerlegbare inligting het Botha op die ou end, net soos vir my vyf jaar vroeër, tot ander insigte gebring. Dit het ook baie met vertroue te doen gehad, want hy het geweet ek probeer nie perde-drolle vir vye aan hom verkoop nie.

Dit beteken nie dat hy 'n plotselinge politieke bekering beleef het nie. Dit was eenvoudig nie in sy pragmatiese aard nie. Terselfdertyd het sy praktiese inslag hom daarvoor oopgestel om in te sien wat haalbaar is en wat nie, wat werk en wat werk nie, wat regverdig is en wat nie.

Dit is insigte wat oor 'n tydperk by hom posgevat het en nie altyd glashelder was nie. Hy het, soos die meeste van ons, tot met sy uittrede uit die politiek met dié sake geworstel.

In die politiek en staatkunde is dit ook van deurslaggewende belang om die "tekens van die tye" te kan lees en die geleenthede raak te sien wat die verloop van die geskiedenis jou bied.

In die jare tagtig het die verbrokkeling van die Sowjetunie as 'n wêreldmoondheid – en die ineenstorting van kommunisme – Suid-Afrika 'n unieke geleentheid gebied om die noodsaaklike en aangewese veranderinge op politieke gebied aan te bring.

NI se skakelvennote in Europa – veral die Duitsers, Franse, Italianers en Spanjaarde – het ons ingelig gehou oor verwikke-linge in Oos-Europa, soos ons hulle oor Afrika voorgelig het. Dit het vroeg in die jare tagtig begin duidelik word dat die Sowjetunie se rol in onder meer Angola en elders in Afrika aan die afneem is.

Analiste het die val van die ou USSR voorspel, iets wat in daardie stadium byna ondenkbaar was.

Die implikasie vir Suid-Afrika was dat die USSR se militêre en geldelike steun aan die MPLA in Angola en veral aan die ANC gaan afneem, wat sal meebring dat die ANC kwesbaarder raak. Dit was volgens ons inligting hoogs onwaarskynlik dat byvoorbeeld die Britte of Europeërs of Amerikaners die Russe se rol in dié opsig sou oorneem. Kortom, hoe swakker die ANC, hoe voordeliger was dit vir ons om met hom te onderhandel.

Van groot belang was ook die positiewe geluide agter die skerms uit Afrikalande (soos Egipte, Nigerië, Uganda, Kenia en Zambië) jeens Suid-Afrika, veral op grond van ons versekering aan hulle dat onderhandelinge met die ANC om die draai is. Van hulle was keelvol vir die probleme wat die ANC-kampe hulle besorg het en oor die organisasie se houding, volgens hulle, van meerderwaardigheid en 'n gretigheid om aan ander voor te skryf.

'n Ander kritieke aspek was dat hoewel internasionale verwikkelinge ons 'n unieke tydgleuf gebied het, die tyd self beperk was. Een illustrasie daarvan was Mandela se gevorderde ouderdom; teen 1986 was hy reeds 68.

Ons het goed besef dat indien hy as 'n gevangene in die tronk sou sterf, dit onberekenbaar skadelike gevolge vir die hele land sou inhou. Dit het nie 'n Salomo geverg nie om in te sien dat onderhandelinge wat in die waarskynlike geweldsklimaat ná sy dood ons voorland sou wees, talle bykomende struikelblokke sou oplewer. Met Mandela aan die stuur van die ANC was daar 'n kans op redelikheid en billikheid in die soeke na 'n vreedsame ontlonting van die dreigende Suid-Afrikaanse revolusie. As ons dié geleentheid verpas, was toenemende terreur en bloedvergieting ons almal se voorland. Boonop het Mandela se internasionale statuur sulke afmetings begin aanneem dat veldtogte vir sy vrylating 'n soort heilige kruistog geword het waarmee miljoene mense in alle wêrelddele hulle vereenselwig het.

'n Ander en deurslaggewende manier waarop die aspek van beperkte tyd hom laat geld het, is die feit dat suksesvolle onderhandelinge met blywende voordele vir alle partye moet plaasvind in omstandighede waarin 'n gesonde magsbalans heers. Dit was na my mening NI se grootste strategiese insig dat ons moet onderhandel terwyl die magsbalans van so 'n aard is dat dit tussen gelykes plaasvind. Jy kan tog nie met jou rug teen die muur onderhandel nie.

As daar geen sprake van naastenby gelyke gespreksgenote is nie, is onderhandeling dikwels 'n eensydige handeling waar eintlik net oor die voorwaardes van oorgawe gesprek gevoer word. Dit was ons oorwoë oordeel, gegrond op uitstekend vertolkte nasionale en internasionale informasie, dat ons nie langer moes draal nie omdat die skaal al hoe meer teen ons begin kantel het. Die Uniegebou in Pretoria moes nie soos die Bastille twee eeue tevore in Parys deur die oproerige gepeupel ingeneem word nie.

Henry Kissinger, een van die grootste diplomate van die moderne era, het die insig nagelaat dat diplomasie nie oor vrede gaan nie, maar oor magsverhoudinge: "Peace, therefore, cannot be aimed at directly. It's the expression of certain conditions and power relationships. It's to these relationships, not peace, that diplomacy must address itself."[9]

'N VERSIGTIGE TREE

"PRESIDENT, ons moet net goed besef waarop ons ons moet voorberei as ons met Nelson Mandela begin onderhandel. Die uiteinde, dis onvermydelik, gaan 'n meerderheidsregering wees, met hom as die president."

Dit was ongeveer my woorde aan pres. PW Botha toe hy my in Mei 1988 vra om aan die hoof te staan van 'n klein regeringspan wat verkennende gesprekke met dié simbool van die swart bevrydingstryd moet voer.

"Ek verstaan dit baie goed," was Botha se reaksie. Hy was waarskynlik effens geïrriteerd deur my ongevraagde voorspelling: "Jy hoef nie vir my te preek nie."

Wat ek, en niemand van ons by Nasionale Intelligensie, in daardie stadium geweet het nie, is dat Kobie Coetsee, minister van Justisie onder wie Gevangenisse geval het, toe reeds etlike gesprekke met Mandela gevoer het. Die aanloop daartoe was dat Coetsee in 1985 op 'n vlug tussen Johannesburg en Kaapstad vir Winnie Mandela ontmoet het wat op pad was om haar man in die Volkshospitaal in Kaapstad te besoek. Coetsee het die kans benut om 'n gebaar van welwillendheid te toon en het Mandela ook in die hospitaal gaan besoek.[1]

Dit is opgevolg deur sporadiese ontmoetings tussen die twee oor die volgende drie jaar – meestal by die Coetsees aan huis – terwyl Mandela in Pollsmoor lewenslange gevangenisstraf uitgedien het. Ek het Coetsee gereeld gesien, veral by vergaderings van die Staatsveiligheidsraad, maar hy het nie 'n woord oor sy vroeëre gesprekke met Mandela gerep nie.

Hoekom hy dié taak oorgegee het – of dit van hom weggeneem is – sal 'n mens seker nooit weet nie. Hy was dikwels met allerlei planne en skemas besig wat vermoedelik net hy begryp het. Coetsee was nietemin 'n intelligente man en ek is oortuig dat hy wou hê die gesprekke moet voortduur, maar dat hy dalk nie die tyd of stamina daarvoor gehad het nie. Jare later het hy op 'n geselligheid gesê een van die redes hoekom ek vir die taak gekies is, is dat ek so hardegat kan wees. Ek het die kompliment waardeer.

Botha se opdrag was dat ek regstreeks aan hom oor die verloop van die gesprekke met Mandela moet rapporteer. Dit moes in die strengste geheimhouding geskied, was sy opdrag. Nie eens die Kabinet sou daarvan weet nie. NI se kodenaam vir dié projek was "Sagmoedige Neelsie".

Die ander lede van die span was Fanie van der Merwe, direkteur-generaal van Justisie, onder wie die Departement van Gevangenisse geressorteer het; Mike Louw, adjunk-direkteur-generaal van NI; en genl. Willie Willemse, kommissaris van Gevangenisse, die enigste lid van ons groep wat aan Mandela bekend was. Hy en Mandela het mekaar sedert 1971 op Robbeneiland goed leer ken, en dit was later opvallend met hoeveel sigbare respek hulle mekaar behandel het.

Van der Merwe was iemand met besonderse onderhandelingsvaardighede, Louw was 'n aangename man met wyse insig en gebalanseerde oordeel, terwyl genl. Willemse 'n uitstekende administrateur was wie se vaardighede vorentoe broodnodig sou wees.

Op 'n sonnige Woensdagmiddag, 25 Mei 1988, het ons vier ons in die effens beknopte vaalgrys kantoor van die bevelvoerder van die Pollsmoor-gevangenis buite Kaapstad bevind. Aan die meubels kon 'n mens sien dis die kantoor van 'n senior staatsamptenaar: 'n rusbank, Morris-stoele, 'n boekkas en 'n te groot lessenaar.

Dit was nie juis geskik vir 'n vergadering van vyf mense nie, en op die oog af nog minder gepas as 'n vergaderplek vir gesprekke wat waarskynlik die toekoms van die land sou bepaal. Ons was redelik gespanne, bewus van die gewigtigheid van die oomblik, maar ook innerlik verheug oor die vooruitsig om deel daarvan te wees.

Die laaste strale van die winterson het oor die pragtige Constantiavallei, Zeekoevlei en verder weg oor die Valsbaaise kus gesak. Toe verskyn die fier en rysige gestalte van die wêreld se bekendste gevangene in die deur, begelei deur twee bewaarders.

Gevangene 46664.[3]

Nelson Mandela het die standaard- blou tronkoorpak en stewels van die gevangenisdiens aan, maar hy straal 'n waardige, besliste en tog vriendelike teenwoordigheid uit. Met 'n galantheid wat 'n mens nie verwag van iemand wat al 24 jaar in die tronk sit nie, reik hy ons elkeen die hand.

Hoewel ons mekaar nie ken nie, neem hy gemaklik deel aan die kamma gemoedelike praatjies wat ons oor die weer en die verskil in ons ouderdom maak.

Intussen het die koffie en tee opgedaag, en Mike Louw gebruik die geleentheid om die grappie te vertel van die leeu wat die *tea boy* by die Uniegebou voorgelê het. Hierna het die amptenare geweier om werk toe te gaan – nie uit vrees vir die leeu nie, maar omdat hulle nie meer tee kon kry nie!

Saam met die drinkgoed is smaaklike toebroodjies voorgesit, in een van daardie ovaalvormige skinkborde van vlekvrye staal wat so kenmerkend van die staatsdiens was. Anders as gewoonlik, was die toebroodjies in pikante driehoeke gesny, met slaaiblare daaroor gesnipper. Mandela het hom met oorgawe daartoe gewend. Dit

was byna hartseer om dit te sien, en ek het dadelik 'n kopaante-
kening daarvan gemaak.

Ek het my in sy "politieke" skoene probeer indink. In sy kop is
ek waarskynlik die grootbaas van 'n klomp apartheidspioene wat
verantwoordelik is vir die moorde op ANC-figure. Maar hier moet
hy nou met dié "spioen van die Boere" sit en praat. Eintlik wil hy
dit nie doen nie, want hy vertrou my nie, en mettertyd maak hy
ook nie 'n geheim daarvan nie.

Daarby, vir hom as 'n ringkop van amper 70 jaar wat groot
waarde aan sy kultuur heg, is dit 'n wroeging, amper 'n beledi-
ging, om nou met 'n snuiter van 38 jaar te onderhandel. "Ek het
gevra om met die president te praat, en dit is wat ek kry!" sê hy
waarskynlik vir homself.

Daarom was Willemse se teenwoordigheid uiters belangrik. Hy
het nie veel gepraat nie, dit is ook nie van hom verwag nie, maar hy
het Mandela op sy gemak laat voel en hopelik ook dat hier iemand
is wat 'n hand oor hom hou.

Almal het moeite gedoen om 'n ontspanne en gemaklike
atmosfeer te skep – iets waarin ek veral teenoor vreemdelinge
nie goed presteer nie. Ondanks die relatiewe gemoedelikheid, het
almal geweet ons het nie bymekaargekom om tee te drink en oor
die weer te praat nie. Die "olifant in die vertrek" – die brandende
kwessies oor die land se toekoms – kon nie langer geïgnoreer
word nie.

Ek het begin deur te sê dat dié gesprek, en hopelik meer wat
sal volg, vir die Regering 'n saak van groot erns is. Daarom is ons
hier in opdrag van die president. Ons besef almal die land is op
die punt van 'n gewelddadige revolusie en ons moet dit probeer
keer deur tot 'n verstandhouding te kom.

Wat die Regering betref, verduidelik ek, berus die soeke na 'n
vreedsame politieke oplossing op twee uitgangspunte: Enersyds,

die aanvaarding van swart mense se billike en realistiese eis van een mens, een stem in 'n eenheidstaat. Andersyds, die aanvaarding van wit mense se legitieme kommer oor 'n meerderheidsregering met ongebreidelde mag in 'n staatkundige bedeling waarin hulle en ander minderheidsgroepe se belange vertrap kan word.

Ons beskou dié geleentheid in Pollsmoor as 'n ophelderinggesprek op die hoogste vlak om uit te vind of die twee partye, die Regering en die ANC, in staat is om oor dié kardinale sake 'n verstandhouding te bereik.

Voorts, het ek verduidelik, is daar na ons mening drie struikelblokke wat in die pad van 'n politieke skikking staan: die ANC se gebruik van geweld om die mag in Suid-Afrika te probeer oorneem; die invloed van die SA Kommunistiese Party (SAKP) in die ANC; en die vrese oor die misbruik van mag en die konstitusionele waarborge wat nodig sal wees om dié vrese te besweer.

Ons het nie hieroor uitgewei nie. Die plan was om Mandela aan die praat te kry sodat ons kon agterkom hoe hy dink en wat sy plan van aksie is.

Gevangene 46664 was goed voorberei.

Hy het ons goed laat verstaan wat sy eie en die ANC se standpunte is. Volgens hom is die ANC ook teen geweld gekant, maar is met geen keuse gelaat nie toe die geleentheid tot gesprek oor swart mense se politieke regte oor dekades telkens geweier is. Oor kommunisme en die invloed daarvan op die ANC sê Mandela hy is self nie 'n kommunis nie en die Vryheidsmanifes is ook nie 'n bloudruk vir kommunisme nie. As die onderhandelinge oor 'n nuwe staatkundige bedeling eers begin het, sal die verhouding tussen die ANC en die SAKP irrelevant word, voer hy aan.

Laastens sê hy die gesprek moet sonder enige voorwaardes geskied, want die doel met eerlike gesprekvoering is juis om oplossings vir geskille te vind. Ons het nie met hom geredekawel nie; die hooftaak was om inligting in te samel. Die tyd vir heftige debattering sou spoedig volg.

Die twee en 'n halfuur wat beskikbaar was, het verbygevlieg en daar was nie tyd om oor die kwessie van 'n staatkundige model te praat nie.

Soos ons later van hom gewoond geraak het, het Mandela in die laaste minute nuwe sake geopper. Die een was sy kritiek en kommer oor die vrylating ses maande tevore van die geharde kommunis Govan Mbeki dat hy nie sou bydra tot 'n klimaat vir onderhandeling nie. Die ander saak was 'n ernstige pleidooi vir die vrylating van sy ou kameraad Walter Sisulu. Dit was 'n netelige kwessie en die gesloer om Sisulu vry te laat het oor die volgende bykans 18 maande tot talle botsings tussen my en Mandela gelei.

Toe het ons uitmekaar gegaan – almal redelik tevrede, meen ek. Daar was geen heftige konfrontasies of ontsporings nie. Ons het ooreengekom om so spoedig moontlik weer te ontmoet.

Terselfdertyd het ons opnuut bewus geraak van die diep klowe wat tussen ons gelê het. Ons het besef wat voorlê, gaan nie 'n Sondagskoolpiekniek wees nie.

Die volgende dag het ek in besonderhede aan die president verslag gedoen oor die verloop van die gesprek. Op sy tipiese manier het PW Botha gewaarsku: "Nou ja toe. Moet tog nou nie te veel deur die ou man gemesmeraais word nie."

Binne 'n week ná die eerste gesprek, op 1 Junie 1988, het die volgende gesprek tussen die regeringspan en Mandela plaasgevind – dié keer in Willie en Elsie Willemse se huis met die gepaste naam "Kommaweer" op die Pollsmoor-terrein. Elsie het die aand 'n uithangete berei en soos talle onbesonge gades van amptenare haar bydrae gelewer om 'n ontspanne en genotvolle atmosfeer te skep.

Ter aanvang het ek dit aan Mandela oorgedra dat ons groot waardering het vir die erns en gesindheid waarin hy die vorige gesprek gehanteer het. Met die hulp van voortreflike spys en drank is die skanse laat sak en het ek die geleentheid gebruik om met Mandela oor die aard en werkwyse van Nasionale Intelligensie te gesels. Ek het vermoed, en dit het later geblyk korrek te wees, dat hy oortuig was ons is daarop uit om die ANC op elke moontlike manier – wat sluipmoorde sou insluit – aan bande te lê.

Ek het verduidelik dat dit nie – anders as die intelligensie-dienste van die destydse Oosbloklande waarvan hy kennis gedra het – ons taak was om die koning op die troon te hou nie. Anders gestel: Ons dien die staat en nie die regerende party nie. Môre, oormôre kan daar 'n ander party aan die bewind wees, en dan gaan ons voort om inligting in te samel wat nodig is om die staat se veiligheid te verseker.

"Ons werk is nie om mense dop te hou wat byvoorbeeld die leier van die regerende party wil uitstem of uitwerk of met allerlei partypolitieke skelmstreke besig is nie. Aanvaar maar my woord, ons doen dit nie. Buitendien, daar is baie belangriker werk om te doen."

Op 'n keer, in 'n latere gesprek, wou hy van my weet: "En as jy nou toevallig op inligting afkom wat skadelik is vir die koning, wat maak jy dan daarmee?"

Mandela was intelligent en pragmaties genoeg om so iets te kon voorsien. Ek het nie te kenne gegee dat dit 'n maklike besluit is nie, want daar is 'n grys gebied tussen staatsveiligheid en partypolitiek, maar ek het wel 'n riglyn gegee: "Dan is dit my verantwoordelik-heid om te besluit of die inligting net persoonlike voordeel inhou vir die koning in sy hoedanigheid as politikus en of die staat belang daarby het."

Dis een van die redes hoekom 'n intelligensiediens regstreeks aan die staatshoof behoort te rapporteer en nie aan 'n minister nie, want dié het bes moontlik sy eie agenda rakende die staatshoof en kan die inligting wat hy so bekom, gebruik om sy agenda te bevorder.

Ek het probeer verduidelik dat goeie en etiese intelligensiedienste se veiligheidsinligting vir die staat oorlewingsopsies moontlik maak. Die gesprekke waarmee ons besig was, was juis 'n voorbeeld daarvan!

Mandela het my redelik nonchalant aangeluister. Ek het nie verwag dat hy wat ek te sê gehad het, huitjie en muitjie sou sluk nie. Daar is immers ook in die Weste intelligensiedienste wat ver buite die grense van die insameling en vertolking van inligting beweeg en hoekom sou, uit sy oogpunt, Suid-Afrika dit nie ook doen nie?

Nogtans het dit nie 'n kwessie geraak nie en is dit net een of twee keer weer opgehaal – hopelik, glo ek, omdat Mandela agtergekom het dat hy my woord kan aanvaar.

Dis nie al waaroor dié aand gesels is nie. Ons het mekaar aan die tand begin voel en van die groot temas van ons gesprekke in fyner besonderhede begin bespreek. Toe ons weer sien, was dit vier uur later en tyd om te groet.

Van die begin af het ek in die gesprekke met Mandela meestal Afrikaans gepraat. Ek het verduidelik dat Engels nie my huistaal is nie, terwyl ek weet dis ook nie syne nie, en dat ek my nie daarin altyd akkuraat uitdruk nie. Die laaste ding wat ek wou hê, is dat ons mekaar dalk verkeerd verstaan as gevolg van taalgebruik.

Mandela se begrip van Afrikaans was goed, en hy was gelukkig daarmee dat ek Afrikaans praat. Dit het soms gebeur dat ek die betekenis van 'n woord moes verduidelik en soms het hy dit nodig geag om 'n begrip of frase verder te verduidelik. Só het ons mekaar gehelp.

Hy't my gewoonlik in sy effens skor en afgemete stemtoon in Afrikaans gegroet: "Môôôre, doktor! Hoe gaaaan dêt?" Ek het dit as 'n teken van toegeneentheid waardeer.

DIE SWAARD ÉN DIE WOORD

NOG voor die heel eerste gesprek by Pollsmoor het ons – die vier stuks van die Regering – geweet dat die kwessie van geweld waarskynlik die moeilikste en mees omstrede onderwerp in die samesprekings gaan wees. Dit is die grootste simboliese wapen in die hande van enige bevrydingsbeweging en dus nie te versmaai nie. Terselfdertyd is dit vir mense aan die ontvangkant van die geweld 'n steen des aanstoots wat dikwels die teenoorgestelde uitwerking het as wat daarmee beoog word.

In Januarie 1985 het pres. PW Botha in 'n toespraak in die Parlement aangebied om Nelson Mandela vry te laat laat indien hy geweld as 'n politieke instrument verwerp.

'n Maand later, op 'n reuse-saamtrek in die Jabulani-stadion in Soweto ter ere van aartsbiskop Desmond Tutu, aan wie pas die Nobelprys vir Vrede toegeken is, het Zindzi Mandela haar pa se reaksie op Botha se aanbod aan die skare voorgelees. Enkele sinne daarin het twee dinge duidelik laat blyk: dat Mandela lank en diep oor sy en sy mense se regte en vryheid gedink het, en dat hy nie die geweldsopsie sou prysgee nie:

"I cherish my own freedom dearly but I care even more for your freedom. [...] I cannot sell my birthright, nor am I prepared to sell the birthright of the people to be free. [...] What freedom am I being offered while the organisation of the people remains banned? Only free men can negotiate. [...] Your freedom and mine cannot be separated."

En die belofte: "I will return."[1]

Feitlik heel van die begin af stel Mandela dit duidelik dat die partye nie voorwaardes vir die gesprek aan mekaar moet stel nie. Hy en die ANC is gereed en bereid om met die Regering te praat, maar daar moet nie enige voorwaardes aan verbonde wees nie.

Mandela erken dat die ANC nie die militêre vermoë het om die Suid-Afrikaanse Regering tot 'n val te bring nie. "We are not doing so well with violence," is sy woorde. Aan die ander kant is hy ook oortuig dat die Regering nie met geweld die geweld van die ANC blywend kan hokslaan nie.

As die politieke skikkingsproses eers begin het, sal die soeke na geweld as metode om die probleem op te los verdwyn, is sy standpunt. Dit kom daarop neer dat die momentum van die vredesproses die gebruik van geweld oorbodig sou maak. Hy het klaarblyklik die wilde karperde van die ANC onderskat wat geweld as die deurslaggewende instrument in enige revolusie beskou het.

Mandela skipper soms met sy standpunt oor geweld tussen verskeie vertrekpunte. Hy beweer dat hy aanvanklik daarteen gekant was maar in die jare vyftig, sestig daartoe ingestem het omdat alle vreedsame pogings van die ANC deur die NP-regering geminag is en omdat hy self oortuig geraak het dat dit die enigste oorblywende uitweg is.[2] Met lang monoloë het hy probeer aantoon dat die gebruik van geweld histories geregverdig is en hy verwys talle kere na die Boere van Transvaal en die Vrystaat wat van 1899 tot 1902 die wapen teen Britse imperialisme opgeneem het. Hulle het volgens hom bewys dat 'n militêre neerlaag in 'n politieke sege omskep kan word.

Uiteindelik word 'n mens nie deur eie keuse nie maar deur vernederende omstandighede gedwing om te veg vir dit waarin jy glo, verklaar Mandela. Hy gee erkenning aan die Regering se hervormings en sê die president het daarmee groot moed aan die dag gelê, maar die swart mense eis politieke mag in die Parlement. "That is where political power is. Without that we are helpless."[3]

Hy vra: "Hoe kan julle, wat self meer as een vryheidsoorlog gevoer het, nie ons drang na vryheid begryp nie? Onthou, ons het groot respek vir die Boere-generaals en het almal genl. Christiaan de Wet se boek, *Die stryd tussen Boer en Brit*, gelees. Dis vir ons byna soos 'n handboek."*

Daarmee wou Mandela wys: Ons weet van julle geskiedenis. Ons weet wat julle gedoen het. Verstaan nou ook dat ons dieselfde strewes as julle het.

Hy pleit byna by ons om begrip daarvoor dat geweld die enigste wapen is wat die onderdrukte swart meerderheid kan gebruik teen 'n owerheid wat weier om na hulle billike politieke eise te luister.

Dit was 'n ironiese situasie waarin Mandela hom bevind het: Terwyl hy goed geweet het dat die "armed struggle" op sy eie geen kans op sukses het nie, het hy die reg daarop met hand en tand verdedig – al was die gewapende stryd dan nie veel meer as 'n simboliese gebaar nie.

In sy outobiografie stel hy dit in soveel woorde: "Although MK was not active, the aura of the armed struggle had great meaning for many people. Even when cited merely as a rhetorical device, the armed struggle was a sign that we were actively fighting the enemy. As a result, it had a popularity out of proportion to what it had achieved on the ground."[4]

---

* Ek het in 2002 vir die eerste keer met die manuskrip begin en daarna oor etlike jare daaraan geskryf. In daardie stadium was ek in besit van transkripsies van sommige van my gesprekke met Mandela. Die transkripsies is destyds deur amptenare van die Nasionale Intelligensiediens en die Departement van Korrektiewe Dienste gemaak. Die aanhalings van Mandela wat in hierdie boek gebruik word en wat nie aan ander bronne toegeskryf word nie is van hierdie transkripsies afkomstig. Die transkripsies, wat in my besit was, bestaan ongelukkig nie meer nie.

Links: In 1963 as jong seun en leerling van die Hoërskool Otjiwarongo in die destydse Suidwes.

Bo: My pa, Nicolaas Evehardus Barnard (voor, derde van links), as studenteraadsvoorsitter aan die Bloemfonteinse Onderwyskollege. My seun Nico sou etlike dekades later in sy oupa se voetspore volg toe hy tot studenteraadsvoorsitter van die Universiteit van die Oranje-Vrystaat (UOVS) verkies is.

Bo: Dit was liefde met die eerste oogopslag toe ek Engela Brand in my studentejare ontmoet het. Ons is in 1972 getroud.

Onder: Ek het nog altyd groot respek vir adv. CR ("Blackie") Swart (heel regs), voormalige staatspresident, gehad. Saam met ons by die UOVS se jaarlikse CR Swart-gedenklesing in 1976 was die rektor, prof. Wynand Mouton, en min. Fanie Botha.

My aanstelling vanuit die akademie op 30-jarige ouderdom as hoof van die Departement van Nasionale Veiligheid, die latere Nasionale Intelligensiediens (NI), het die media behoorlik aan die gons gehad.

Bo: Om hierdie tafel in Simonstad is 'n nuwe bedeling vir die intelligensiegemeenskap uitgespook. Kloksgewys v.l.n.r. lt.genl. PW van der Westhuizen, brig. Martin Knoetse, genl.maj. Johann Coetzee, brig. Jan du Preez, lt.genl. André van Deventer, ID du Plessis, s.adm. WN du Plessis, brig. Frans Steenkamp, André Knoetze en ek. **Onder:** Kort na my aanstelling by die Departement van Nasionale Veiligheid is ek genooi om 'n praatjie by Hoërskool Windhoek te lewer. My pa, destyds hoofinspekteur van skole, was ook die dag daar.

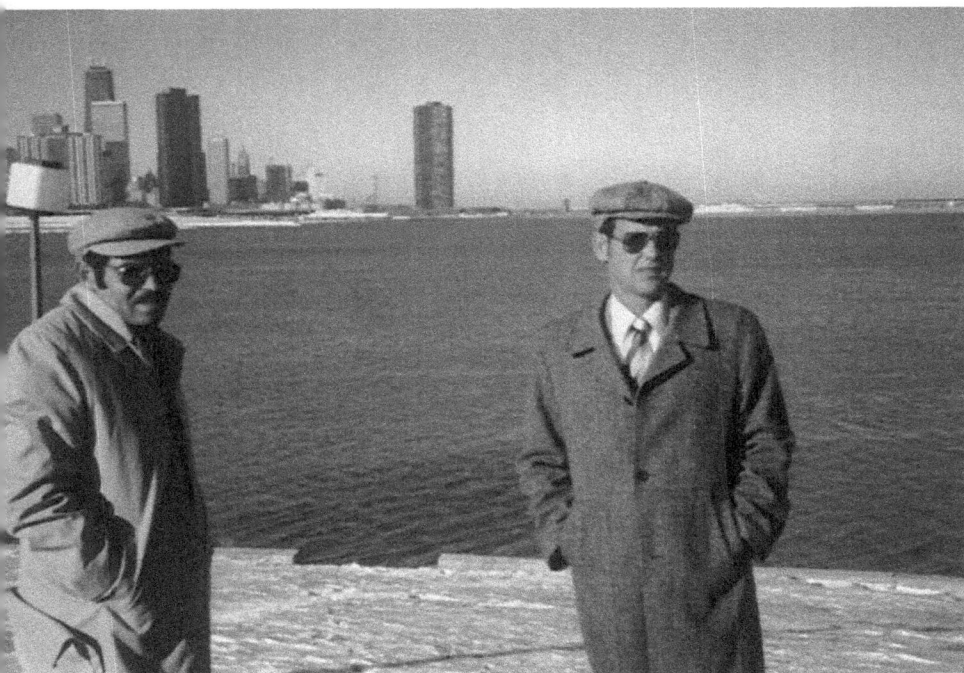

Bo: Op besoek aan Chicago in November 1983 op uitnodiging van die
CIA saam met Jannie Holmner (links), wat etlike jare lank my sekretaris
was. **Onder:** Kort na my aanstelling as hoof van Nasionale Veiligheid is ek
op 'n oorsese toer geneem om van my eweknieë te ontmoet. Hier is ek in
Versailles se Spieëlsaal buite Parys, Frankryk.

Bo: In 1984 het ek pous Johannes Paulus II in die Vatikaan as deel van pres. PW Botha en sy vrou, Elize, se geselskap ontmoet. **Onder:** Saam met my kollega Cor Bekker (heel links) op 'n besoek aan Taiwan in 1981.

Bo: Dié foto is in Havana, Kuba, geneem gedurende die onderhandelinge met die Kubaanse regering oor die beëindiging van die oorlog in Angola. Langs my sit Neil van Heerden van die Department Buitelandse Sake en langs hom genl. Jannie Geldenhuys, destydse hoof van die Weermag. **Onder:** 'n Bosberaad by 'n militêre terrein in Vhembe in die vroeë 1980's saam met o.a. genl. Magnus Malan (derde van links), destydse minister van verdediging, en genl. Constand Viljoen (tweede van links), toe hoof van die Weermag.

Bo: Engela en ek saam met twee generaals van die KGB wat ons by ons strandhuis op Kleinbaai ontvang het. Langs Engela staan Ivanov (skuilnaam) en regs van my is Artemov (skuilnaam). **Onder:** My kernpersoneel wat my oor die jare bygestaan het: Agter v.l.n.r. Johnny Lourens, André van Wyk, Elsa Schutte, Christo Smit, Jannie Holmner. Op die bank se lening sit Tina van Wyk (links) en Rene Kuhn (regs). Voor sit Christa Malan links van my en Alta Strydom regs.

Bo: Spioene moet soms ook 'n blaaskans vat. Saam met my kollega Gert Rothmann op 'n sending na Mauritius. **Onder:** In 1984 het ek en die politieke joernalis Alf Ries (links van Botha) ons verjaarsdag op die SAL Matroosberg gevier saam met pres. PW Botha en sy vrou. Heel regs is André Brink, politieke beriggewer van *Die Volksblad*.

Bo: NI se goeie bande met die Zimbabwe Central Intelligence Organisation het gesorg dat ons in 1990 die Suid-Afrikaanse spioen Odile Harrington se uitlewering kon bewerkstellig. Regs van my staan Harrington en dr. Abel Hugo, NI se mediese dokter, met ander NI-personeel links van my. **Onder:** Sir Colin McColl (met hoed), hoof van die Britse Secret Intelligence Service, op sy eerste amptelike besoek aan Suid-Afrika in die laat 1980's.

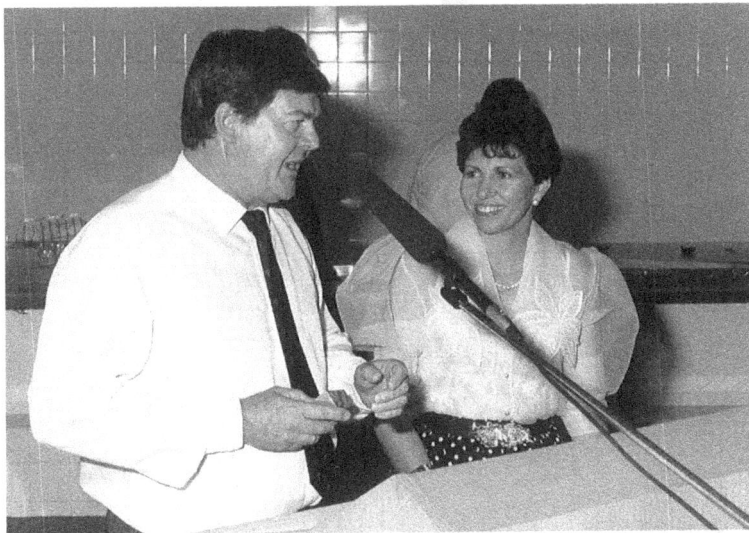

Bo: By die voorbereidende gesprekke wat in 1984 tot die Nkomati-verdrag met Mosambiek gelei het. Links van my sit genl. Magnus Malan en Pik Botha, destydse minister van Buitelandse Sake. **Onder:** Mike Louw, adjunk-direkteur-generaal van NI, wat jare lank my regterhand was, op NI se afskeidsfunksie vir my in Januarie 1992. Langs hom staan Engela.

Op 5 Julie 1989 het PW Botha en Nelson Mandela in Tuynhuys ontmoet. Ek
was aangenaam verras en baie verlig deur hoe vriendelik Botha dié dag was.

Op die onderste foto sit v.l.n.r. Botha, Kobie Coetsee, destydse minister van Justisie, ek, genl. Willie Willemse, kommissaris van Gevangenisse, en Mandela.

Bo: Ek en Engela saam met haar ouers, Floors en Lizzie Brand – staatmakers deur die jare. **Onder:** Saam met my ma, Daleen, 'n vrou duisend.

Ons en ons kinders is by verskillende geleenthede genooi om Mandela te besoek. Op die boonste foto is ons oudste seun, Nico, sy vrou, Paula, en hul kinders, Lukas en Addi, by Mandela in Johannesburg. Onder is ons jongste, Niela (links), en middelste seun, Hannes (regs), in Kaapstad.

Bo: Langs die viswaters aan die Namibiese kus vind ek rus vir my siel.
Onder: My eerste buffel wat ek in die middel 1980's in die Zambesi-vallei in Zambië geskiet het.

In dieselfde lig moet 'n mens die opmerkings sien van 'n hoë MK-lid en later 'n prominente politikus aan MK-lede wat gevangenisstraf op Robbeneiland uitdien toe hy hulle in 1992 besoek. Hy moet 'n aansienlike probleem hanteer, en dit is dat die MK's wat daar sit en waarskynlik binne afsienbare tyd vrygelaat gaan word, nie geneë is met die praatjies van onderhandeling, vrede en versoening wat ná 1990 deel van die nasionale woordeskat geword het nie. Die MK-"soldate" soek bloed en glorie, maar moet nou tot ander insigte gebring word, want hulle gaan nie seëvierend deur die strate van Pretoria stap nie.

Daarom kom Kameraad Politikus nou met 'n eenvoudige boodskap: "Comrades, júlle is die helde van die revolusie. Júlle het die Boere opgeneuk totdat hulle oorgegee het. Julle het nie verniet gely in die ysige woude van Oos-Europa en in die kampe in Angola nie. Dit was nie vergeefs nie. Die nageslag sal julle onthou vir die opofferings wat julle gedoen het. Viva!"[5]

Die ANC se militêre onvermoë het vir Mandela 'n verdere dilemma geskep: Op kort termyn was enige kans op 'n magsoorname danksy die gewapende stryd 'n hersenskim en op lang termyn sou dit slegs tot grootskaalse bloedvergieting lei. Dus het hy nie veel van 'n ander keuse gehad nie as om te onderhandel indien hy nog in sy leeftyd die vrugte van die vryheidstryd wou pluk.

Die kwessie van Mandela se vrylating was nooit 'n geskilpunt op die gesprekslys nie. Ons almal het dit as 'n gegewe aanvaar en daar is heel vroeg in die gesprekke bloot daarna verwys. Vir ons het dit toe reeds gegaan oor die omstandighede en die klimaat waarin hy uit die tronk kon stap. 'n Politieke lugleegte was nie 'n opsie nie.

Mandela het onderneem om hom ná sy vrylating dadelik vir 'n moratorium op die gebruik van geweld te beywer en dat dit só gedoen moes word dat geen politieke groepering, insluitende die

Regering, daardeur verneder sou word nie. Hy het toegegee dat daar in die ANC twee kampe oor die gebruik van geweld is. Die een groep meen dat "'n diplomatieke benadering die oplossing is, dat ons met die Regering moet praat". Die ander groep is hierteen gekant en glo "die enigste ding wat die Regering, die wit mense, sal verstaan, is geweld".

Mandela was onversetlik daaroor dat hy geweld nie voor sy vrylating sou afsweer of selfs net tydelik opskort nie. Dit sou volgens hom daartoe lei dat hy as 'n strooipop van die Regering beskou word terwyl die Regering self "op naakte geweld staatmaak om probleme op te los". Hy beweer dat die Regering se poging om die ANC te vernietig, die organisasie juis verenig en daartoe lei dat die wêreld hom by die ANC skaar. Die Regering laat 'n wonderlike geleentheid deur sy vingers glip om nie 'n verstandhouding met die ANC te bereik nie terwyl 'n gematigde leier soos Oliver Tambo wat teen geweld gekant is, nog in beheer van sake is.

Dit was so duidelik soos daglig dat Mandela nie enige toegewings oor geweld sou kon doen en terselfdertyd die steun van die ANC se radikale vleuel behou nie. Talle van dié kamerade het jare later nog met nostalgie vertel hoe hulle daarvan gedroom het om eendag, à la Fidel Castro in Havana, deur die strate van Pretoria te marsjeer en die Uniegebou as die simbool van wit heerskappy te verower. Die indoktrinasie in Moskou, Oos-Berlyn, Lusaka en selfs Londen het vele terreurdrome laat ontaard in nagmerries waarin net van vergelding sprake was.

Dit is so dat geweld en terreur soms die enigste wapens tot beskikking van die verdruktes en stemloses is, maar ons het Mandela uitdruklik meegedeel dit is buite die kwessie dat die Regering met sy hande gevou sal sit terwyl die ANC bomme en landmyne plant en onskuldige burgerlikes doodmaak.

'n Mite wat die ANC graag in stand probeer hou, is dat

hy – danksy die optrede van sy militêre vleuel, Umkhonto weSizwe – die Suid-Afrikaanse regering militêr verslaan het.[6] Dis onsin. Om bomme in 'n Wimpy te plant of landmyne op 'n afgeleë plaaspad, of soos Apla-lede met AK47's op kerkgangers los te brand en dan op die vlug te slaan, kan sekerlik nie as militêre oorwinnings beskou word nie.

Die waarheid is dat die ANC se gewapende aanslag in vele opsigte 'n klaaglike mislukking was. Waar het die ANC op Suid-Afrikaanse grondgebied 'n militêre basis, of selfs net 'n kamp, gevestig soos die teorie van revolusionêre oorlogvoering voorskryf? Trouens, hulle was nie eens in die onmiddellike buurstate veilig nie.

Die gebruik van halssnoermoorde was sekerlik een van die verfoeilikste terreurmetodes wat nóg in die geskiedenis van menslike konflik gebruik is. Om dit te vererger, praat niemand minder nie as Winnie Mandela dit goed en basuin dit van openbare verhoë uit as die aangewese metode om die land te bevry. Geen vreedsame vordering is tog moontlik as leiers van die ANC sulke vorms van geweld predik nie, deel ons Mandela mee.

Die Regering is diep geskok oor die feit dat talle van die ANC-aanvalle, byvoorbeeld die plant van bomme in openbare plekke, op sagte en weerlose teikens toegespits word. Ware vryheidsvegters behoort nie geweld teen weerlose vroue en kinders te gebruik nie. Ons het genoegsame inligting gehad wat toon dat oproepe om die stryd na wit woongebiede uit te brei toenemend deur die ANC-leierskorps gedoen word en dat die geweld daarmee 'n duidelik rassistiese grondslag kry.

Hy dra nie kennis van sulke planne nie, was Mandela se kommentaar. "Natuurlik sal u nie weet nie, meneer, want u is afgesluit van dié dinge," was my reaksie.

Die radikale in die veiligheidsmagte én in die ANC het hulle waarskynlik in daardie stadium afgevra wat die alternatief vir gebeure aan die politieke front is. Die regses sou vir hulself gesê het: "Hierdie vredespoging van PW met politieke hervormings en toegewings ... As dit op die rotse loop, wat dan? Dan is ons in 'n helse geveg. Die ANC se terroriste gaan wit woonbuurte bestorm en mense doodskiet. Ons moet ons daarop voorberei."

Aan die ander kant het die radikale in die ANC allig vir hulself gesê: "PW Botha is besig om die wêreld, en ook Madiba, te bedrieg. Hy sal nooit die politieke mag afstaan nie. Ons moet die skroewe aandraai, die struggle na die woonbuurte uitbrei en die inisiatief behou."

Die verskille tussen die ANC se politieke leierskorps en die MK-kaders op die grond het gewys dat daar weinig of geen beheer oor die terreuraksies van die ANC was nie. Dit het Mandela skoorvoetend toegegee. NI het talle bewyse gehad dat Umkhonto ongedissiplineerd was en dat die militêre leiers hulle min aan politieke gesag gesteur het.

Maar dit sou kortsigtig gewees het om ons daarin te sit en verlekker. Die uitdaging vir ons én Mandela was om MK by enige moontlike verstandhouding ingebind te kry.

Mandela was ook redelik oningelig oor die dinamika en sentimente in die wit politiek. Daar is aan hom verduidelik dat wesenlike dele van die veiligheidsmagte en 'n aansienlike deel van die Regering se tradisionele ondersteuners weinig geesdrif vir enige skikkingsproses het. Dit was ondenkbaar om dít as die nuwe politieke evangelie te verkondig terwyl die ANC bomme en landmyne plant.

Die ANC se hoogste bestuursliggaam, die nasionale uitvoerende komitee (NUK), het ál meer onder die invloed van Umkhonto se leiers gekom en dit wou voorkom of die radikale 'n groter houvas op die koers van die ANC verkry. As Mandela verwag dat die Regering die veiligheidsmagte in beheer moet hou, geld dieselfde vir die ANC se beheer oor MK. Die Regering kon tog nie toe-komstige ondernemings – deur Mandela of wie ook al – oor die beheer van MK ernstig opneem terwyl daar chaos in ANC-kampe heers nie. NI het in daardie stadium betroubare inligting gehad oor marteling, verkragtings, boendoehowe en teregstellings wat in die ANC-kampe in Angola plaasgevind het.[7] Hieroor was Mandela uiteraard swak ingelig en die mededeling het hom duidelik ontstel.

Dié stuk roemlose verlede het later soos 'n groot nagmerrie telkens by die ANC kom spook en selfs die manipulasie van kom-missies van ondersoek daarna kon nie die verskille en bitterhede toesmeer nie.[8]

Teen November 1988 het die gesprekke oor geweld 'n nuwe dimensie verkry. Die president het ons versoek om Mandela mee te deel dat hy gereed is om hom te ontmoet, maar op die uitdruk-like voorwaarde dat Mandela sy persoonlike versekering gee dat hy nie geweld as metode voorstaan om 'n politieke oplossing te bereik nie.

Mandela het die boodskap onthuts en iesegrimmig aangehoor. Hy wou weet of die gesprek met ons dan geen vordering maak nie. "Ons kan nie sit en praat terwyl ons 'n rewolwer op mekaar rig nie." Dit is ten dele wyse woorde, maar vir vrede in die staatkunde is die swaard én die woord onlosmaaklike bedmaats.

Mandela is meegedeel dat Botha, soos hy, ook 'n ondersteu-nerskorps het wat saam met hom die pad moet stap. Die president moet sy geloofwaardigheid onder die kiesers behou, en die stand-punte wat hy oor baie jare ingeneem het, kan nie sommer oornag radikaal verander nie.

Botha verwag nie dat Mandela oor die geweldskwessie 'n openbare verklaring moet doen of openlik standpunt moet inneem nie. Die vereiste is dat hy sal onderneem om die persoonlike standpunt in te neem dat hy nie 'n voorstander is van die gebruik van geweld om 'n politieke skikking te bereik nie.

Die klem op die strategiese belangrikheid van 'n *persoonlike* standpunt moes nie onopgemerk verbygaan nie. Dit was ons maneuver om vir Mandela die ruimte te skep om nie persoonlike aanspreeklikheid te aanvaar vir die geweldenaars in die ANC wat ons besef het nie na hom sou luister nie en sy geloofwaardigheid onherstelbaar kon knou.

Ek wou van Mandela weet wat hy gaan doen indien hy ná sy vrylating nie daarin sou slaag om die ANC te oortuig dat geweld laat vaar moet word nie. Gaan hy dan ook die pad van geweld saam met sy bevrydingsbeweging stap, wat ons sal dwing om hom weer te arresteer, of gaan hy sy eie koers kies en die pad van 'n vreedsame skikking op sy eie aandurf?

Hieruit het hy slim ontsnap: "Ja, dis 'n moeilike vraag. Ek kan nie so 'n vraag met u bespreek nie. Dit is 'n saak tussen my en my organisasie."

Oor PW se vereiste rakende geweld het Mandela koppig gebly en viervoet vasgesteek. Hy het onder meer gesê dat hy die man is wat Umkhonto weSizwe gestig het en dat dit ondenkbaar, selfs 'n tragedie, sou wees as hy geweld en die struggle nou openlik sou afsweer. Dit sal sy geloofwaardigheid so afbreek dat ons maar ikabod oor 'n vreedsame ontlonting van die revolusie kan skryf.

Hy wou weet wat ons sou doen as hy namens die ANC begin voorwaardes stel soos dat alle soldate uit die townships moet onttrek, dat die noodtoestand opgehef word en dat alle politieke gevangenes onvoorwaardelik vrygelaat word voordat enige onderhandelinge kan begin.

Ek het nie met Mandela saamgestem dat die wettige taak van 'n regering om reg en orde te handhaaf gelykgestel kan word aan die optrede van 'n politieke organisasie om met geweld die mag te bekom nie. Dit kan nooit gelyk wees nie. Tog het dit die dilemma van die gebruik van geweld en die soeke na 'n vreedsame staatkundige oplossing helder belig.

Hy moes ten ene male sy organisasie met hom saamneem en dit sou nie moontlik wees nie as hy na hulle sou gaan met die boodskap: "Ek het opdrag gekry om geweld af te sweer en my persoonlike onderneming te gee dat ek my nie tot geweld as 'n oplossing sal wend nie."

As individu en verworpe enkeling vanweë sy toegewings aan die Regering sou die gesprekke met Mandela nêrens heen lei nie. Ons standpunt in dié verband is deur Mandela ondersteun met sy stelling: "Ek beteken niks vir die president as ek nie vir dié situasie die steun van my mense kan bekom nie."

Dit het nooit by my opgekom dat enigiets goeds daarvan kon kom om Mandela se leierstatuur te ondermyn nie. Ons het juis die teenoorgestelde probeer doen deur sy aansien in die ANC te stut sodat hy die organisasie bymekaar kon hou en lei. Ofskoon hy die indrukwekkende Nelson Rolihlahla Mandela was, was hy tog ook soms onseker oor die rol wat hy sou speel wanneer hy die dag deur die tronkdeure die wêreld instap.

Gaandeweg het sowel die span as Mandela nuwe formulerings oor die dilemma van geweld ontwikkel. Mandela het al hoe meer oor sy rol in die normalisering van die situasie begin praat. Die span het danksy die insigte van Mike Louw en Fanie van der Merwe die standpunt ingeneem dat die Regering en die ANC albei ten gunste van 'n geweldlose oplossing van die land se politieke probleem is.

Oor die geweldskwessie het Mandela die bal teruggegooi na ons kant van die baan.

In reaksie op Botha se voorwaardelike aanbod het hy voorgestel dat Botha liefs in die openbaar moet sê dat hy weer attent gemaak is op die standpunt wat Mandela tydens die Rivonia-verhoor ingeneem het, naamlik dat hy nooit tot enige ander organisasie as die ANC behoort het nie en dat hy wat Botha is, seker gemaak het dat sy standpunt steeds dieselfde is. Die implikasie hiervan was volgens Mandela duidelik: Dit sou bevestig dat hy nie 'n kommunis is nie.

Hy het verder gegaan deur aan die hand te doen dat Botha in die openbaar sê: "Ek is oortuig dat hierdie man nie 'n kommunis is nie. Ek is seker dat indien hy vrygelaat word, hy hom vir vrede – en nie vir geweld nie – sal beywer."

As die president so 'n opmerking maak, onderneem hy wat Mandela is, plegtig om nie afwysend daarop te reageer nie. Só sou sy stilswye eintlik 'n aanvaarding van die PW-standpunt oor die ANC en homself oor geweld wees.

Dit was waarskynlik 'n eerlike poging van Mandela om dit vir Botha moontlik te maak om uit die hoek te kom waarin hy hom vasgeverf het, maar dit sou nie deug nie. Op grond waarvan kon Botha nou skielik verklaar dat hy oortuig is dat Mandela nie 'n kommunis is nie en ook nie meer geweld voorstaan nie?

Ek het reguit met Mandela daaroor gepraat en vir hom gesê dis die soort speletjies wat 'n mens nie met PW Botha moet probeer speel nie. Hy kon dit maar gerus vergeet. Dit was nietemin my plig om dit aan Botha oor te dra – wat ek met groot omsigtigheid gedoen het. Hy het skaars daarop gereageer.

Tog het die voorstel die feit helder onderstreep dat Mandela die skikkingsproses baie graag wou laat slaag, maar homself nie in die proses sodanig wou ontman dat hy nie in beheer van 'n konstruktiewe proses bly nie.

Hy het selfs so ver gegaan om te sê dat die ANC in die buiteland so graag soos hulle lewe, wil terugkom huis toe, dat hulle nie bloed wil verspil nie en bowendien, sê hy, "daar is glad nie sprake daarvan dat die revolusie net om die draai is nie".

MANDELA KRY 'N WYER BLIK

REEDS tydens die eerste ontmoeting in Pollsmoor is daar besef dat Nelson Mandela nie as 'n gevangene in tronkklere aan die gesprek oor die toekoms van Suid-Afrika kan deelneem nie.

Dit strek min. Kobie Coetsee tot eer dat hy 'n deurslaggewende rol gespeel het om Mandela in 'n normale huislike omgewing en omstandighede te plaas waar hy soos 'n normale mens kon leef, weliswaar met beperkte vryheid.

Onderliggend hieraan was die oortuiging dat gevangenes nie gelykwaardige onderhandelaars kan wees nie. Mandela, het ons span geglo, kan nie geklee in stewels en 'n oorpak van die Gevangenisdiens en so te sê uit 'n tronksel geloofwaardig en met behoud van eiewaarde so 'n belangrike gesprek voer nie. Dit strek die span amptenare tot eer dat hulle van die begin af begryp het dat die gesprekke nie tussen 'n "oorwinnaar" en "oorwonnene" sou plaasvind nie, maar tussen partye wat aanvaar dat geen oplossing moontlik is as dit nie tussen gelykes gebeur waar die een nie sonder die ander sal vorder in die soeke na oplossings nie.

Dit was toe reeds duidelik dat Mandela na alle waarskynlikheid die volgende staatshoof van Suid-Afrika sou word en as patriotte was dit ons taak om hom voor te berei op die volle spektrum van die lewe wat op hom as staatshoof en wêreldikoon sou wag. Ons wou hê hy moes, wanneer die tyd aanbreek, ons land met grasie en onderskeiding verteenwoordig. Nie soos Paul Kruger, president van die Transvaalse Republiek, wat op besoek aan die koningin van Engeland glo sy gekoude tabakpruimpies hot en haar oor die koninklike tafel gelanseer het nie!

Daar is oor talle moontlikhede besin. Uiteindelik is besluit dat dit in almal se belang is dat hy op sy eie in 'n huis gevestig word. Maar waar?

Die Brandvlei-gevangenis by Worcester is oorweeg, asook die gevangenis buite Malmesbury en talle ander op die platteland. Die omgewing moes Mandela veiligheid en privaatheid bied. Sy verskuiwing daarheen moes nie rugbaar raak nie sodat ons nie met skares toi-toiende mense te make sou hê nie. Daarby het ek en die ander lede van die span talle ander verantwoordelikhede gehad en moes die huis so geleë wees dat ons dit redelik maklik en vinnig kon bereik. In daardie stadium was ek ook betrokke by die onderhandelinge oor Suidwes-Afrika se onafhanklikwording en het my gereeld op lughawens in verskeie stede in die wêreld bevind.

Genl. Willemse het 'n huis op die terrein van die Victor Verstergevangenis tussen die Paarl en Franschhoek voorgestel. Dit was redelik eenkant geleë en die hoof van die Gevangenisdiens kon die inwoner oortuig dat hy die huis ter wille van 'n belangrike nasionale doelwit moes ontruim. Dit kon egter nie oornag gebeur nie.

Intussen is tering in Augustus 1988 by Mandela gediagnoseer. Hy is eers in die Tygerberg-hospitaal en toe in die Constantiabergkliniek buite Kaapstad opgeneem, waar hy tot vroeg in Desember behandel is. Hoflikheidshalwe het ek hom twee keer daar besoek, maar uiteraard het ons geen ernstige gesprekke oor landsake gevoer nie.

'n Aansienlike haakplek het met sy nuwe blyplek opgeduik: Die meubels daarin het aan die amptenaar behoort sodat die huis van nuuts af gemeubileer moes word. Ons moed het in ons skoene gesak, want om dit deur die Departement van Openbare Werke en die staat se tenderprosesse te stuur, sou maande duur. Wie het tot ons redding gekom?

NI! 'n Goeie intelligensiediens is nie onderhewig aan al die verstikkende burokratiese regulasies van die staatsdiens nie.

Ek het 'n uiters flink lid van die diens in Pretoria gebel wat 'n paar uur later in die Kaap geland het. Binne twee dae is die huis volledig van messe en vurke tot bed, tafel en gordyne voorsien – bes moontlik die vinnigste wat enige huis nóg deur 'n vrou gemeubileer is!

'n Dag of twee ná sy ontslag uit die hospitaal het Mandela sy intrek daar geneem. Dit was voorheen 'n betreklik moderne plaaswoning met drie slaapkamers en 'n swembad op die ruim erf waarop struike en 'n paar dennebome gegroei het. Die enigste aspek van sy nuwe blyplek wat Mandela minder aangestaan het, was die doringdraad bo-op die omheining. Dit was egter nie om hom binne te hou nie, maar ongewenste elemente uit te hou![1]

Om Mandela geleidelik blootstelling aan die buitewêreld te gee, is hy deur senior amptenare van die gevangenisdiens op uitstappies regoor die Skiereiland geneem. Daar is met hom in Kaapstad rondgery, al langs die kus, deur sommige wit buurte ... "It was absolutely riveting to watch the simple activities of people out in the world: old men sitting in the sun, women doing their shopping, people walking their dogs. It is precisely those mundane activities of daily life that one misses most in prison," het hy later geskryf.[2]

Hy is toegelaat om op die strand te stap; by 'n kafee het die bewaarders saam met hom tee gedrink. Dit kon allerlei onvoorsiene gevolge hê as mense die wêreld se bekendste gevangene herken, maar niemand het nie.[3]

Dit sou in niemand se belang wees om Mandela so oningelig moontlik te hou oor verwikkelinge in die ANC en in die land nie, of om hom van die ANC af te sny nie. Alleen op grond van eerstehandse inligting kon hy goeie besluite neem en alleen deur kontak met sy kamerade kon hy sy posisie in die ANC konsolideer.

Die regeringspan het besef dat ofskoon hy sy raadplegende kanale in die geheim in stand gehou het, het hy nie soos ons die voordeel van deurlopende konsultasie met ander betroubare raadgewers gehad nie.

Ons het van meet af aan baie goed verstaan dat hy die ANC se steun moes hê in alle belangrike besluite wat hy moes neem en ondernemings wat van hom gevra is. Ons het geweet dat die ANC diep verdeeld was oor die wenslikheid van 'n vreedsame skikking. Dit was derhalwe met voorbedagte rade en in belang van die vredesproses dat hy in staat gestel moes word om gereeld met sy ondersteunersbasis te kommunikeer sodat hy hulle kon inlig en hul samewerking vir die skikkingsproses verkry. Hoe vernuftig hy ook al sy raadpleging met sy ondersteuners as 'n konsultatiewe proses voorgehou het, is dit so dat hy die aanvangsfase van ons gesprekke noodwendig op sy eie gehanteer het.

Mandela was 'n opportunistiese gespreksgenoot. As dit hom pas, bly hy ons 'n antwoord skuldig deur oorlegpleging met die Rivonia-groep, ander ANC-leiers en ANC-ondersteuners in die algemeen as 'n verskoning voor te hou. As hy 'n gaping sien en 'n bres kan slaan, is hy eiesinnig, koppig en selfs diktatoriaal in sy eensydige besluitneming. Dit is, helaas, die kenmerke van 'n groot leier.

Mandela het 'n hegte vertrouensverhouding wat oor dekades gestrek het met die Rivonia-groep gehad wat onder andere Walter Sisulu, Andrew Mlangeni, Raymond Mhlaba, Elias Motsoaledi, Wilton Mkwayi en Ahmed Kathrada ingesluit het.

Dié verhouding is veral in die storm en drang van die struggle opgebou en oor meer as 'n kwarteeu se aanhouding verder deur gesamentlike ontberings gesmee. Ná Mandela se verskuiwing na die huis by Victor Verster is reëlings getref dat die groep ou kamerade hom gereeld kon besoek. Ons was nie so stompsinnig om te dink – soos sommige mense later van ons verwag het – dat ons hom kon afsonder en met 'n eensydige ooreenkoms kon probeer uitoorlê nie. Daarvoor was hy in elk geval te uitgeslape.

Die gesprekke met sy kamerade wat van September 1988 plaasgevind het, was skerpsinnig. Mandela vertel sy kamerade van sy geheime samesprekings met die Regering en deel hulle mee dat die regeringspan, wat sy bona fides aanvaar in die soeke na 'n vreedsame oplossing, baie kundig is, hoewel hulle swak ingelig is oor die ANC. Hy onderneem telkens om nie oor meerderheidsregering, die gewapende stryd of die bande met die SA Kommunistiese Party bes te gee nie. Hy vra meermale dat hy vertrou moet word en sê dat hy stadig maar seker vordering maak.

Die kamerade is plek-plek bekommerd oor sy optimisme en waarsku hom voortdurend om nie die Regering te maklik te vertrou nie. (Eintlik sê hulle vir Mandela om hom nie te laat mesmeraais nie – PW se waarskuwing aan my! Vrees dat onderhandelaars te veel begrip vir die opponente ontwikkel, is 'n universele risiko gedurende samesprekings. Dit moet egter nie met die broodnodige begrip vir ander standpunte verwar word nie.)

Mandela waarsku die groep op sy beurt dat hulle 'n positiewe boodskap oor skikkingsgesprekke met die Regering moet uitdra en die massas help oortuig dat hulle nie deur sinnelose geweld die Regering 'n gulde geleentheid moet bied om die ANC van troubreuk te kan beskuldig nie.

Toe die groep uiteindelik in Oktober 1989 vrygelaat is, het die meeste allesbehalwe hul ondernemings om 'n stabiliserende invloed uit te oefen gestand gedoen. Die Mass Democratic Movement (MDM) het op 29 Oktober by Soccer City in Soweto 'n luisterryke verwelkoming gereël. Hulle is deur 'n uitbundige skare van meer as 75 000 terug in die boesem van die volk verwelkom. SAKP-vlae het oral gewapper en lofliedere ter ere van Umkhonto weSizwe het weergalm.

Spreker ná spreker het die massa tot 'n voortsetting van die stryd opgeroep. Kathrada sê die pogings van die Regering tot hervorming is 'n nuwe vorm van apartheid en hy bring hulde aan wit mense wat die waagmoed gehad het om die ANC in Lusaka te besoek. Sisulu is meer beheersd en doen 'n beroep op die massa om die vryheidstryd op 'n ordelike en vreedsame manier te verskerp. Die Sweedse premier, Ingvar Carlsson, beloof in 'n boodskap wat voorgelees word verdere sanksies teen Suid-Afrika, wat met dawerende applous aangehoor word.[4]

Ons het die byeenkoms as 'n proeflopie vir Mandela se vrylating beskou. Terselfdertyd was dit 'n geleentheid om die revolusionêre stoom te laat afblaas. Ons kon tereg nie verwag dat die vrygelatenes alles waarvoor hulle 'n kwarteeu in die tronk gesit het, nou sou verloën net omdat ons hulle (deur Mandela) tot beheerste optrede versoek het nie. Selfs Mandela sou nie dié berg kon versit nie.

Hoewel baie van die toesprake die nekhare van ons kollegas in die veiligheidsmagte laat rys het, was dit gerusstellend om waar te neem dat die ou garde steeds vir die massa aanvaarbaar was. Ook verblydend was die feit dat die ANC organisatoriese verantwoordelikheid vir die byeenkoms geneem het en dat matige orde geheers het.

Die geheime revolusie van gesprekke en onderhandeling agter die skerms was juis daarop afgestem om die waansin van 'n opgesweepte gepeupel soos in die openbare teregstellings tydens die Franse Revolusie en die val van die Bastille in 1789, asook die moord op die tsaar tydens die Russiese Revolusie van 1917, te vermy.

Gaandeweg is Mandela toegelaat, deels op sy versoek, om al hoe meer geesgenote, Suid-Afrikaners en enkele buitelanders, te ontvang. Op dié manier is hy voorberei op die spektrum van menings en standpunte in die wêreld buite die tronkmure wat hy binnekort moes betree. 'n Telefoon is later geïnstalleer sodat hy makliker met mense van sy keuse in aanraking kon kom. Dit het natuurlik ook vir ons by NI sekere voordele ingehou.

Benewens sy vrou, Winnie, en ander familielede is daar onder die besoekers ook prominente ANC-figure wat Mandela eerstehands inlig oor veral die jongste strominge in die organisasie. Op sy beurt vra hy sy gaste geduldig uit en lig hulle optimisties, maar dikwels ook selektief, in oor die gesprekke met die Regering se verteenwoordigers.

Met een van Winnie se besoeke in Julie 1988 lig hy haar in dat daar gedurende die afgelope maand "goeie ontwikkelinge" was wat hom baie hoop gee. Die gesprekke is "in 'n baie delikate en sensitiewe stadium met die opbou van vertroue" en die aard van die probleem "vereis van ons om baie geduldig te wees". Hy kan ongelukkig niks meer daaroor sê nie.

Mandela waarsku die ANC-leiers wat hom besoek dat die momentum van dié gesprekke toeneem. Hulle moet hulle onmiddellik op onderhandelinge begin voorberei, want die Regering se mense is oorgehaal, goed opgelei en deeglik voorberei.

Het hy maar geweet dat dit nie die geval was nie! Omdat nie eens die Kabinet van die geheime gesprekke bewus was nie en omdat die meeste van hulle nie die tekens van die tyd kon of wou lees nie, was daar nie sprake van sulke voorbereiding nie.

Dit sou onvanpas wees om al Mandela se gaste en die redes vir hul besoeke op te noem, maar 'n paar is wel ter sake.

Met Dullah Omar en Ismail Ayob bespreek hy die interne

twiste in die ANC en gee vaderlike en teregwysende raad. Dié twee waarsku hom dat Cosatu 'n belangrike politieke faktor word en dat talle van dié organisasie se leiers nie ten gunste van onderhandeling is nie. In gesprekke met Albertina Sisulu, Murphy Morobe, Cyril Ramaphosa en Cassim Salojee skets hy in detail die verloop van die gesprekke met die regeringspan en vermaan hulle tot begrip vir wit mense se vrese. Hy vra ook dat die Afrikaners by gesprekke oor die toekoms van die land betrek moet word omdat hulle die politieke mag hou en "ons kan leer verstaan hoe hulle dink".

By dié besoek skimp hy oor moontlike meeluistering: "Ek dink ons is nie alleen nie." Albertina Sisulu bedank hom vir hulle gesprek en sê dat ná sy verduideliking hulle nou aan die mense kan leiding gee oor wat aangaan. Morobe sê hy begryp dat die Regering bang is vir gewelddadige massaoptrede en gee die versekering dat dit nie sal gebeur nie. Die leierskorps van die ANC sal nie toelaat dat die radikale "machineries" van die MDM die proses oorneem nie.

Mandela waarsku hulle dat die berigte wat hy kry, wys dat die jeug baie radikaal is. Verder is hy billik ontstoke oor die opruiende optrede van Harry Gwala, 'n vuurvreter en geharde kommunis wat in November 1988 vrygelaat is nadat hy die gebruik van albei arms weens motorneuronsiekte verloor het. Desondanks is hy verbind met die bloedige stryd tussen die ANC en Inkatha in die Natalse Middelland wat daartoe gelei het dat sy lidmaatskap van die sentrale komitee van die SAKP opgeskort is.[5] Mandela veroordeel die optrede van Gwala, wat ook 'n lid van die ANC se uitvoerende komitee was, in opmerkings teenoor van sy besoekers.

Hy hamer daarop dat die Regering die ANC voor is met voorbereidings vir die onderhandelinge: "Ons moet húlle vooruit wees. Dit is wat ek wil hê."

Met die veteraanpolitikus Helen Suzman, wat hom vantevore ook op Robbeneiland besoek het, handel die gesprek oor die gespanne verhouding tussen die ANC aan die een kant en die Inkatha-Vryheidsparty en Mangosuthu Buthelezi aan die ander kant.

Hulle bespreek ook die rol van die Konserwatiewe Party (KP) en wat van wit regses verwag kan word. Mandela sê hy verstaan die wit mense se vrese, maar hy meen dat dit ná vyf jaar van gesamentlike demokratiese regering besweer sal wees. Oor sanksies deel hy Suzman mee dat hoewel dit die Regering gedwing het om sy politieke beleid aan te pas, hy dit eerder sou wou vermy omdat dit die ekonomie skaad.

Die inisiatief vir die gesprekke kom van sy kant, verduidelik Mandela. Suzman doen voorspraak vir 'n ontmoeting met die Britse ambassadeur, sir Robin Renwick, wat deur oudregter Jan Steyn van die Stedelike Stigting herhaal word.

Mandela se gesprekke met talle mense in die huis op die Victor Verster-terrein was 'n groot sukses. Nie alleen kon hy die geheime vreedsame revolusie vertroulik bevorder nie, maar hy kon ook 'n beter perspektief op die wêreld en die onderstrominge in sy politieke magsbasis kry.

Dit het ook daartoe bygedra dat sy mitiese, byna bomenslike beeld gaandeweg plek gemaak het vir die realistiese beeld van 'n begaafde en charismatiese leier met sonderlinge karaktertrekke.

Hoe het ons geweet wat Mandela en sy kamerade in die huis by Victor Verster vir mekaar sê? Wel, geen intelligensiediens wat enigsins sy sout werd is, sal sulke kritieke historiese gesprekke nié opneem nie – veral nie as hy self deel daarvan is nie.

En geen ware vryheidsvegter – Mandela was immers die stigter van Umkhonto weSizwe – sal so naïef wees om te dink sy gesprekke met 'n spioenasiehoof sal nié meegeluister word nie. Mandela was nie onder 'n kalkoen uitgebroei nie.

Die meeluistering was 'n ope geheim. Ons het dit nooit bespreek nie. Van die bewaarders by Victor Verster het daarvan geweet en het hom waarskynlik daarvan vertel, maar hy het dit nooit geopper of daarteen beswaar gemaak nie.

Die rede daarvoor was waarskynlik heel eenvoudig. Mandela was deeglik bewus daarvan dat hy nie die verkose opperleier van die ANC is nie, dat hy nie 'n mandaat het om die gesprekke te voer nie en dat hy daarom doodseker moes maak dat hy deurentyd die ANC-leierskorps se steun het om met die inisiatief voort te gaan. Ek glo die opneem van die gesprekke was vir hom 'n versekeringspolis. Sou dit vir hom nodig wees om later aan te toon wat hy onderneem het en wat nie, was dit op band.

Op 'n ironiese en onregstreekse manier het die meeluistering ons onderlinge vertroue versterk. 'n Keer of wat wanneer ons oor Winnie gepraat het, het hy my aan die arm gevat en gesê: "Kom ons stap eerder uit en gaan gesels by die boom."

Maar by die boom was ook 'n opnemer! Toe ons daar kom, het ek opgekyk na die takke en gesê: "Kom ons gesels liewer elders in die tuin." Hy het 'n skewe laggie gegee en ons het saam weggestap.

Van NI se kant het ons die meeluistering so eties moontlik gehanteer. Ons het nooit enige van Mandela of sy besoekers se uitlatings openbaar gemaak of later tydens die amptelike onderhandelinge of waar ook al teen hom gebruik nie.

Teen die winter van 1989, terwyl die vrylating van Mandela al hoe hoër op die agenda gekom het, het ons hom telkens aangemoedig om Mangosuthu Buthelezi, leier van die Inkatha-Vryheidsparty, vir 'n besoek te nooi.

Buthelezi was in 1975 'n prominente lid van die ANC-Jeugliga toe hy die National Cultural Liberation Movement (NCLM) in

Natal gestig het, geskoei op die lees van 'n kultuurorganisasie wat die Zoeloe-koning Solomon in die jare twintig in die lewe geroep het in reaksie op Britse en Afrikaner-oorheersing. Die NCLM het spoedig as Inkatha ("kroon") bekend geword. Die ANC en die PAC was toe reeds verbode organisasies wat 'n lugleegte vir swart politieke aspirasies gelaat het.

Wanneer 'n besoek deur Buthelezi aan Victor Verster ter sprake gekom het, was Mandela vaag en ontwykend. Dit was duidelik dat hy besonder versigtig was om Buthelezi te ontvang.

Hy moet eers met sy kamerade daaroor praat, het hy wal gegooi. Agter die skerms spook hy dat dit bars om oor dié netelige saak met die kamerade in Lusaka, die Rivonia-groep en die binnelandse struggle-gesindes soos die United Democratic Front (UDF) en die Mass Democratic Movement (MDM) oorleg te pleeg. Hulle is egter telkens afwysend en by geleentheid kla hy teenoor Winnie dat hy baie ontevrede is dat die ANC hom nie antwoord op sy aanbod om met Buthelezi te praat en hom deel van die skikkingsproses te probeer maak nie.

Buthelezi en Inkatha, oënskynlik 'n kultuurorganisasie maar in werklikheid veel meer as dit, het die ANC se gewapende stryd verwerp en onderneem om apartheid binnelands deur geweldlose metodes te beëindig. Intense mededinging het tussen Inkatha en die ANC ontstaan oor wie die ware verteenwoordigers van die Zoeloes se politieke aspirasies is. Mettertyd groei dit tot 'n bloedige en voortslepende konflik wat sedert die jare tagtig tot die dood van duisende mense, veral in KwaZulu-Natal, lei.

Dit verg nie profetiese insig nie om te weet dat die ANC *warlords* in KwaZulu-Natal nie vrede verlang het nie, maar met knopkierie en assegaai die saak wou uitspook om eens en vir altyd te bepaal wie die politieke septer van die Zoeloes swaai.

Buthelezi, wat geen lakei van die Regering was nie en

internasionale aansien geniet het, het slim te werk gegaan. In Julie 1988 skryf hy aan Mandela om hom met sy sewentigste verjaarsdag op die 18de geluk te wens. Hy doen dit "on behalf of the 1.6 million black South Africans who have joined Inkatha, and on behalf of the Zulu King and the vast, vast numbers of people in KwaZulu ..."[6]

Hy bemoedig Mandela met die versekering dat hy uiteindelik vrygelaat sal word en gaan byna poëties voort: Verder onderneem hy nogmaals dat hy nie aan 'n politieke skikking sal deelneem voordat Mandela 'n vry man is nie.

Mandela sou die boodskap duidelik gekry het dat Inkatha nie 'n hierjypartytjie is nie, dat die Zoeloe-koning met die organisasie geassosieer word, en dat Inkatha en Buthelezi deel van die struggle is waarvan Mandela *een* van die vaders is.

Buthelezi skryf verder dat apartheid uitgewis sal word, maar dat dit die geboorte van 'n demokrasie moet inlui en rig 'n byna profetiese waarskuwing: "We must avert a final apartheid posthumous victory as black opposes black and so destroys black that none can be left the victors." Hy verwys na hul "swart broederskap" en herinner Mandela aan sy rol in die verlede om vyandskap tussen swart mense teen te werk.

Mandela is ietwat oorbluf deur die boodskap en die direkte verwysing na geweld tussen swart mense onderling. Hy is kennelik nie goed ingelig oor wat die ANC *warlords* in KwaZulu-Natal beplan en predik nie en is duidelik onbewus van die bloedige afmetings van die stryd onder die Zoeloes. Hy is ooglopend ongeneë om na ons mededelings in dié verband te luister en hoor dit stilswyend aan. Ons het dit daar gelaat.

'n Jaar later is dit weer Mandela se verjaarsdag en Buthelezi laat weer van hom hoor. Hy spreek die hoop uit dat dit Mandela se laaste verjaarsdag in die tronk sal wees. Hy rapporteer dat vrede tussen swart mense nog nie werklik bereik is nie: "We know that anger in the very air will continue to breed black-on-black violence on the ground until somehow there is a kind of catharsis and everything is laid to rest. Our commitment to work for peace between black and black and to join black to black in the common pursuit of a just society will continue."

Mandela het nie gehuiwer om dié kwessie met van sy besoekers te bespreek nie, maar met ons wou hy nie daaroor praat nie. Wat presies sy motivering was, weet ek nie, maar ek vermoed dat hy verleë was oor dié tweespalt in swart geledere terwyl hy die struggle as 'n eendragtige stryd voorgehou (of geïdealiseer) het. Moontlik wou hy ook voorkom dat ons 'n wig tussen hom en Buthelezi probeer indryf.

Met 'n besoek van Helen Suzman in Julie 1989 deel hy haar mee dat die Rivonia-groep in Pollsmoor 'n ontmoeting tussen hom en Buthelezi goedkeur, maar dat die ANC in Lusaka weier om toestemming te gee. Op dié manier word hy en Buthelezi verhinder om die geskille tussen die ANC en Inkhata by te lê, bekla hy sy lot.

In 'n brief aan Buthelezi spreek Mandela die hoop uit dat die goeie verhouding wat daar in die jare sewentig tussen Buthelezi en Oliver Tambo en hul onderskeie organisasies bestaan het, spoedig herstel sal word. "Die grootste uitdaging op die oomblik vir die leiers is nasionale eenheid."

Mandela sê die politieke verdeeldheid is 'n noodlottige fout wat tot elke prys vermy moet word. Wyslik kies hy nie kant in die konflik nie: "Ek beskou dit as 'n ernstige aanklag teen ons almal dat ons steeds nie in staat is om ons kragte saam te snoer om die slagting van so baie onskuldige lewens stop te sit nie."

Hy maak geen geheim van sy ontsteltenis nie en sê in sy ganse politieke loopbaan het min dinge hom so ontstel soos "ons mense wat mekaar op die oomblik doodmaak". Hy voorsien verskrik-like gevolge: "As you know, the entire fabric of community life in some of the affected areas has been seriously disrupted, leaving behind a legacy of hatred and bitterness which may haunt us for years to come."[7]

Dit was profetiese en wyse woorde wat, helaas, op dowe ore geval het.

"ONDERHANDEL IS SOOS LIEFDE"

OP 'n nag in Mei 1988 sit ek onvergenoegd in die vliegtuig van
Londen op pad huis toe ná die soveelste ronde samesprekings
oor die onafhanklikwording van Suidwes-Afrika. Ek moet erken
dat ek effe teësinnig in opdrag van die president lid van die Suid-
Afrikaanse onderhandelingspan by van die samesprekings oor
SWA/Namibië geword het. Die geheime gesprekke met Mandela
het pas begin en ek het genoeg hooi op my vurk gehad.[1]

Ek herkou die dag se gebeure en sien voor my geestesoog al
die afgesante en waarnemers in die spreekwoordelike kryt: Suid-
Afrika, Angola, Kuba ... En in die vleuels: Amerika, Rusland ...

Skielik is die rede vir my onbehaaglikheid vir my glashelder:
Só gaan Suid-Afrika dit nie doen nie. Soos seuntjies in 'n sandput
wat deur hul ouboete dopgehou word om seker te maak hulle speel
volgens dié se reëls. Not 'n dêm!

Nog 'n besef dring tot my deur: Onderhandelinge is soos die
liefde – dit kan net beoefen word deur mense wat intiem daarby
betrokke is. Dieselfde geld ons gesprekke met Mandela en deur
hom ook met die ANC.

Pogings uit en deur die buiteland om die Suid-Afrikaanse
vredesproses te kaap was bykans legio. In Maart 1986 het die soge-
naamde Eminent Persons Group (EPG) Suid-Afrika byvoorbeeld
besoek in opdrag van die Britse Statebond om te probeer vasstel
hoe vrede in Suider-Afrika bevorder kon word.[2] Een van die leiers
van die EPG, genl. Olusegun Obasanjo van Nigerië, het Mandela
in Pollsmoor besoek en reëlings is getref vir 'n amptelike gesprek

in Meimaand nadat die groep met die ANC in Lusaka en verteen-
woordigers van die Regering in Pretoria samesprekings sou voer.
Pik Botha en die Departement van Buitelandse Sake het dit om
hul eie redes geesdriftig ondersteun.

In die vroeë oggendure van 19 Mei, 'n paar uur voordat die
groep 'n tweede keer met die Regering sou vergader, het die
Weermag ANC-basisse in Harare, Lusaka en Gaborone aangeval,
waarop die EPG die afspraak gekanselleer en die hasepad gekies
het. Pik Botha het jare later nog verwytend vertel hoe die Weermag
"my vredespogings" verongeluk het.

Later wou die hele wêreld skynbaar vir ons raad gee, sommige
partye seker met goeie bedoelings. Die poging van die Britse
ambassadeur in Suid-Afrika, sir Robin Renwick, en deur hom van
die Britse premier, Margaret Thatcher, om by die proses betrokke te
raak, is van die beste – of moet 'n mens sê *swakste?* – voorbeelde.

Bykans 'n jaar ná die begin van die geheime gesprekke met
Mandela verskyn daar uit die bloute berigte in die Britse blaaie oor
'n boodskap van Mandela aan Thatcher om glo sy waardering vir
die Britse betrokkenheid by die inisiatief uit te spreek. Volgens *The
Guardian* het 'n "derde party" die boodskap mondeling oorgedra.[3]
'n Anonieme woordvoerder van die Britse departement van buite-
landse sake sou glo gesê het dat die volledige teks van die boodskap
nie openbaar gemaak mag word nie. Mandela sou Thatcher dan
ook bedank het omdat sy geweier het om Suid-Afrika te besoek
terwyl hy in die tronk sit.

'n Mens kon met 'n stok aanvoel daar is 'n slang in die gras. PW
was ontstoke, en met reg.

Ek spreek Mandela dringend om vas te stel wat aan die gang
is. Dis 'n intense gesprek waartydens ek verduidelik dat indien
ons gesprekke voorgestel word as 'n uitvloeisel van druk deur die
Britte op die Suid-Afrikaanse regering, is dit klaarpraat met die

onderhandelingsproses. Geen selfrespekterende land, laat staan nog PW Botha, sal so iets duld nie.

Mandela ontken kategories die bestaan van so 'n "boodskap" en rig op my versoek nog dieselfde dag 'n handgeskrewe brief te dien effekte aan sir Robin waarin hy hom van die sogenaamde boodskap distansieer en hy stem in dat dit openbaar gemaak word. In die brief, wat wyd in die media gepubliseer is, sê hy onder meer: "I must point out in this regard that I neither wrote such a letter nor dictated it to any attorney as alleged in the [news] reports."[4] Mandela se samewerking om dié klip uit die pad te rol, was goud werd.

Die Britte was nie die enigstes wat 'n kleim probeer afsteek het nie.

Die Amerikaanse presidentskandidaat in die 1988-verkiesing, Michael Dukakis van die Demokratiese Party, het skielik groot besorgdheid oor Mandela se gesondheid ontwikkel ná sy opname in die Tygerberg-hospitaal in Kaapstad. In 'n brief aan pres. Botha skryf hy dat die Mandela-familie "ernstig verontrus" is oor die skynbare verwaarlosing van Mandela deur die gevangenisowerheid terwyl sy gesondheid sigbaar versleg het. Mandela het in die gevangenis oënskynlik nie sonder verwyl die nodige mediese aandag gekry nie, skryf Dukakis.

Hy vra dat die familie toegelaat word om 'n span mediese kundiges van hul keuse Mandela te laat ondersoek om enige twyfel oor sy siekte uit die weg te ruim.[5]

Botha het in kenmerkende trant teruggeslaan. Dis ontstellend dat 'n Amerikaanse presidentskandidaat so swak ingelig kan wees, skryf hy, en dat Dukakis liefs sy feite moet nagaan voordat hy kleinerende opmerkings maak. Hy lig Dukakis in dat sy brief die mediese professie in Suid-Afrika beledig en sê: "I am sure it did not escape your notice that South Africa pioneered human heart transplant surgery and that in many other areas of medical research it is also in the forefront."[6]

Hierna was Dukakis doodstil.

Dit was Kobie Coetsee se ingewing om Mandela vroeër al te laat ondersoek deur die wêreldbekende prof. Heinrich Herzog van Switserland wat dieselfde bevindings as die spesialis van Tygerberg gemaak het. Coetsee het dikwels met slim taktiese stappe soos dié vorendag gekom om die geloofwaardigheid van die onderhandelingsproses te beskerm.

Die buitelandse vredemakers het as't ware ewekniëe in die binneland gehad: Van romantici en politici tot sinici en akademici het gesprekke met die ANC gevoer, sommige dalk met goeie bedoelings, ander met niks meer as eiebelang in die oog nie.

Tussen 1983 en 1990 het sowat 1 200 Suid-Afrikaners op 167 byeenkomste of vergaderings verteenwoordigers van die ANC in ballingskap ontmoet. Dit het ingesluit kerk-, regs-, sake- en sportlui, asook joernaliste en studente: van Anglo American tot die Broederbond en Orania.[7]

Dié ontmoetings het gedurende die twee jaar van die Regering en Mandela se geheime gesprekke, in 1988 en 1989, 'n hoogtepunt bereik. Die paadjie na Lusaka, Londen, Dakar en Switserland is snuif getrap.[8]

Die meeste van dié vredemakers was vol onoordeelkundige idealisme en het die magspel van die ANC wat verbete om politieke mag meegeding het, geheel en al onderskat. Vir oningeligtes was die pogings verdienstelik. As die Regering te stompsinnig was om die skrif aan die muur te sien, sou húlle die inisiatief neem om die owerheid tot optrede te dwing.[9]

Mike Louw (van NI) se opsomming van dié safari's was dat "dit gewis ongewens [is] dat groepe uit naïwiteit, oningeligtheid of vir die skaamtelose bevordering van klein seksionele belang aan die voete van die ANC gaan kniel. Dat die ANC nie toegelaat moet word om by die agterdeur in te glip nie. As hy wil inkom, moet hy eerbaar van die voordeur gebruik maak."[10]

Die frustrasie van dié nieamptelike onderhandelaars was te verstane, want hulle het eerlik geglo dat die land op die afgrond huiwer en dat niks deur die Regering gedoen word om die situasie op te los nie. Die geheime gesprekke met Mandela, en later met die ANC-bannelinge, was egter in so 'n sensitiewe stadium dat enige gerusstellende openbaarmaking daarvan die hele vredesproses sou verongeluk.

Dié saak is veral in 'n gesprek in Maart 1989 in detail deur my en Mandela uitgepluis.

Ek het hom meegedeel dat, net soos in die geval van buitelandse inmenging, die Regering nie in so 'n posisie geplaas kan word dat dit voorkom of hy voor die druk van binnelandse vredesoekers swig nie. As 'n politikus wat altyd moet omsien na sy ondersteunersbasis, het hy dit goed begryp. Hy het saamgestem dat dié vredemakers en versoeners nie die gesag het om die skikkingsproses te laat slaag nie. Hy is gevra om ook sy invloed by die buitelandse vleuel, veral die kontingent in Lusaka, te gebruik om die toenadering deur dese en gene in dié lig te sien.

Ons kon dié selfaangestelde tussengangers nie vertrou nie, want elkeen wou met sy pond vleis wegkom, wat net ons eie proses sou beduiwel. Mandela het saamgestem: "Ek wil nie hê dat mense moet vertel dat hulle my beïnvloed het nie. Ek het self invloed en wil in daardie gees onderhandel. Dit is ons huishoudelike saak."

Die kernprobleem met dié "onderhandelaars" was dat hulle niemand behalwe hulself verteenwoordig het nie. Dit was vir almal duidelik, en die Regering het dit reeds laat blyk, dat 'n nuwe politieke bedeling uitgewerk moes word, maar dit kon tog nie deur sportliggame of kerke of selfs die magtige mynmaatskappye gedoen word nie.

Dalk was dit juis ons albei se diepe en emosionele verbintenis tot Suid-Afrika wat die besef by my en Mandela tuisgebring het dat onderhandelinge, soos 'n gesonde huwelik, nie plek vir buitestanders het nie.

Hoe kan 'n land sy toekoms verpand aan mense wat geen politieke aanspreeklikheid dra en deur niemand tot gesagsposisies verkies is nie? Net die staat en sy verteenwoordigers kan oor 'n nuwe staatkundige bedeling onderhandel, ooreenkomste en verstandhoudings aangaan en dit in werking stel.

Nog 'n probleem was die spraakverwarring wat ingetree het. Van hierdie vredemakers het gemeen hulle het intieme kennis van die Regering se denke oor dié dinge en dit as gesaghebbend aan die ANC oorgedra. Dit was egter dikwels bespiegelinge of selfs doelbewuste verdraaiings wat ons dan weer met moeite uit die weg moes ruim.

Uiteraard het die ANC die kontak verwelkom met mense wat gesien kon word as leiers of toonaangewers op hul gebied. Hulle het geweet sake loop in die rigting van 'n skikking en daarom was dit noodsaaklik om by voorbaat invloedryke mense en groepe te identifiseer en te beïnvloed. Die gesprekke was dus nie so onskuldig as wat hulle te kenne gegee het nie.

Dit was die ANC se kans om te wys: Kyk, ons is nie 'n spul bloeddorstige terroriste nie. Ons rook pyp, drink whisky en lees die *New York Times*.

'n Mens kan dit ook van die ander kant bekyk: Gestel ons het sonder om Mandela te raadpleeg – wat ons kon doen as ons wou – afsonderlike onderhandelinge met die UDF, die PAC, die SAKP, die Thabo-faksie in die buiteland, Inkatha en wie ook al, begin om vas te stel wat hulle dink. Mandela sou briesend gewees het en gesê het: "Wat probeer julle doen? Dis weer julle ou laai van verdeel en heers!"

Een van die groot suksesse van die geheime gesprekke met Mandela was om sy samewerking te kry dat die vredesproses deur ons Suid-Afrikaners self gelei en uitgevoer word. Daarmee het ons sy verbintenis tot Suid-Afrika se soewereiniteit in die onderhandelingsproses verseker.

Onderhandelinge is soos die liefde; niemand anders kan namens jou liefhê nie en niemand anders kan namens jou onderhandel nie. Verstandhoudings wat deur derde partye bemiddel is, loop telkens op niks uit nie omdat die strydende partye nie uit oortuiging – rasioneel én emosioneel – tot 'n verstandhouding kom nie.

Suid-Afrikaners kon suksesvol vrede maak omdat hulle dit self op eie bodem gedoen het. Ons het self ons eie wa deur die drif getrek en daarmee 'n unieke bydrae tot die vreedsame beslegting van konflik gelewer.

ROOI ÉN GEVAARLIK

DIKWELS het ek op dieselfde dag wat ek 'n gesprek met Mandela gevoer het, aan pres. Botha verslag gedoen. Met die oog op die komende onderhandelinge was daar gereeld kritieke inligting uit die ANC-binnekring waarvan hy moes weet.

In daardie stadium het ek te alle tye vrye toegang tot hom gehad; letterlik enige tyd van die dag en soms ook in die nag. Dat hy altyd tyd daarvoor ingeruim het, is sekerlik 'n bewys van hoe belangrik dit vir hom was.

Hy was altyd baie geïnteresseerd oor wat in die gesprekke gesê word, wat daar gebeur. Hy wou weet van Mandela se persoonlikheid: "Is hy iemand wat na rede luister?" En: "Is hy 'n man met wie ons kan vrede maak?"

Ek kon sien Botha worstel. Moet hy met die ANC vrede maak "en my volk verraai", soos hy daaraan sou dink, "of moet ek deur vrede my volk red?" Hy aanvaar my oordeel, maar hy bly bekommerd dat Mandela my sal uitoorlê.

Hy twyfel nooit daaraan dat ek en Mandela moet bly praat nie. Hy spoor my telkens aan: "Doen so voort. Dis die regte ding wat julle doen." Maar ons gesprekke lei nooit tot indringende advies van sy kant nie.

Van die vroeë tagtigerjare was die invloed en aanhang van die kommunisme as 'n ideologie oral in die wêreld aan die taan.

Binne die ANC was dit egter nie die geval nie. Die SA Kommunistiese Party (SAKP) was 'n formidabele politieke beweging wat hom 20 jaar ná die totstandkoming van die demokrasie in Suid-Afrika steeds laat geld. Soos vandag, was SAKP-lede, hoewel klein in getal, destyds 'n uiters invloedryke groep binne die ANC, en die party het 'n kritieke rol in die bevrydingstryd in Suider-Afrika gespeel.

Ons was met reg uiters begaan oor die groot invloed wat die kommuniste in die ANC uitgeoefen het. Een van die kommerwekkendste aspekte daarvan was dat die SAKP geen respek vir die vryemarkstelsel gehad het nie en sou sorg, as hulle hul sin kry, dat die groot nywerhede en myne genasionaliseer word indien die ANC aan die bewind kom. Van billikheid, redelikheid en 'n poging om 'n vreedsame skikking te bewerkstellig, was daar by die meeste van hulle voorlopers nie 'n snars waarneembaar nie.

Vanselfsprekend moes die Regering die SAKP ernstig opneem as sy leiers in hul binnekamers met trots verklaar: "As 'n mens na kommunistiese partye oor die hele wêreld kyk, is daar geeneen wat kennelik dieselfde diepte en invloed as ons party het nie, soos gesien kan word in ons invloed op die National Liberation Movement (NLM)."[1] Hoewel hier nie spesifiek na die ANC verwys word nie, spreek dit vanself dat die SAKP groot invloed in die ANC, as die grootste alliansievenoot, moes hê om die NLM te kon beïnvloed.

Die "Inner Party Bulletin" (1986) is 'n insiggewende dokument waarin onder meer die volgende gesê word: "We must not be satisfied with the position we have undoubtedly won as the radical conscience of the liberation front. We must in addition become a radical force in our own right."[2]

Uiteraard het die SAKP op ons radar gebly en ons het daarin geslaag om in sy hoogste raadsale, veral in Londen, bronne te hê en te weet wat hulle in die mou voer. Daarom was ons die hele tyd begaan, ondanks Mandela se versekerings, dat dié groepie invloedryke mense die stert is wat die ANC-hond swaai.

Die gevaar word nog duideliker as die revolusionêre uitsprake van verskeie kamerade op 'n vergadering in ag geneem word. "Kameraad B", soos die anonieme kamerade hul identiteit probeer verbloem, meen: "Ons is nie sterk genoeg om ons wil af te dwing of om uit 'n sterk posisie te begin onderhandel nie. Terselfdertyd kan ons nie sê dat ons onderhandelinge verwerp nie, omdat ons ons steun moet vergroot deur die regime te ondermyn terwyl ons tegelyk ons sterk punte uitbrei."

"Kameraad E" is onbeskaamd oor die invloed van die SAKP in die bevrydingsbeweging: "Our position in the NLM is strong but unfortunately the best elements of our Party are hidden in it and only old members are known."

Oor moontlike onderhandelinge met die Regering sê "kameraad I": "The enemy wants to talk to a weak ANC and employs every trick to achieve this and unless we quickly repair our weaknesses on the ground we shall never succeed."

Mandela is van die begin af nukkerig om oor die SAKP en kommunisme gesprek te voer. Hy is ooglopend geïrriteerd daarmee dat woordvoerders van die Regering hom in die openbaar as 'n kommunis brandmerk. Hy ontken telkemale ten sterkste dat hy 'n kommunis is en verwerp die bewering dat die ANC ideologies afhanklik is van die kommunisme.

Hy wys daarop dat hy in die veertigerjare self bekommerd was oor die groeiende invloed van die SAKP in die ANC. Op die Transvaalse kongres van die ANC in 1945 het hy probeer om 'n voorstel aanvaar te kry dat iemand wat 'n lid van die SAKP is, nie terselfdertyd ook 'n lid van die ANC kan wees nie. Dit is egter verwerp omdat te veel invloedryke lede van die ANC ook lid van die SAKP was. Hy self, Oliver Tambo en Walter Sisulu het aanvanklik hard gespook om ANC-verbintenisse met die SAKP te voorkom.

Hy sê hy het as leier van die ANC-Jeugliga die kommuniste

probeer uitskop, maar het die onderspit gedelf. Die rede was dat die niekommuniste in die ANC geglo het dat die organisasie die "Parlement van die Mense" is en dat almal daarin 'n plek gegun moet word. Verder was die Regering die gemeenskaplike vyand en in dié stryd was enige bondgenoot welkom.

Die ANC kan dit nie bekostig om medestryders in die struggle te ontbeer of te vervreem nie. Die alliansie is dus 'n geleentheids-huwelik, verduidelik hy.

Mandela erken dat daar sekere elemente van die kommunistiese ideologie is wat by hom byval vind, veral die sosialistiese modelle van kommunisme soos dit in Frankryk en Engeland voorkom. Volgens hom verskaf dit 'n regverdiger grondslag om alle mense, veral die benadeeldes, 'n beter geleentheid tot 'n menswaardige bestaan te bied. Hy vind ook die feit aantreklik dat kommu-niste wêreldwyd die stryd om geregtigheid met woord en daad ondersteun.

Hy is self nie 'n kommunis nie, het Mandela verklaar, en die Vryheidsmanifes (wat in 1955 by Kliptown deur die "Congress of the People" aanvaar is) is ook nie 'n bloudruk vir kommunisme nie. Hy het in 1956 'n artikel geskryf met die strekking dat die Vryheidsmanifes tot 'n opbloei van vrye onderneming onder swart mense sal lei.[3]

Mandela het deurentyd gepoog om die SAKP in 'n positiewe lig voor te hou. In dié verband haal hy die Britse premier Margaret Thatcher aan wat oor Michail Gorbatsjof gesê het: "Ek hou van Gorbatsjof. Ek kan met hom sake doen."

Hy het natuurlik nagelaat om te noem dat dit gesê is nadat die Russiese leier die belangrikste pilare van kommunisme begin omstoot het!

Sy standpunt oor die kommuniste gooi hy oor die boeg van vriendskap: "Indien ons ons teen ons vriende, die kommuniste, draai, sal julle die volste reg hê om te vra: 'As dít die manier is waarop julle jul vriende behandel, hoe kan ons julle vertrou om teenoor ons woord te hou?'"

In aansluiting daarby het hy verder opgemerk: "Indien julle, wat op die oomblik ons vyand is, eis dat ons ontslae raak van die kommuniste, wat tans ons vriende is, maak julle dit vir ons onmoontlik om iets aan die saak te doen, want dit skep net simpatie vir die kommuniste."

Omdat ek 'n deeglike studie van die kommunisme en die maatskaplike toepassing daarvan gemaak het, moes ek Mandela daarop wys dat dit toe, helaas, nie die utopiese werkersparadys laat aanbreek het soos die belofte was nie. In die praktyk is dit 'n fiasko. Hy wat Mandela is, kan gerus gaan kyk hoe lyk Kuba, al hou Fidel Castro toesprake van sewe uur lank en vertel hy van al die wondere wat hulle daar verrig het. Feit is, sy mense leef in armoede, moet toustaan vir kos, ry met ou flenterkarre, en as jy jou stem verhef teen die party of sy politici, word jy opgesluit. Die Sowjetunie het homself gered deur van klassieke kommunisme weg te beweeg.

Ek het dit kru gestel: Dis eintlik niks anders nie as 'n stelsel waardeur 'n klein gekose groep mense danksy diktatoriale mag wonderlik leef terwyl hulle die staat daarvoor misbruik en met allerhande teorieë oor gelykheid ander mense dieselfde voorregte ontneem.

Mandela het nie met my daaroor geredeneer nie en verklaar dat hy die dogmatiese voorskriftelikheid van die kommunisme onaanvaarbaar vind. Volgens hom sal hy eerder van enige ideologie elemente leen wat hy aantreklik vind. Hy maak nie 'n geheim daarvan nie dat die nasionaliste in die ANC nie sal toelaat dat hulle strewes en ideale deur vreemde ideologieë op sleeptou geneem word nie.

Onlangse navorsing wys dat Mandela in sy later jare afstand tussen hom en die kommunisme geskep het,[4] maar dit is so dat hy in die jare vyftig en sestig baie simpatiek teenoor die kommunisme gestaan het. 'n Bewys van dié "verwydering" is die feit dat sy eerste buitelandse besoeke nie aan Moskou of Havana was nie, maar aan New York en Washington. Trouens, baie jare het verloop voordat hy Rusland besoek het.

As die Regering sou vereis dat hy hom in die openbaar van die kommunisme distansieer, betoog Mandela, sou hy verplig wees om waardevolle vriende van die verlede te verloën, en daarvoor sien hy nie kans nie. Die ANC kan nie toelaat dat hy deur 'n politieke opponent afgedreig word om 'n bewese vriend te verwerp nie. In dié verband maak hy 'n insiggewende, morele opmerking: "As jy eenmaal my vriend is, sal ek luister na wat jy oor ander vriende sê, maar 'n opponent kan nie aan my voorskryf wie my vriende moet wees nie." Vir dié wysheid moet 'n mens Mandela eer.

Hy gee toe dat baie van die intellektuele ligte van die ANC ook lid van die SAKP is, en verwys veral na Joe Slovo. By implikasie erken Mandela dat die ANC sy SAKP-kamerade by die onderhandelingstafel nodig sal hê om te voorkom dat hy deur die Regering uitoorlê word.

Oor private eiendomsreg, wat vir die kommuniste 'n kapitalistiese onding is, maak hy 'n interessante opmerking: "Die meeste mense wil niks met Marxisme-Leninisme te doen hê nie. Die werkers streef daarna om hul posisie te verander, om beter huise te kry en beter lewensomstandighede te hê. Hulle wil dinge besit."

Dit was 'n eerlike en vir ons gerusstellende opmerking. Die mate waarin dié dryfveer vandag vir materialistiese vergrype en korrupsie deur die swart elite verantwoordelik is, sal Mandela wel in sy graf laat omdraai. In daardie stadium was dit egter redelik duidelik dat die ANC nie, met Mandela aan die stuur, 'n klassiek kommunistiese beleid sou invoer wat 'n klassestryd en grootskaalse nasionaliserings sou insluit nie. Veral nie nadat Thabo Mbeki en die buitelandse vleuel deel van die samesprekings geword het nie; dit was gou duidelik dat hulle volslae kapitaliste is.

Mandela het die invloed van die SAKP onderskat en ons verkwalik dat ons, volgens hom, ons eie propaganda oor die ANC glo. Ons het hom egter gewys op die talle uitsprake van ANC-publikasies en -leiersfigure wat die kommunisme vurig omhels en die SAKP as die speerpunt van die struggle verheerlik. Daarmee wou ons aan hom toon dat hy uit voeling met die heersende ideologiese strominge in die ANC is.

Mandela het ons 'n suikerklontjie oor die hele kwessie aangebied deur te sê as formele onderhandelinge tussen die Regering en die ANC eers begin het, sal die verhouding tussen die ANC en die SAKP irrelevant raak.

Die ure lange gesprekke oor kommunisme het 'n paar kardinale sake opgehelder.

Die eerste was dat Mandela ondanks 'n ideologiese flirtasie met die kommunisme, allesbehalwe 'n klipharde Stalinistiese kommunis was. Hy was eerder 'n kriptokommunis wat elemente van die kommunisme deel van sy politieke filosofie gemaak het. Hy was 'n trotse en gedrewe Swart Afrika-nasionalis wat vriende en bondgenote gesoek en gemaak het wat hom en sy organisasie met die bereiking van hul ideale kon bystaan. Hy het geglo aan nasionalisme en dat apartheid swart mense dit probeer ontneem het.

Die debatte – ook oor die kwessies van geweld en 'n toekomstige staatkundige model – het uur ná uur, dag vir dag en hou vir hou voortgeduur. Soms was dit brutaal reguit en pynlik. Maar ons het mekaar se vrese, verwagtinge en drome hoe langer hoe meer begin verstaan en respekteer.

Mandela het 'n ouwêreldse galantheid gehad wat 'n mens aan die Britse adel se maniere herinner het. Hoe hy 'n mens ontvang het, was 'n goeie illustrasie daarvan.

Ons het 'n afspraak (minstens twee maal per maand) en ek daag by die huis by Victor Verster op, altyd in 'n pak en das. Hy ontvang my by die deur en oudergewoonte trek ek my baadjie uit, maar voordat ek enigiets daarmee kan doen, vat hy dit – ondanks my protestasies – en hang dit op.

Dan word ek eers uitgevra oor my gesondheid, oor Engela en die seuns. Hy het opreg belanggestel. "En wat sal u drink?"

'n Mens het dit dadelik aangevoel: Hy is die gasheer en jy is nou hier op sy terrein.

Dit was eintlik meer as dit. Hy het 'n teenwoordigheid gehad wat jy van die toekomstige president van die land sou verwag. En hy het dit baie natuurlik gebruik.

Mandela was – anders as baie ander magtige mense – op sy gemak met die gesag van sy teenwoordigheid. Hy het so daarmee omgegaan dat dit vir mense om hom ook gemaklik was. Dit was nie 'n ingestudeerde vertoning nie; dit is hoe hy was.

Hy kon hardekwas wees as dit gegaan het oor iets wat vir hom belangrik was, maar hy was nooit arrogant nie. Ondanks al sy statuur was hy op 'n manier ook nederig. Sy persona was ontdaan van enige verwaandheid of snobisme. Maar soos alle mense, het hy – veral later in sy lewe – die aandag en bewondering van mense geniet.

Daar is so ver ek weet geen ander leier in die moderne tyd met hierdie kombinasie van aantreklike eienskappe nie.

Die aanvanklike verloop van ons gesprekke was ook 'n openbaring. Ek het gewoonlik begin praat en een van die drie groot kwessies, of iets wat daarmee verband hou, aangeroer. Hy het tjoepstil gesit en luister, twintig of dertig minute lank.

"Is u klaar?" het hy gewoonlik gevra.

Dan was dit sy beurt, maar binne die eerste paar minute wil ek hom in die rede val.

"Nee, nee!" het hy dan streng teruggekap. "U het u beurt gehad. Ek praat nou. U kan nou na my luister."

Ná baie ure en etlike maande het die gesprekke dikwels 'n meer "Westerse" styl gevolg, as 'n mens dit so kan noem, en ons het mekaar meer gereeld in die rede geval wanneer ons ons stories vir mekaar vertel het. Maar ek het soms gehunker na die beleefde en waardige manier waarop Mandela verkies het om gesprek te voer.

DIE LEIER STRUIKEL

NÁ sy gebruiklike Kersvakansie op Wildernis aan die Kaapse Suidkus – en die viering van sy 73ste verjaarsdag op 12 Januarie 1989 – het pres. en mev. Botha na Kaapstad teruggekeer om die nuwe jaar se werksaamhede aan te pak.

Die oggend van 17 Januarie het Botha tyd ingeruim vir een van sy geliefde maniere van ontspanning deur by Noordhoek se strand te gaan perdry. Dit was 'n windstil somersdag, maar met sy terugkoms by die ampswoning Westbrooke het hy aan die personeel gevra: "Hoor julle hoe waai die wind?"

Hy is vraend aangekyk, want niemand het 'n wind hoor waai nie.

Daardie nag het Botha wakker geword van 'n kwaai hoofpyn en naarheid, badkamer toe gegaan en ineengestort waar mev. Botha hom in die vroeë oggendure op die vloer aangetref het. 'n Arts is ontbied wat hom 'n inspuiting gegee en deurentyd waargeneem het. Toe Botha later die oggend wakker word, het hy gekla dat sy linkerarm en -been "snaaks" voel.[1]

Ongeveer dieselfde tyd het ek 'n vlug na Johannesburg gehaal. Kort nadat ons geland het, kry ek 'n boodskap om dadelik na die BBP-sitkamer te gaan waar 'n dringende oproep vir my gewag het. Dit was Ters Ehlers van Botha se kantoor wat hoorbaar ontsteld was: "Doktor, jy moet asseblief dadelik Kaap toe kom. Hier is groot probleme."

Ek wou weet wat fout is. Al wat hy wou sê, was: "Hier's groot fout. Die baas is nie reg nie."

Ek het in my spore omgedraai en die eerste die beste vlug terug Kaap toe gehaal, waar Ehlers my ingelig het dat Botha 'n beroerte gehad het. Hy was in die waakeenheid van 2 Militêre Hospitaal in Wynberg.

Die president se kantoor het van my verwag om 'n ogie oor sake te hou. Die geskiedenis leer ons immers dat paleisrevolusies enige plek en tyd kan voorkom. Gelukkig was orde en stabiliteit deel van Botha se nalatenskap. Die landsadministrasie, insluitend die veiligheidsmagte, het gladweg voortgestoom.

Ek het my doelbewus weggehou van enige praatjies oor kroonprinse en opvolgers.

Later die middag is 'n bulletin oor Botha se hospitalisasie uitgereik wat gelui het sy toestand is stabiel ná 'n "ligte beroerte". Mettertyd het dit geblyk dit was allesbehalwe "lig".[2]

Dit was die begin van die einde van PW Botha se politieke loopbaan van 53 jaar.[3]

Dit het ook ingrypende implikasies vir ons by NI ingehou.

WIT VRESE, SWART ASPIRASIES

DIE drie sentrale kwessies in die gesprekke met Mandela – die ANC se gebruik van geweld en terreur, die kommuniste se invloed in dié party en 'n toekomstige staatkundige model vir die land – is deurentyd bespreek, van Mei 1988 tot aan die einde van 1989.

Nie een daarvan was maklik nie, maar die vraagstuk oor hoe 'n nuwe staatkundige model daargestel moet word en hoe dit daar behoort uit te sien, was 'n besonder tergende kwessie. Hoe beweeg 'n land vreedsaam van een politieke bedeling na 'n ander, veral wanneer dit die oordra van mag van een kleurgroep aan 'n ander behels teen die agtergrond van 'n geskiedenis van rassespanning?

Ingrypende magsbelange – die mag van die Suid-Afrikaanse staat teenoor die gemonsterde mag van die ANC – moes versoen word. Die staat het steeds superieure mag gehad om meestal reg en orde te handhaaf en dienste te lewer, maar die legitimiteit van sy magsuitoefening was aan die afneem. Die bevrydingsbewegings, aan die ander kant, was militêr gesproke inferieur, maar het in al hoe groter mate die staat se gesag uitgedaag en dienslewering ontwrig, terwyl die legitimiteit van hul stryd in die oë van die meeste Suid-Afrikaners én buitelanders toeneem het.

Deurentyd was die grondliggende vraag hoe die demokratiese meerderheidswil van die bevolking vreedsaam en ordelik beslag moet kry. Die regeringspan het van die begin af die standpunt ingeneem dat 'n tussentydse oorgangsbedeling daargestel moet word, met inspraak en deelname deur al die vernaamste rolspelers.

Terselfdertyd sou iemand die land ordelik moes regeer terwyl die nuwe bestel as't ware in barensnood gestalte kry.

Oor 'n fundamentele saak het daar spoedig tussen ons en Mandela 'n duidelike verstandhouding ontwikkel: dat die Regering en die ANC die onbetwiste hoofrolspelers in die gesprekke oor die toekoms van die land sou wees.

"Ek gee nie om hoeveel partye by die onderhandelinge ingesluit word nie," was Mandela se reaksie. "Ek wil met die NP onderhandel, en dit is duidelik dat die ANC die doring in die NP se vlees is. Waarop dit neerkom, is dat die NP en die ANC met mekaar moet praat en onderhandel."[1]

Nog 'n kritieke aspek waaroor eenstemmigheid bereik is, is dat nóg die Regering nóg die ANC só moes optree dat hulle mekaar se rol en invloed in die onderhandelingsproses ondergrawe. Dit sou die skikkingsproses oneindig bemoeilik. Ons het ook saamgestem dat die leidende rolspelers in wat van nature 'n brose en kwesbare proses is, saam daarteen moes waak dat partypolitieke opportuniste, vyfdekolonners in die veiligheidsmagte en buitelandse *do-gooders* die proses kaap en verongeluk.

Die hoofsaak was dat daar met Mandela 'n verstandhouding bereik is dat hy nie in 'n vakuum vrygelaat sou word nie, maar in 'n klimaat waarin reeds oor sekere grondliggende sake eenstemmigheid bereik is.

Heel vroeg in ons gesprekke het Mandela verduidelik dat ons die beginsel moet aanvaar van meerderheidsregering wat volle politieke regte vir swart mense impliseer. "Ons verstaan dit ten volle en aanvaar dit," was ons antwoord. Dit is ook die standpunt van die president, kon ons hom verseker.

In dieselfde asem het ons telkemale gevra: "Is u bewus van baie wit mense se vrees vir meerderheidsregering, en dat hulle goeie redes daarvoor het?"

Mandela was van die begin af baie tegemoetkomend hieroor en het verklaar dat dit 'n realiteit is wat aangepak sal moet word. Aan die verregse kant van die politieke spektrum is die Afrikaner-Weerstandsbeweging (AWB) reeds in 1973 in 'n motorhuis in Heidelberg (Transvaal) gestig en teen die middel tagtigerjare was hy om verskeie, meestal onsmaaklike, redes berug.

In 1982 het regsgesindes 'n meer beskaafde openbare gesig gekry toe 'n groep NP-Volksraadslede uit protes teen magsdeling met bruin mense en Indiërs van die party weggebreek en die Konserwatiewe Party (KP) gestig het. Indien enigiemand, Mandela inkluis, getwyfel het aan die lewensvatbaarheid van wit konserwatisme, het die parlementêre verkiesing van Mei 1987 die antwoord verskaf toe die KP die nuwe amptelike opposisie geword het in die plek van die Progressiewe Federale Party.

Twee jaar later, terwyl ons geheime gesprekke aan die gang was, was daar weer 'n verkiesing en daar is algemeen voorspel dat die KP verder sou groei. Dit was dus nie sonder ironie nie dat Mandela die hoop uitgespreek dat die Nasionale Party, wie se politieke beleid hy verfoei het, goed sou vaar in die verkiesing.

"Ek hoop julle wen, want ek sal weer van heel voor af (met skikkingsgesprekke) moet begin as die KP wen, en dis nie iets wat ek graag wil doen nie," het hy gesê.[2] Die NP hét die verkiesing gewen, maar met 'n verminderde meerderheid: 48 persent (teenoor 53 persent twee jaar tevore), terwyl die KP se steun gegroei het van 27 tot 31 persent.

Om wit mense se verset teen 'n swart regering teen te werk, het Mandela met die interessante voorstel gekom dat die voorgestelde tussentydse regering uit die helfte swart mense en die helfte wit mense bestaan wat die land vir 'n oorgangstyd van vyf tot tien jaar kon regeer. So 'n bedeling, het hy geredeneer, sal die twee groepe groter blootstelling aan en begrip vir mekaar gee, wat sal lei tot verantwoordelike meerderheidsregering waarin die beste kandidate verkies word om die land te bestuur. Dit was 'n edele ideaal, maar die kern daarvan het ná 1992 in die formele onderhandelinge by Kodesa in die dryfsand van regstellende aksie verdwyn.

Die regeringspan wou ook van Mandela weet watter waarborge die wit mense het dat hulle nie aan dieselfde orgies van wanorde en bloedvergieting van die jare vyftig en sestig in sommige Afrikalande blootgestel sou word nie.

Wanneer Mandela redes probeer aanvoer het vir wat elders in Afrika ná onafhanklikwording gebeur het, het sy achilleshiel gewys. So oortuigend as wat sy argumente oor Suid-Afrika se politieke vraagstuk was, so onoortuigend was sy argumente om die dwalings en mistastings van die megalomaniese politieke leiers van Afrika weg te redeneer. Dit het daarop neergekom dat hy die skuld van Afrika se droewige postkoloniale geskiedenis op kolonialisme gepak het.

Ek het teruggekap en gesê in die meeste lande se geval is dit nou al 30, 40 jaar ná onafhanklikheid en Afrika kan nou maar gerus ophou om die skuld vir sy ellendes op ander mense te pak en self verantwoordelikheid daarvoor aanvaar. Ons het lank oor die kritieke rol van landsadministrasie en dienslewering en Afrika se treurige rekord in dié verband gepraat.

Nege maande nadat op 'n skietstilstand in die Grensoorlog ooreengekom is en die SA Weermag uit Angola en grootliks uit die destydse Suidwes-Afrika onttrek is, het sowat 1 600 gewapende Swapo-lede in die vroeë oggendure van 1 April 1989 die grens na SWA uit Angola oorgesteek. Op dié dag het die VN se Resolusie 435 in werking getree: die amptelike begin van vrede vir Suidwes. Die Swapo-lede was gewapen met outomatiese gewere, mortiere, SAM-missiele en heelwat tenkafweergeskut, met duidelik een doel voor oë: om enige oorblyfsels van militêre teenwoordigheid in die noorde van SWA uit te wis en die komende verkiesing te ontwrig.[3]

Die regeringspan kon kwalik om 'n beter gevallestudie gevra het as 'n voorbeeld van hoe ooreenkomste in Afrika dikwels geminag word en het dit dik op Mandela se brood gesmeer: "Die verstandhouding wat ons met u aangaan, is vir ons van geweldige groot betekenis. As dít die manier is waarop Swapo en die ANC verstandhoudings verbreek, het die proses van skikkingspolitiek 'n knou weg wat moeilik sal herstel."

Dis nie al nie, het ek verduidelik, wanneer ek die president weer sien, sal hy vir my sê: "En toe, dr. Barnard, wat sê jy nou? Jy het gesien wat vang Swapo aan, maar jy wil hê ek moet die ANC vertrou. Hoekom sal hulle anders optree?"

Mandela se eerste verweer was dat hy nie namens ander vryheidsvegters kan praat nie. Hy aanvaar Swapo het 'n fout gemaak, maar meen dat hy en die ANC nie aan die dade van "mense buite Suid-Afrika" beoordeel moet word nie.

Ek moes hom ongelukkig meedeel dat sy opportunisme deursigtig was. As dit hom gepas het, het hy – en moes ons – die onbetroubaarheid van talle Afrika-leiers verstaan. As dit hom nie gepas het nie, moes ons verstaan dat hy nie oor dieselfde kam as hulle geskeer kan word nie.

Uit die bloute het hy 'n aanval op NI geloods en my meegedeel dat die reputasie van enige politikus in Afrika wat iets met NI te doen het, daarmee heen sou wees. In dieselfde asem wys hy darem daarop dat hy vertroue in my ontwikkel het, maar dat ek moet besef dat die ANC en Swapo verskillende organisasies is wat nie eenders behandel kan word nie.[4]

Ek kon die versoeking nie weerstaan nie om hom ligweg te dreig dat ek die president sal moet inlig oor sy verdediging van Swapo se onverdedigbare troubreuk.

Mandela het skielik van deuntjie verander en toegegee dat almal weet dat Swapo 'n groot fout gemaak het, maar dat ons nie moet toelaat dat dit in die pad van ons eie onderhandelingsproses staan nie. Daarmee het ons volmondig saamgestem.

Hoewel die gesprekke met Mandela wydlopend was en sekere newesake ook ter sprake gekom het, is daar nie in diepte (of wat sommige sake betref, glad nie) gepraat oor 'n federale staatkundige bedeling, 'n handves van menseregte, die inhoud van 'n nuwe grondwet en dergelike sake nie. Oor ander omstrede kwessies soos regstellende aksie en die herverdeling van grond het ons wel lank gesels vanweë ons bekommernis dat sulke stappe doeltreffende landsadministrasie en voedselsekuriteit sou benadeel.

Die doel met die geheime gesprekke was nie om deurslaggewende verstandhoudings oor staatkundige vraagstukke te bereik nie, maar eerder om eerstehands mekaar se sienings oor kritieke sake te verneem, gemeenskaplike grond te identifiseer en só 'n klimaat van onderlinge vertroue en begrip te skep.

Bowendien, enige "bindende ooreenkomste" tydens die gesprekke oor sake soos 'n toekomstige grondwetlike model sou klaarblyklik ondemokraties, ondenkbaar en onvanpas wees. Dié sake sou die verantwoordelikheid van die demokraties verkose leiers van die verskillende politieke groeperinge in die land word.

Gesprek met die buitelandse vleuel

Namate die geheime gesprekke met Mandela gevorder het, het ons by NI besef dat dit strategies belangrik is dat die invloedryke buitelandse vleuel van die ANC ook deel van die skikkingsproses word. Hoewel Oliver Tambo 'n matigende invloed op die uitgewekenes uitgeoefen het, was daar ook talle jong heethoofde in die buiteland.

Dit was ons oorwoë mening dat om met 'n verdeelde ANC onderhandelinge te voer, die gevaar sou inhou dat die revolusionêre die proses kon kaap en sodoende verongeluk. Anders as die siening van sommige in die veiligheidsgemeenskap, het ons – wat eintlik vir die bestuur en bedryf van die vroeë skikkingsproses verantwoordelik was – nie geglo dat daar enige blywende waarde in 'n verdeel-en-heers-strategie teen die ANC sou wees nie.

As ons daaraan vasgehou het, sou dit nie sin gehad het om die ANC-in-ballingskap ook by die proses te betrek nie. Watter waarde sou dit vir ons hê om die ANC te verdeel? Dit sou van groter waarde wees om te werk deur een sentrale gesagspunt, naamlik Mandela, wat beheer oor sy mense het. Dit sou uiters dom wees om met vyf of tien komponente van die ANC, plus ander kleiner struggle-partye, te probeer onderhandel.

Dit was vir ons duidelik dat daar verskille tussen die binnelandse struggle-gesindes en die buitelandse vleuel bestaan het. Ons was oortuig dat 'n verdelende kat-en-muis-speletjie net die konflik sou verhoog en die geleentheid om 'n skikking te bereik, onherroeplik uit ons hande sou neem.

Mandela se saambindende statuur was onontbeerlik vir die hele proses. Hy het dit alte goed besef. Die ou man en die ou stryders was vir baie van die jong vuurvreters iets uit die oude doos. Vrede deur onderhandelinge was nie hulle ideaal vir die voleinding van die struggle nie.

Dit is waar dat duisende ANC-volgelinge in haglike omstandighede in kampe soos Quatro en Pango en skuilplekke in Afrika moes leef waar wreedhede aan die orde van die dag was. Terselfdertyd kon die elite in die buiteland die lekker lewe in oormaat geniet. Die koloniale moondhede van weleer het graag hul gewete gesalf deur gratis verblyf in spoghotelle, enkelmout-whisky en kaviaar op 'n skinkbord aan die vryheidsvegters te bied. Dan is daar met dik Kubaanse sigare en glasies konjak in die hand steen en been gekla oor al die ongeregtighede en onderdrukking in Suid-Afrika.

Dié gerieflike en luukse leefstyl het die binnelandse lede van die ANC en sy frontorganisasies nie aangestaan nie. Hulle moes immers dikwels op lewe en dood vir die Veiligheispolisie vlug wat hulle soms onverdedigbare persoonlike leed en onreg aangedoen het. Mandela was deeglik bewus van die spanning tussen die *fat cats* en die voetsoldate.

PW het saamgestem dat ons die geheime gesprekvoering met die ANC in die buiteland nie agter Mandela se rug moes doen nie; ook dat ons ons eie Departement van Buitelandse Sake ter wille van die voordele van vertroulikheid nie in so 'n oefening sou ken of as kanaal gebruik nie.

Die plan om die ANC-bannelinge by die gesprekke te betrek, is by drie geleenthede indringend met Mandela bespreek. Hy is ingelig dat die buitelandse vleuel deur Thabo Mbeki langs verskeie vertroulike kanale voelers uitsteek om met die Regering gesprek te voer. Etlike geheime boodskappers wat te kenne gee dat hulle namens Mbeki of die ANC optree, het met NI kontak gemaak en soortgelyke boodskappe oorgedra. Ook het die Britse en die Amerikaanse intelligensiedienste ons direk in dié verband gepols. As ons dus nie self spoedig die gesprek in alle erns en met sy medewete – en verkieslik ook instem-ming – begin nie, sal die bemoeisiekes die hele proses befonkfaai. (Dit was Mike Louw se taak om te verduidelik wat dié woord beteken!)

Aan Mandela is verduidelik dat Louw, my adjunk, die taak sal hê om so 'n gesprekskanaal met Mbeki te open. Hy kon Mbeki eer-stehands oor ons gesprekke inlig en hom vriendelik vra om ander skakelpersone oor die hoof te sien aangesien hy in die geleentheid gestel word om regstreeks met die Regering te praat. Boonop word die kanaal met die medewete en goedkeuring (hopelik) van Mandela daargestel.

Mandela was nogtans skepties en agterdogtig. Hy het dit nie uitdruklik gesê nie, maar ons het geweet, as sy onderkaak so skuins begin hang, is hy nie gelukkig nie. Ons het afgelei dat hy bekommerd was dat ons 'n wig tussen hom en die buitelandse vleuel probeer indryf. "Ek moet u waarsku dat dit al die werk kan vernietig wat ons tot nou toe gedoen het." Hy het ook gemeen dat ons die planne sal bevorder van mense wat NI wantrou en glo dat ons ons opponente wil verdeel.[5]

Mandela het dit weer eens beklemtoon dat sy vertrouensposisie in die ANC nie ondermyn moet word nie.

Waarskynlik in 'n poging om uit sy dilemma te kom en nie openlik te sê dat ons nou sy vertroue ernstig op die proef stel nie, vra hy dat ons nie met individue nie maar met organisasies gesprek moet voer. Gesprekke met individue kan die gemeenskaplike vertroue ondermyn, verklaar hy: "Let's talk to the ANC as a whole. Let's talk to the NP as a whole, you see?"

Hy bestempel Thabo Mbeki[6] as 'n "gifted youngster", maar maak dit baie duidelik dat enige gesprekke met die buitelandse vleuel met die president van die ANC, Oliver Tambo, self moet plaasvind. Indien ons met Mbeki beraadslaag, sal hy onder sy eie mense verdag gemaak word, en dit kan tweespalt tot gevolg hê. Ons moet deur hom wat Mandela is en Tambo werk, is sy baie besliste standpunt: "Op die oomblik moet julle met my tevrede wees. Julle kan gerus wees dat ek my eie metodes het om met my mense in aanraking te kom."[7]

"Ons wil juis voorkom dat ander persone en magte verdeling in die ANC veroorsaak en wigte tussen die ANC en die Regering indryf," verduidelik ek. "Ons kon lankal op ons eie met die gesprek begin het, maar wil graag u samewerking kry omdat ons juis nie agterdog en verdeling wil saai nie."

Dit het ons egter niks gebaat nie. Ons is onverrigter sake uitmekaar.

Voor die tweede ontmoeting oor dié kwessie, op 21 Julie 1989, het ek Mike Louw gevra om ons saak te stel. Hy was uiters bedrewe in sulke taai gesprekke en het nie soveel inspanning soos ek nodig gehad om kalm te bly nie.

Toe snoeker Mandela ons. Hy merk kamma onskuldig op dat hy verneem dat NI een van die beste intelligensiedienste in die wêreld is. Ons vra nie na sy bron nie, maar knik instemmend.

Nou ja, as dit so is, waarom bring ons nie vir Mbeki in die geheim hier na die huis by Victor Verster nie sodat die gesprek voor hom kan plaasvind? Dit was 'n lae hou, want so 'n oefening was om verskeie redes nie raadsaam nie.

Nietemin, ons het kennis geneem van sy implisiete aanvaarding dat die gesprek met die bannelinge moet plaasvind en dat hy op soek was na maniere om dit op sy voorwaardes te laat geskied. Soms moet 'n mens twee treë retireer sodat jy later vyf vorentoe kan gee, het Mao Zedong gesê.

So 'n ontmoeting in Suid-Afrika sal eers moontlik wees ná 'n soortgelyke ontmoeting in Europa, het ek Mandela meegedeel.

Louw het lank en indringend met Mandela oor die betrokkenheid van die buitelandse vleuel gestoei. Hy het verduidelik dat 'n ontmoeting nie beteken dat ons gaan onderhandel nie. Hy het ook daarop gewys dat die dag van Mandela se vrylating vinnig naderkom en daar is nog 'n groot hoeveelheid spitwerk wat gedoen moet word voordat die werklike onderhandelinge in alle erns kan begin.

Maar Mandela gooi wal. Hy sê dat so 'n ontmoeting voortydig

is en ons moet besef dat die ANC nog nie gereed is om aan onderhandelinge deel te neem nie.

Dit is korrek, antwoord Louw, juis daarom moet hulle vroegtydig ingelig word en die geleentheid kry om hulle voor te berei.

Die ANC moet self besluit wie met die regeringspan moet praat, sê Mandela. "Hulle kan moontlik op iemand anders as Thabo Mbeki besluit. Julle wil nou uit die Regering se oogpunt besluit hoe om dit te doen."

Dit was duidelik dat Mandela nie hieroor sou kopgee nie. Ek het hom later nog 'n keer daaroor gespreek en toe meegedeel dat ons ieder geval voortgaan. Die saak was te belangrik dat hy dit manalleen kon kelder.

Die tyd was besig om ons in te haal. FW de Klerk het toe reeds as president oorgeneem en dit was duidelik dat Mandela binne maande vrygelaat sou word. Die buitelandse vleuel moes eenvoudig voor sy vrylating tot deelname aan die skikkingsproses verbind word. Daarvoor was 'n reële en morele verstandhouding onontbeerlik.

Ons het dadelik die wiele aan die rol gesit vir "Operasie Flair". Ek het die gesiene Stellenbosse filosoof prof. Willie Esterhuyse gevra om die boodskap aan Mbeki in Engeland oor te dra en te help om die reëlings vir 'n ontmoeting in Switserland te tref.[8] Esterhuyse, wat toe reeds 'n goeie persoonlike verhouding met Mbeki ontwikkel het, moes terselfdertyd as simboliese waarborg dien sodat die ANC-bannelinge kon sien ons is doodernstig oor gesprekvoering.

Met 'n nuwe staatshoof aan die bewind en gerugte van vrede in die lug, het die roeringe in politieke kringe en onder amptenare toegeneem. Ons het besef dat ons die sluier versigtig moet begin lig en sekerheid moet bring dat die vredesproses onder beheer is en bestuur word – al kon niks meer daaroor bekend gemaak word nie.

NI het reeds op 5 Julie 1988 met die hulp en medewete van PW Botha 'n besluit deur die Staatsveiligheidsraad geloods om 'n burokratiese polis op die geheime gesprekvoering, waarvan die SVR nie bewus was nie, uit te neem. Dit het soos volg gelui: "Die Veiligheidsdienste en die Gevangenisdiens moet die Mandela-kwessie deurlopend bestudeer en met die situasie om die ANC-leierskap in voeling bly."[9]

'n Bietjie meer as 'n jaar later, op 15 Augustus 1989, is FW de Klerk tot nuwe staatshoof verkies. Die volgende dag het ons 'n voorstel by die SVR ingedien wat getuig van Mike Louw se gawe om wanneer dit nodig is, betekenisvolle dinge te sê op 'n manier wat net ingeligtes sou begryp. Dit het gelui: "Dit is noodsaaklik dat meer inligting ingewin en geprosesseer word oor die ANC, asook oor die doelstellings, alliansies en potensiële toeganklikheid van sy onderskeie leiers en groeperinge. Om dit te verwesenlik, sal spesiale bykomende direkte aksie nodig wees, in die besonder met die hulp van funksionarisse van die Nasionale Intelligensiediens."[10]

Resolusie nr. 23 van 1989 was met opset so wyd soos die Heer se genade en het later presies die nut gehad waarvoor dit opgestel is.

Dit was toe pres. De Klerk ingelig is oor 'n ontmoeting op 12 September tussen Mike Louw en Maritz Spaarwater van NI en Thabo Mbeki en Jacob Zuma in Luzern, Switserland.[11]

De Klerk was verontwaardig en wou weet wie ons toestemming daartoe gegee het.

Dié SVR-besluit is toe vriendelik onder sy aandag gebring.

'N VROU SOOS WINNIE

TYDENS revolusies, gewelddadig én vreedsaam, word hoë persoonlike pryse betaal. Nelson Mandela en Winnie Madikizela was nie 'n uitsondering nie. Die vervreemding wat tussen hulle ingetree het, was 'n voorbeeld van die hoë tol wat duisende Suid-Afrikaners aan albei kante van die bevrydingstryd betaal het.

Winnie is en was 'n baie talentvolle mens. Sy was ook 'n mooi vrou. Selfs die hardebaarde van die Veiligheidspolisie met wie sy deur die jare in talle onderonsies betrokke was, het meermale vertel dat sy veral in haar jonger dae 'n beeldskone vrou was. Ons by NI sou graag wou hê dat sy as Suid-Afrika se "eerste vrou" die land hier en in die buiteland met waardigheid verteenwoordig. Sy het al die potensiaal gehad om die Amerikaanse *first lady* Jackie Kennedy ver te kon oortref.

Maar dit het nie so gebeur nie.

Nog voordat die geheime gesprekke met Mandela begin het, het ons besef dat Winnie se neiging tot omstredenheid en haar toekomstige rol as die "Moeder van die Nasie" op een of ander manier gehanteer moes word. Sy moes 'n sleutelrol in die oorgang speel. Heimlik het ons gehoop dat Mandela 'n temperende invloed op haar eiesinnige en onbesonne optrede sou hê. As dit positief aangewend kon word en sy 'n uitgesproke ondersteuner van die skikkingsproses word, sou ons 'n belangrike bondgenoot vir vrede kry. As so 'n vername en radikale ikoon van die vryheidstryd figuurlik gesproke die wapens – waarvan sy baie gehad het – kon neerlê, sou die positiewe uitwerking enorm wees, want sy was uit eie reg 'n wêreldfiguur.

Om egter met Mandela oor so 'n persoonlike, sensitiewe en emosionele saak te praat, was makliker gesê as gedaan. Ek het telkens as dié kwessie ter sprake gekom het, gevra dat die res van die span ons alleen moet laat. Of ek het dit geopper wanneer ons in ieder geval alleen was.[1]

Mandela was vanselfsprekend altyd ongemaklik tydens dié gesprekke, maar hy het dit soos 'n ware heer gehanteer. Hy het Winnie nooit afgekam of vernederende opmerkings oor haar gemaak nie. Inteendeel, hy het haar altyd beskerm en vertel hoe spyt hy is dat sy soveel jare sonder hom moes klaarkom; dat hy eintlik sy manlike plig teenoor haar as gevolg van sy politieke bedrywighede versaak het. Dit het vir hom 'n uiters pynlike kwessie gebly.

Winnie se revolusionêre passie was egter ontembaar en haar uitsprake en optrede het by die dag wilder geword. Wêreldwyd is kennis geneem van haar berugte uitspraak in April 1986 oor hoe Suid-Afrika met vuurhoutjies en halssnoermoorde bevry sou word.[2] Die ANC-leierskorps, wat veral onder leiding van Thabo Mbeki hard besig was om die organisasie se beeld in die buiteland te verbeter, is tot in sy fondamente geskud.

In 'n gesprek oor Winnie en haar rol rakende die geweldpleging in die land was Mandela sigbaar in 'n erge verleentheid en hy het ná 'n lang swye lakonies en half skaamkwaad opgemerk: "Weet jy, 'n man se vrou is altyd reg."

Dikwels het hy net stilswyend geluister as ek hom oor dié dinge inlig. Klaarblyklik het hy my vertrou dat ek die juiste inligting aan hom oordra. Hy was deeglik bewus van die ANC se verleentheid oor Winnie en onthuts oor haar hardkoppige weiering om enigiets te doen te hê met mense wat haar kon bystaan.

Op een van Winnie se besoeke lig hy haar diplomaties in oor "positiewe ontwikkelinge" (sonder om na die gesprekke met die regeringspan te verwys), dat dit baie sensitief is en dat enigiets wat sy sê of doen, daartoe lei dat "hulle" vra: "Kan ons hierdie man vertrou as sy vrou sulke dinge doen?" Later sluit hy daarby aan en sê: "If there is any mistake, it must be made by them, not by us."

Boonop was Winnie besig om 'n luukse huis in Soweto te bou, waarvoor sy nie die geld gehad het nie, terwyl dit Mandela se wens was om na die huis in Orlando-Wes terug te keer waar hy en Winnie die eerste paar maande ná hul troue op 14 Junie 1958 gewoon het.

Ons het die gebeure met kommer gadegeslaan en baie gedink oor wat ons te doen staan.

Genl. Willie Willemse, wat later tot kommissaris van Korrektiewe Dienste bevorder is, het met 'n voortreflike voorstel gekom: dat Winnie toegelaat word om haar intrek by haar man in die huis by Victor Verster te neem. Dit sou haar uit die kalklig – en van talle versoekings – weghou en beter beheer oor haar moontlik maak.

Mandela het die voorstel met 'n glinster in die oog aangehoor. Winnie het egter botweg geweier.

Haar voorwendsel was dat sy en haar man hulle nie sulke voorregte kon veroorloof terwyl Mandela se Rivonia-makkers nog in die tronk sit nie. Hulle moet voorlopig met dagbesoeke volstaan, het Winnie voorgestel. Sy het haar sin gekry. Dit was maklik om tussen die reëls te lees dat sy nie bereid was om haar ongebonde lewe prys te gee nie.

Dit was skaars die begin. In Desember 1988 is 'n 14-jarige aktivis, Stompie Seipei, deur party van Winnie se lyfwagte, wat bekend gestaan het as die Mandela United Football Club, ontvoer en om die lewe gebring. Jerry Richardson is skuldig bevind aan moord en Winnie aan ontvoering en medepligtigheid aan aanranding.

In Februarie 1989 voer ek en Mandela 'n breedvoerige gesprek oor die nuwe bom wat rondom Winnie gebars het. Dit is 'n moeilike en ongemaklike gesprek.

Mandela erken dat Winnie se optrede 'n groot probleem is en vertel dat hy hard daaraan werk. Hy erken dat daar verskille tussen hulle is, dat hy al telkemale met haar oor sekere van haar openbare uitlatings en optredes gepraat en haar daaroor vermaan het. Tegelykertyd waardeer hy dit dat ons die saak vertroulik en regstreeks met hom bespreek en dit nie misbruik om vir hom 'n verleentheid te skep nie.

Om die groeiende krisis rondom Winnie en haar sogenaamde sokkerspan te ontlont, roep leiersfigure in die ANC die Mandela Crisis Committee (MCC) in die lewe. Die lyne tussen Suid-Afrika en Lusaka word warm gebel. Die MCC pleit by Oliver Tambo om in te gryp en sê oor Winnie: "Sy toon die uiterste minagting vir die komitee (MCC) en die gemeenskap." Tambo word daarop gewys dat sy bydrae onontbeerlik is "om die aaklige situasie te hanteer wat vlak voor ons oë ontwikkel".[3]

Aanvanklik tree Mandela uiters taktvol teenoor Winnie op tydens haar besoeke. Hy help verskonings bedink oor waarom van die dinge gebeur het waarby sy betrokke was. Winnie se verweer dat die MCC kop in een mus met die Veiligheidspolisie is en dat die hele herrie 'n sameswering teen haar persoonlik is, verwerp Mandela egter met kwalik bedekte ongeduld. Sy stribbel teë toe hy haar aanraai om vir ses maande uit die openbare oog te bly.

Dit raak mettertyd duidelik dat 'n ernstige verwydering tussen die twee intree. Toe Winnie in Oktober 1989 sonder 'n afspraak by Victor Verster opdaag, weier Mandela om haar te sien. Sy is verplig om 'n boodskap aan hom te skryf. Daarin soek sy witvoetjie en vertel hoe die reëlings van die Mandela Reception Committee vorder vir wanneer hy vrygelaat word.

Almal voer sy opdragte getrou uit, skryf Winnie.[4]

Mandela reageer saaklik daarop omdat hy erg onthuts is oor die twee vroue in sy lewe – Winnie en hul dogter Zindzi – wat hom vermy omdat hulle nie oor hul verkeerde weë aangespreek wil word nie. Aan 'n vertroueling[5] wat hom besoek, vertel Mandela dat hy al langer as twee jaar sukkel om 'n staat van haar banksake uit Winnie te kry. Hy betreur dit ook dat sy met hom saamstem wanneer hy haar oor haar streke aanspreek, maar dan doodluiters daarmee voortgaan wanneer sy uit Victor Verster wegry.

In die aanloop tot Mandela se toe nog onaangekondigde vrylating verbeter die verhouding in die Mandela-gesin oënskynlik. Teen Desember 1989 praat Mandela en Winnie weer gereeld met mekaar. Sy en van die kinders bring Kersdag by hom in die huis buite die Paarl deur.

In die voorafgaande maande is Mandela tydens Winnie, die kinders en familielede se besoeke die begrypende eggenoot, die besorgde vader, 'n trotse oupa en die meelewende familieman. Hy vra ure lank oor almal se wel en wee uit. Hy verkneukel hom oor die familiestories, vra veral uit oor die opvoeding van die kinders en moedig almal aan om hard te studeer sodat hulle hul plek in die samelewing kan volstaan.

Aan die ander kant is hy ook bekommerd oor die familie se sedes en konfronteer Zindzi met die vraag of dit waar is dat haar drie kinders almal verskillende pa's het – iets wat hy 'n skande vir die familie noem. Telkens lê Mandela klem op die rol van die kerk in hul lewe en dat sy gesin en familie ook die morele gesag van die gemeenskap moet aanvaar.

Die Kersbesoek was 'n gesellige gesinsbyeenkoms, maar dit

was net 'n gemoedelike tussenspel in die verslegtende verhouding tussen Nelson en Winnie Mandela.[6]

Die netelige kwessie oor die hantering van Winnie het minstens een goeie gevolg gehad: Dit het die verhouding tussen my en Mandela op 'n persoonlike vlak versterk. Hy kon sien dat dit vir my 'n verleentheid is om met hom daaroor te praat en dat ek ons gesprekke daaroor as uiters privaat en vertroulik hanteer.

Dié ervaring bring die besef by my tuis dat dié merkwaardige man ook net 'n gewone, kwesbare mens is.

Op 'n "amptelike" vlak het ons mekaar ook al hoe beter leer verstaan. Hy is nie, ondanks alles wat ons deur die jare oor hom gehoor en van hom geglo het, in sy hart en niere 'n kommunis nie. Hy het sekerlik op die ideologiese spektrum flirtasies met die kommunisme gehad, maar dis soos 'n seun wat op skool "in die bondel rondvry" en op die ou einde net met een trou.

Ek het groot waardering gekry vir sy nasionalisme – wat vir my ook 'n groot aantrekkingskrag inhou. Hy praat onbeskaamd oor sy Xhosa-tradisies en is duidelik trots daarop. Sy liefde daarvoor en die feit dat dit 'n kerndeel van sy identiteit is, is ooglopend.

Dalk die heel belangrikste is dat hy 'n mens van sy woord was. Hy het sekere sterk oortuigings gehuldig, maar soos enige politikus het hy soms ook 'n truuk of twee bedink om byvoorbeeld 'n kameraad se optrede te regverdig. En dit sit nie in enige man se broek om dié twee eienskappe te versoen nie. Mandela kon dit doen, want hy was nie 'n opportunistiese, vlugvoetige agterbanker in die partypolitiek nie. Hy was 'n man van gravitas en daar kon jy nie verbykom nie.

Hopelik het ek op hom die indruk gemaak van 'n Afrikaner wat eweneens trots is op sy groep se agtergrond en kultuur, en dat ons wil sien dat dié dinge in 'n nuwe bedeling voortleef. Hy het hopelik ook agtergekom dat ons begrip het vir swart mense se politieke aspirasies, want ons weet wat dit is om polities vertrap te word.

Ek het Mandela altyd met die grootste respek en agting behandel; nie net omdat hy 'n medemens is nie, maar ook omdat hy soveel ouer as ek was. Dit het eintlik verder gestrek: ek het hom soos die toekomstige president van die land behandel, want dit was duidelik vir enigiemand met 'n bietjie insig dat hy dit sou word.

Desondanks was daar uit die Regering se hoek, en veral uit die oogpunt van minderheidsgroepe, sekere dinge wat hy moes hoor – wat ek kalm en beskaafd oorgedra het. Hy het dit klaar-blyklik waardeer.

MANDELA SE POLITIEKE TESTAMENT

FEITLIK van die eerste dag af het Mandela geen geheim daarvan gemaak nie dat sy oogmerk met die geheime gesprekke 'n ontmoeting met die staatshoof is. Sy dilemma was dat die president hierdie jong "apartheidspioen" gestuur het om die gesprek te lei en dit gaan waarskynlik die enigste kanaal wees om by PW Botha self uit te kom.

Daarom het hy waarskynlik besluit om tog met die gesprekke voort te gaan en vas te stel watter voordele dit vir hom en die ANC inhou. Mettertyd het die tand van die tyd egter begin byt en het hy besef hy raak al hoe kwesbaarder teenoor die weerbarstiges in die ANC. Hy moet sy doelwit van 'n verstandhouding met die Regering rakende 'n vreedsame onderhandelingsproses bereik en daarvoor is 'n gesprek met Botha 'n voorvereiste.

Mandela het goed geweet dat 'n ontmoeting met die president sy statuur as 'n politikus wat nie net gewild is nie maar ook resultate kan bereik, net verder sou verhoog. Hy wou nie eendag met leë hande uit die tronk stap nie. 'n Versekering dat hy die president sal ontmoet, sou beteken dat "ek iets het wat ek vir my mense kan wys . . . ek sal hulle sê dat ons die kans met al twee hande moet aangryp".

Teen die einde van 1988 het Mandela iesegrimmig geraak oor dié kwessie. "Wanneer kan ek die president sien?" wil hy weet. "Die saak raak by die dag dringender," druk hy my dit op die hart.

By 'n ander geleentheid raak hy nog driftiger: "Ek het opreg gehoop om hierdie gevoel van bitterheid en versaking wat in my opstoot – uit elke deel van my liggaam – [met die president] te kan bespreek. Ek dink eerlikwaar nie ek word beskerm op die manier wat ek verwag het nie."

Ons kon Mandela nie veel langer met behoud van geloofwaardigheid aan 'n lyntjie hou nie. Hy kon met reg begin twyfel aan ons motiewe. Sy frustrasie en bitterheid was verstaanbaar, want daar was agterdog en verset in sy binnekring oor die vertroulike gesprekke, en hy was op soek na 'n simboliese deurbraak om sy geloof in onderhandeling te regverdig.

Botha, aan die ander kant, was nie oorhaastig om die internasionale simbool van die stryd teen apartheid te ontmoet nie. Dit was egter reeds vyf maande ná sy ernstige beroerte en sy gesondheid was nie aldag goed nie. Boonop het sy posisie as die leier van die Regering al hoe onsekerder geraak ná sy bedanking in Februarie 1989 as hoofleier van die Nasionale Party.

Mandela is 'n ontmoeting met Botha belowe en dit kon in die lig van al dié faktore nie langer uitgestel word nie. In die laaste week van Junie 1989 het ek 'n lang en indringende gesprek met Botha in sy kantoor in die Uniegebou gevoer waar hy my tien jaar tevore die pos by Nasionale Veiligheid aangebied het. Waar ek toe te verskrik was om hom enigiets te vra, was dit nou my taak om dit vir hom uit te stippel wat hy in landsbelang eenvoudig móét doen.

Botha se grootste vrees was dat die ontmoeting 'n onaangename geleentheid sou word deur in 'n politieke twis te ontaard, wat net mooi die teenoorgestelde uitwerking sou hê as die een waaraan ons so hard gewerk het. "As die ding skeefloop, sal my mense my altyd verwyt dat ek hulle uitverkoop het," was Botha se vrees.

"Ek dink die teendeel is eerder waar," het ek geredeneer, "as u Mandela ontmoet en die gesprek verloop goed, sal dit u naam verewig as die man wat die vreedsame revolusie in Suid-Afrika begin het en vrede en voorspoed vir die land en al sy mense gebring het.

"As die ontmoeting misluk, sal u kan sê dat u u bes probeer het om die pad van vrede in Suid-Afrika te loop. Wat ook al gebeur, u sal as die wenner daaruit tree."

Uiteindelik sê hy: "Goed dan. Reël dit vir volgende week."

Botha het nie uitdruklike voorwaardes gestel nie, maar Mandela moes meegedeel word dat hul ontmoeting op Woensdag 5 Julie 1989 in Tuynhuys neffens die parlementsgebou in Kaapstad 'n sosiale geleentheid sou wees om mekaar te leer ken – beslis nie 'n platform vir politieke debat nie.

Mandela was verheug om te verneem dat die dag waarna hy al so lank uitsien, om die draai is. Hy was nogtans lugtig vir die Groot Krokodil.

"What kind of a man is he?" vra hy my.

"Hy's 'n moeilike maar reguit en eerlike man," antwoord ek. "'n Mens soek nie onnodig moeilikheid met hom nie. Hou dit asseblief in gedagte."

Êrens langs die pad – tydens al die duisende ure in die gevangenis, of dalk tydens die geheime gesprekke met die regeringspan – het Nelson Mandela tot die besef gekom dat die ANC nie die mag in Suid-Afrika met geweld sal kan oorneem nie. Altans, nie in sy leeftyd nie.

Daar was net een alternatief: om met "die vyand" te onderhandel. Om te praat, pleks van te skiet. Maar ten einde sinvolle onderhandelinge te voer wat werklik 'n verskil kan maak, moet dit met die hoogste gesag van die ander party geskied. Teen 1988 het dit net een man beteken: PW Botha.

Mandela het, met die hulp van sy makkers, 'n "politieke testament" begin opstel wat die kernvraagstuk in die land belig, die ANC se standpunt daaroor duidelik uiteensit en 'n koers uit die destydse doodloopstraat aandui. Die dokument, wat aan die einde van dié boek aangeheg is, moes ook die nut hê van 'n versoekskrif aan Botha met die oog op 'n persoonlike ontmoeting (vandaar die verwysings na "this meeting").

In die dokument is Mandela op sy vernuftigste beste. Sy strategie is weldeurdag en berekend.

Hy begin deur te verwys na die "deepening political crisis in our country" en dat hy dit van nasionale belang ag dat die ANC en die Regering dringend ontmoet "to negotiate an effective political settlement".

Hy sê hy doen dié stap sonder oorlegpleging met die ANC omdat hy in die tronk is en nie met die ANC-leiers in Lusaka, wie se gesag hy onvoorwaardelik aanvaar, kan beraadslaag nie. Dit is die enigste rede waarom hy op eie inisiatief optree, en hy hoop dat die organisasie mettertyd sy optrede sal onderskryf.

Hy sê geen gevangene, ongeag sy status of invloed, kan onderhandelinge van dié aard uit die gevangenis voer nie. Sy taak is daarom beperk en dit is om die strydende partye bymekaar te bring.

Mandela stel agtereenvolgens en sekerlik doelbewus die drie hooftemas van ons gesprekke aan die orde. Hoewel hy onderhandelinge tussen die ANC en die Regering wil bevorder, sê hy reguit: "No self-respecting freedom fighter will take orders from the Government on how to wage the freedom struggle against that same Government, and on who his allies in the freedom struggle should be."

Wit Suid-Afrikaners moet dit eenvoudig as 'n feit aanvaar dat die ANC nie die gewapende stryd sal opskort, wat nog te sê afsweer, voordat die Regering gewilligheid toon om sy alleenreg op politieke mag te beëindig nie.

Oor wat hy die "renunciation of violence" noem, meen hy dat

die stigting van Umkhonto weSizwe en die gebruik van geweld die enigste manier was om 'n balhorige regering wat nie die hand van 'n vreedsame skikking wou neem nie, tot ander insigte te dwing. Die onderdruktes moes een of ander tyd opstaan om hulle te verdedig.

Ondanks al die vordering wat ons reeds met die geheime gesprekke gemaak het, verklaar Mandela dat die Regering niks doen om 'n klimaat vir politieke onderhandelinge te skep nie. Inteendeel, sê hy: "Die Regering is nog nie gereed vir onderhandeling en om die politieke mag met swart mense te deel nie."

Oor die invloed van kommuniste in die ANC herhaal hy sy standpunt dat die ANC sy eie bondgenote sal kies en nie opdragte sal aanvaar wat op "a betrayal of those who have suffered repression with us for so long" neerkom nie. Die Regering pas volgens Mandela dubbele standaarde toe. Hulle weier om met Suid-Afrikaanse Marxiste te praat, maar is bereid om verdrae met Marxistiese state soos Angola, Mosambiek en Zimbabwe aan te gaan. Die Regering se standpunte oor kommunisme is veel lawaai en weinig wol, meen hy.

Oor meerderheidsregering beweer hy dat dit hewig deur die Regering teengestaan word. Dit is juis sy verwerping van meerderheidsregering wat meebring dat "die Regering die vyand van omtrent elke swart man geword het. [...] Daar sal nooit vrede en stabiliteit in die land wees solank dié beginsel nie ten volle toegepas word nie."

Mandela aanvaar dat die Regering en die ANC twee botsende uitgangspunte sal moet versoen: aan die een kant die ANC se aandrang op meerderheidsregering in 'n eenheidstaat en daarteenoor "die aandrang van wit mense op strukturele waarborge dat meerderheidsregering nie sal neerkom op oorheersing van die wit minderheid nie".

Daaraan voeg hy 'n baie belangrike vertrekpunt toe: "Sodanige versoening kan net bereik word indien albei partye bereid is om kompromieë aan te gaan." Hy hoop die Regering gryp die geleentheid aan sonder om tyd te verspil, want hy glo dat die oorweldigende meerderheid Suid-Afrikaners, wit en swart, wil hê dat die grondslag vir 'n nuwe era gelê moet word.

In die dokument, wat Mandela in sy outobiografie 'n "memorandum" noem,[1] maak hy genoeg revolusionêre geluide om sy magsbasis gelukkig te hou. Terselfdertyd is hy inskiklik genoeg oor die onderhandelingsproses om die morele gesagsposisie te beklee indien die Regering die proses sou dwarsboom.

Ons het die dokument soos hy dit aangebied het uitdruklik aanvaar as 'n "non-paper" ('n besprekingsdokument sonder amptelike status) en met 'n kontramemorie[2] skriftelik daarop gereageer. Daarin stel ons dit duidelik dat Mandela vrygewig met die waarheid omgaan deur te beweer dat hy dié skuif sonder oorleg met die ANC gemaak het. (Gedurende die laaste maande voor sy vrylating het gereelde oorlegpleging tussen hom en die vrygelate Rivonia-groep en telefoniese gesprekke, waarop NI meegeluister het, tussen hom en veral Thabo Mbeki in Lusaka plaasgevind. Tydens dié gesprekke is "statements" en "declarations" van beide Mandela en die Lusaka-leierskorps breedvoerig bespreek.[3])

In my gesprek met Mandela oor die dokument is hy meegedeel dat ons die revolusionêre retoriek daarin teleurstellend vind; dit loënstraf die goeie verstandhouding wat tot dusver deur die geheime gesprekke opgebou is.

In die grootste gedeelte van die dokument is Mandela die vryheidsvegter aan die woord om die veglustiges in sy geledere te paai. Daar is ook 'n tweede, kort maar positiewe gedeelte wat handel oor die politieke skikkingsproses en wat konstruktiewe voorstelle bevat. Ons vind egter min nuwe denke oor temas waaroor nie reeds tot bykans vervelens toe gedebatteer is nie. Om nou uitgerekte debatte in lang dokumente te voer, sal ons geen bloue duit baat nie en slegs polarisasie, agterdog en wedersydse wantroue bevorder, word hy meegedeel.

Ons kon nie nalaat nie om te wys op verskeie stellings wat feitelik verkeerd was, soos dat geen politieke organisasie 'n groter verbintenis as die ANC tot vreedsame verandering het nie. Dit was ook nie waar dat wat die Regering betref 'n swart man nie 'n saak het om aan te hang nie en dat wit mense die alleenreg op politieke mag moet hê; ook dat wit mense soveel minagting vir swart mense het dat hulle glo swartes nie vir hulself kan dink nie.

Oor die dominerende rol van die SAKP in die ANC deel ons Mandela mee dat hy kennelik nie ingelig is oor die mate wat die SAKP veral sedert 1964 sy greep op die ANC verstewig het nie. Ons vind dit bykans lagwekkend dat hy dit nodig ag om, van alle bronne, die Amerikaanse departement van buitelandse sake aan te haal wat in Januarie 1987 'n verslag oor die aktiwiteite van die SAKP in Suid-Afrika gepubliseer het.

Van sy standpunte oor die Regering se weerstand teen meerderheidsregering word eweneens verwerp. Dit is 'n deurdagte en kwaadwillige verdraaiing van die heersende werklikheid.

Mandela is meegedeel dat daar veral teen die einde van die dokument 'n positiewe benadering voorkom wat getuig van 'n voorneme om nasionale bo seksionele belange te stel. Daar is verblydende raakpunte oor sekere fundamentele sake. Die Regering aanvaar dat wit politieke oorheersing beëindig moet word en is eerlik en opreg in sy pogings om dit deur 'n vreedsame onderhandelingsproses te bewerkstellig.

Dit was na my mening 'n bestiering dat Mandela se "memorandum" nooit amptelike status gekry het nie. Albei kante het dit deur gerieflike stilswye 'n stille dood laat sterf. Vreedsame revolusies word deur betroubare menslike interaksie bewerkstellig – nie deur lywige en omstrede dokumente nie. Nogtans het hy 'n politieke testament daargestel waarmee hy vir altyd op sy rol as vredemaker sou kon wys.

Mandela het die dokument eers teen die einde van Julie 1989 aan ons besorg, maar dit etlike maande vroeër al sonder my medewete via min Kobie Coetsee aan die president gestuur.[4] Dit het die hartlike ontvangs wat Mandela later in Tuynhuys te beurt geval het, soveel merkwaardiger gemaak.

'N BRUG WORD OORGESTEEK

NELSON Mandela het, nes PW Botha, daarvan gehou om smaakvol geklee te wees. Op die groot dag sou hy, en ons, dit nie anders wou hê nie.

'n Netjiese donker pak, wit hemp en 'n das met paisleypatrone en blomme daarop is by Romens in Kaapstad aangeskaf. Hy was die toonbeeld van elegante deftigheid waar hy langs my agter in die staatsgarage se silwerkleurige BMW 735i gesit het.

Hy was een van die min mense wat in 'n ommesientjie van 'n droewige tronkoorpak na 'n netjiese driestukpak kon oorslaan en in albei ewe statig en op sy gemak lyk. 'n Gesogte kwaliteit vir 'n spioen, het ek by myself gedink, en onthou hoe hy ná die eerste hoogverraadverhoor[1] in Maart 1961 ondergronds beweeg het en daarin geslaag het om die Polisie 16 maande lank te ontwyk.[2]

Net 'n geoefende oog sou opgemerk het dat 'n onopvallende motor ons in die oggendverkeer begelei terwyl 'n ander een die agterhoede bewaak. Geen loeiende sirenes en blou ligte nie vir een van die wêreld se heel bekendste maar mins gesiende mense.

Mandela was sigbaar opgewonde, maar ook die ene konsentrasie. Hy was ongewoon stil en nie in 'n stemming vir gesels nie. Hy was waarskynlik onseker oor wat om te verwag en bekommerd oor Botha wat berug was vir sy humeur.

Ek het hom probeer gerusstel dat ons sou toesien dat sy waardigheid beskerm word, maar hom ook ligweg vermaan dat 'n politieke twisgesprek ons nêrens sou bring nie.

Ironies genoeg was dit nie moeilik om ongemerk met Mandela

op 'n openbare pad van die Paarl tot in Kaapstad te ry nie. Niemand sou hom waarskynlik herken het nie. Die uitdaging was om hom by Tuynhuys by die alomteenwoordige beskermingseenhede van die Veiligheidspolisie verby te smokkel. Ons kon hom tog nie soos in die sprokiesverhaal in 'n toegeknoopte sak insmokkel en voor die koning uitskud nie!

Soos vir die meeste moeilike uitdagings was die oplossing egter redelik eenvoudig. Ek het die Wageenheid by Tuynhuys nonchalant meegedeel dat ek die oggend om 10:00 'n gas uit Afrika bring om die president te ontmoet. Dit was 'n normale versoek wat geen aandag getrek het nie, want ek het toe al deur die jare by talle geleenthede buitelandse politieke en intelligensieleiers vir vertroulike ontmoetings na Tuynhuys en die Uniegebou geneem.

Ons is soos blits deur die prosesse by Tuynhuys. By Ters Ehlers se kantoor het die res van die geselskap, min. Kobie Coetsee en genl. Willie Willemse, albei ou bekendes vir Mandela, hulle by ons aangesluit.

Terwyl ons daar was, het ek opgemerk dat Mandela se skoenveters los is. Hy het nie meer maklik gebuk nie, soos 'n mens kon verwag van iemand wat twee weke later 71 sou word. Ek het vinnig gehurk en die veters geknoop.

Ons het toe al 'n baie goeie persoonlike verhouding gehad en dit was vir my 'n doodnatuurlike ding om te doen, maar vir 'n oomblik het die ironie dat die groot "apartheidspioen" buk om die toekomstige president se skoenveters vas te maak, nie ongemerk by my verbygegaan nie.

Toe ons Botha se kantoor binnestap, het hy ons met 'n glimlag tegemoet gestap en Mandela die hand gereik. "Hoe gaan dit, meneer die president?" het Mandela op Afrikaans gevra.

Hy was eweneens beïndruk deur die hartlike manier waarop Botha hom ontvang het. "From that very first moment, he completely disarmed me," het Mandela later in sy outobiografie geskryf. "He was unfailingly courteous, deferential and friendly."[3]

Kort voor lank het die twee oor hul gesondheid begin praat – PW verseker Mandela dat hy mooi herstel het van sy beroerte – en familie aan beide kante begin uitlê. Hulle vind 'n Oos-Kaapse konneksie deurdat Botha se pa by Adelaide gebore is en Xhosa kon praat, en Mandela maak praatjies oor die Vrystaat, waarmee Botha, Coetsee en ek sterk bande het. Dan kom ouderdom aan die beurt en Mandela meld dat hy twee jaar jonger as die president is.

"Then you should call me uncle," merk PW onder gelag op.

Dit was sekerlik nie die soort opmerking wat Mandela van die man met die kwaai vinger verwag het nie. Die atmosfeer was gemoedelik en ontspanne.

Toe kom die Anglo-Boereoorlog ter sprake en Botha vertel dat sy pa vir die duur van die oorlog van 1899 tot 1902 teen die Engelse geveg het. Mandela merk diplomaties op dat hy die grootste agting vir die Boere se vryheidstryd teen die magtige Britse Ryk het.

Botha praat met passie oor die rol wat Afrikaners in Afrika kan speel om die vasteland en sy mense te help ontwikkel. Onderwys, vervoer, gesondheid, landbou, werkskepping, die skepping van welvaart en die ontwikkeling van Afrika se enorme mense-potensiaal is volgens hom kernbydraes wat Suid-Afrikaners graag wil lewer.

Deur verwysings na ontmoetings of bande met press. Félix Houphouët-Boigny van die Ivoorkus, Joaquim Chissano van Mosambiek, Kenneth Kaunda van Zambië en Hastings Banda van Malawi dra Botha subtiel die boodskap oor dat die Regering ook vriende in Afrika het. Ná Botha se gloeiende lof vir Jonas Savimbi, leier van die Unita-rebelle in Angola, doen Mandela moeite om óók iets positiefs oor hom te sê.

Botha vertel van 'n gesprek met pres. Kaunda en sê dat hy die Zambiese leier daarop gewys het dat "sodra die mense van Suider-Afrika tot 'n vergelyk gekom het met die Afrikaners, sal dit tot beter omstandighede in die gebied lei". Daar is egter te veel inmenging van buite in die sake van Suid-Afrika. "Ons moet mekaar se hande vat en ons probleme sonder inmenging oplos."

Mandela is dit roerend eens met PW: "South Africa can be the powerhouse of Africa. Once we have overcome our problems there is no reason why we should not play a leading role. We have men who are well-equipped and once we can solve our problems, I have no doubt that South Africa will play a leading role."

Botha verwys na sekere historiese ironieë, waarop Mandela na 'n onmiddellike ironie wys: "Well, I told the Minister (Kobie Coetsee) the other day that it is a contradiction that I should wish for the victory of the National Party in the coming election because I am against everything that the National Party stands for."

Mandela benut dadelik dié "politieke gaping" om kortliks uit te wei oor sy goedbedoelde en ernstige voornemens oor onderhandelinge en sê dat hy daarvan bewus is dat geen sake van 'n ernstige aard vandag bespreek word nie. Nogtans stel hy weer sy bekende standpunt dat die ANC nie die pad van geweld wou loop nie, maar dat vorige Nasionale eerste ministers se weiering om ANC-leiers te ontmoet, hulle geen ander keuse gelaat het nie.

Hy is baie ingenome met die samesprekings met die Regering se span en bestempel dit as 'n proses "wat die grondslag lê vir vrugbare onderhandelinge". Hy meen dat dit van kardinale belang is dat standpunte reguit, in vertroue en in geheimhouding gelug word.

Mandela betoog vol emosie dat beide die Regering en die ANC moet ophou om aan mekaar voorwaardes, waaraan nie een kan voldoen nie, op te dring voordat die onderhandelinge kan begin. Hy meen dat die ANC se aandrang dat dié organisasie eers gewettig moet word en die Regering se aandrang dat die ANC eers geweld moet afsweer, doodgebore is.

"Ek twyfel nie daaraan nie dat as die land weet dat ons met ernstige en vrugbare gesprekke besig is, daar 'n einde aan die geweld sal wees," verklaar Mandela. Die werklike onderhandelinge moet so gou moontlik begin. Dan sal die momentum van die proses geweld en bloedvergieting oorbodig maak, sê hy.

Oor die geweldskwessie is Botha diplomaties, maar hy weier om af te wyk van sy bekende standpunt. Hy bly daarby dat "geweld net tot onrus en vernietiging, en tot ongelukkigheid vir jong mense kan lei". Indien die geweld nie stopgesit word nie, kan daar geen sosio-politieke ontwikkeling in die land wees nie.

Botha stel nie die ANC se afswering van geweld as 'n absolute voorwaarde vir onderhandelinge nie, maar bring geweld en onderhandelinge met dié woorde in verband: "I think by exchanging ideas, by saying to each other 'let violence stop' and as I said in public, let us renounce violence as a means to achieve an end. Let us talk to each other, sit around a table, put ideas to one another and see to what extent the socio-economic development in South Africa can take place."

Botha waarsku dat almal baie geduld sal moet beoefen. Hy herhaal nogmaals dat die Afrikaner se rol erken moet word en dat hulle 'n unieke bydrae kan lewer "because the Afrikaner has no other soil to love". Hy verseker Mandela dat "die Afrikaners gereed is om te praat ... om aan behoorlike samesprekings deel te neem". Die Regering én die ANC beskik oor wyse en ervare leiers wat vir die beswil van almal in die land behoort saam te werk.

Toe ontspoor die gesprek byna.

Mandela steek 'n lang monoloog af wat daarop neerkom dat geen ander organisasie in die land die ANC se historiese rekord en verbintenis tot vrede ewenaar nie.

Ek snak na asem, want dis die soort borsslanery wat 'n politieke opponent na sy kruithoring sal laat gryp. Maar Botha ontvang dié keer groot genade en reageer wyslik nie daarop nie.

Hy merk op dat daar te veel lede van die ANC is wat in die buiteland rondswerf en hul ore uitleen vir die vyande van Suid-Afrika wat net die land beswadder en nie soos patriotte optree nie. Die tyd het aangebreek dat die ANC sy negatiewe standpunte oor die land moet herevalueer en nie toelaat dat die land se vyande ons goeie oordeel oor mekaar en oor ons land vergiftig nie. Hy bedank Mandela ook daarvoor dat hy die vertroulikheid van die gesprekke met die regeringspan eerbiedig en nie met openbare verklarings goedkoop publisiteit soek nie.

Net toe ek keel skoonmaak om die gesprek weg van die politiek te stuur, haal Mandela – in weerwil van my vroeëre raad – die vrylating van sy ou vriend Walter Sisulu op. Hy gee 'n lang verduideliking van Sisulu se sterk leierskap en vra dat hy vrygelaat moet word om die ANC buite die gevangenis tot orde en stabiliteit te lei.

Hy is seker Sisulu sal 'n verantwoordelike rol speel en koppel selfs sy eie geloofwaardigheid daaraan: "This is also a way of judging whether you can attach any importance to anything I say in future."

Botha reageer tot ons amal se verligting kalm daarop en sê hy is bly dié punt word geopper. Hy word deur die span op hoogte gehou van verwikkelinge en Mandela weet dat die beginselbesluit om Sisulu vry te laat, reeds geneem is. Dit is net " 'n kwessie van die groen lig". Mandela moet die saak verder met my bespreek.

Mandela is in sy noppies en deel Botha mee dat hy reeds met Sisulu gepraat het en sal sorg dat hy die boodskap kry.

Bykans 'n uur het vrugbaar verbygegaan. Dit was tyd om te groet.

Met Mandela en PW se instemming neem Ters Ehlers die

bekende foto waarop Mandela, Botha en ek verskyn en wat later groot opslae gemaak het.[4] Coetsee opper die moontlikheid van 'n kort persverklaring, waarteen Mandela nie beswaar het nie.

Ons is blymoedig met die trap van Tuynhuys af na die parkeergarage, van waar ek en Mandela die pad terug Paarl toe aangedurf het.

Met die wegry is my oog getref deur Tafelberg wat soos 'n groot stuk sekerheid oor die stad wag hou. "Dankie vader dat PW Botha vandag op 'n kalm plato was," het ek vir myself gesê.

Dit was 'n eenvoudige brokkie inligting wat jy in vyf woorde kon opsom, maar dit was eenvoudig te groot en sensasioneel om te verwag dat niemand daaroor sou praat nie. Dit was te veel gevra – selfs van 'n gedissiplineerde man soos PW Botha.

'n Dag of wat ná die ontmoeting met Nelson Mandela was Botha saam met Danie Hough, voorheen 'n administrateur-generaal van Suidwes-Afrika, op 'n jagtog op sy plaas in die Noord-Transvaal. Bes moontlik was daar 'n kopskoot of twee en is 'n paar glasies daarop gelig.

Die aand om die kampvuur kon Botha nie meer stilbly oor die groot nuus nie. "Menere, ek het iets om julle te vertel. Ek het die afgelope week vir Nelson Mandela ontmoet ... hom in my kantoor ontvang. Ons het 'n goeie gesprek gehad."[5]

Die Maandagoggend ná die jagtog het Botha by die vergadering van die Staatsveiligheidsraad (SVR) die foto's wat Ters Ehlers van die ontmoeting geneem het, rondgestuur. Die oë het groot gerek, om uiteenlopende redes.

Die atmosfeer van afgunstige aggressie teenoor my was amper tasbaar. As PW nie daar was nie, sou ek seker in 'n SVR-boendoehof verhoor en aan een van die balke van Tuynhuys opgehang gewees het!

Vir sommige in die militêre kring wat nog planne gemaak het om die "Mandela-faktor" in die politiek te probeer neutraliseer, moes dit 'n aansienlike skok gewees het. Voor hul oë was die bewys dat die opperbevelhebber van die magtigste weermag in Afrika die wêreld se bekendste lewende "terroris" die hand gereik het.

'n Dawerende stilte het onder die geledere van die Kabinet geheers toe hulle besef dat 'n groot politieke en historiese gebeurtenis hom sonder hul medewete en vlak voor hul neus afgespeel het. Hul gevoel was waarskynlik dat dit nie die regte manier van doen was nie; dat hul uitsluiting op geen manier geregverdig kon word nie.

Aan die ander kant was dit totaal geregverdig, want as die voorbereidende gesprekke met Mandela voortydig rugbaar geraak het, het daar niks gekom van die onderhandelingspolitiek wat daarop gevolg het nie. 'n Paar lede van die SVR, waarskynlik 'n minderheid, was allig verlig dat 'n simboliese deurbraak in die impasse oor die landspolitiek gemaak is.

Almal wat enigsins die belangrikheid van die ontmoeting begryp het, het besef dat ongeag wat die toekoms inhou, 'n brug oorgesteek is van waar daar geen omdraai sou wees nie.

Enkele dae ná die ontmoeting tussen PW en Mandela het min. Kobie Coetsee met die goedkeuring van Mandela 'n kort verklaring wat deur Mike Louw van NI oor dié "hoflikheidsbesoek" opgestel is, uitgereik.

Daarin is gesê dat geen beleidsake bespreek is nie en dat geen onderhandelinge gevoer is nie, maar dat Botha en Mandela hul steun vir "vreedsame ontwikkeling in Suid-Afrika" bevestig het.[6] "Govt takes first step on long path to ANC talks," was die opskrif van 'n berig in *Business Day*.[7]

Dié nuus het die ANC en sy medestanders in die struggle totaal onkant betrap. Hulle het soos proppe op die oop see rondgedobber en die een teenstrydige verklaring ná die ander gedoen.

Winnie Mandela en Frank Chikane, hoofsekretaris van die SA Raad van Kerke (SARK), het op 'n nuuskonferensie by Winnie se huis die ontmoeting verwerp as 'n politieke set om die massa te verwar en die internasionale gemeenskap te mislei.

Tom Sebina, publisiteitsekretaris van die ANC, het uit Lusaka gesê die ontmoeting moet nie as die begin van 'n onderhandelingsproses beskou word nie. Dit was volgens hom 'n foefie met die oog op die komende wit verkiesing. Joe Modise, hoof van Umkhonto weSizwe, het die ontmoeting in die sterkste taal moontlik veroordeel en gesê geweld is die enigste manier waarop die Regering tot die onderhandelingstafel gedwing sal word.[8]

Daar was egter ook redelikheid. Biskop Desmond Tutu het positief gereageer en gesê hoewel die ontmoeting onverwags was, is daar uiteindelik gehoor gegee aan die oproepe om onderhandeling.

Vyf dae ná die ontmoeting het Winnie haar man in Victor Verster besoek, waartydens hy haar die leviete voorgelees het oor enige moontlike verdagmaking van gesprekke met die Regering. Dit het vinnig 'n kentering in die reaksie uit daardie oord gebring. Daarna betuig 'n ieder en 'n elk hul goedkeuring van die ontmoeting en gesprekvoering, en Chikane loof Mandela selfs namens die SARK.

Die ANC-kamerade in Londen kon nie glo wat hulle hoor nie en het gemeen Mandela is uitoorlê en is besig om die ANC uit te lewer. Hulle het die moontlikheid geopper dat dit deel van 'n PW-oefening is om sy ego te streel en sy beroerte te verdoesel.[9]

Die SA Kommunistiese Party (SAKP) het uit Londen sy ongelukkigheid laat blyk dat die ANC oënskynlik bereid was om 'n ooreenkoms met die Boere aan te gaan met uitsluiting van die SAKP. "This eagerness for power is seen by the SACP as a source of grave concern, primarily because they see it leading to a strongly repressive state."

Van 'n goed geplaaste bron in Londen was daar die volgende kommentaar: "The impression seems to be that the ANC leadership, all in exile, have created a leader, Mandela, over whom they have no direct influence, and the talks between Botha and Mandela are a source of concern to them although they will not admit it."

Die kersie op die koek was die uitlating van 'n ander ANC-lid, ook in Londen: "Mandela may have been drugged or taken by force to the President's residence."[10]

Ná die ontmoeting tussen PW Botha en Nelson Mandela in Tuynhuys het die aard van en die atmosfeer rondom die vertroulike gesprekke met hom ingrypend verander. Ons albei het geweet dit was nou net 'n kwessie van tyd voordat hy vrygelaat sou word.

Die gesprekke was meer ontspanne en gemaklik, want die knaende onsekerheid by Mandela oor 'n moontlike ontmoeting met Botha was iets van die verlede. In die plek daarvan het 'n versigtige optimisme gekom nadat die ontmoeting so glad en sonder konflik verloop het. Hy was ooglopend meer ontspanne en klaarblyklik besig om oor die toekoms te dink.

Die gemoedelike ontmoeting en teedrinkery in Tuynhuys het, soos 'n mens kon verwag, vanselfsprekend nie eensklaps alle netelige kwessies opgeklaar nie.

Op pad terug na die Victor Verster-gevangenis was Mandela in 'n sigbaar opgewekte bui en dit het hom nie aan vrymoedigheid ontbreek nie. Nie ver van die Paarl nie, deel hy my so te sê bevelend mee dat ek moet toesien dat Walter Sisulu so spoedig moontlik vrygelaat word.

Dié "versoek" was nie sonder geskiedenis nie. Voor die ontmoeting met Botha het ek Mandela ernstig gevra om nie Sisulu se vrylating te opper nie omdat ek geweet het dis 'n ingewikkelde en sensitiewe saak, ook vir Botha. Nogtans het hy my versoek in die wind geslaan.

"Ek het gehoor wat die president daaroor gesê het en dit sal uitgevoer word," het ek geantwoord, "maar in die lig van wat ná die vorige vrylatings gebeur het, kan Sisulu nie nou vrygelaat word nie. Daar is nog baie voorbereidings en oortuigingswerk wat gedoen moet word."[11]

Mandela het hom vervies: "U is 'n staatsamptenaar. U moet die opdragte van die staatshoof uitvoer. Ek en mnr. Botha verwag dit van u."

Ek het my bloedig vererg: "U gaan waarskynlik die president van die land word, maar u is dit nog nie. Die president het dit aan my oorgelaat om die saak af te handel.

"Laat ek u sommer 'n goeie stukkie raad gee vir die toekoms. Dit sal u goed te pas kom om nie jabroer-amptenare aan te stel wat beloftes maak wat hulle weet nie uitgevoer kan word nie.

"Dit is nie wenslik om Sisulu in die heersende klimaat vry te laat nie. Ek gaan my nie daaroor laat intimideer nie. My standpunt is dat 'n ordelike klimaat soos waarin u en ek ons gesprekke begin het, in die belang van die onderhandelingsproses is."

Mandela het my stilswyend aangehoor en nie daarop gereageer nie. Ons is op dié heuglike dag in minder minne uitmekaar, maar dit het gelukkig gou oorgewaai.

Die aanloop tot die Sisulu-kwessie was dat die Regering teen 1987 op aandrang van veral min. Kobie Coetsee en my kollega Mike Louw besluit het om die politieke druk op die Regering te verlig en revolusionêre stoom vry te laat. Een manier om hieraan beslag te gee was om 'n paar prominente politieke gevangenes vry te laat wat ook as proeflopie sou dien vir ander moontlike vrylatings.

Govan Mbeki, 'n lid van die Rivonia-groep, is saam met 'n paar

PAC-lede in November 1987 vrygelaat nadat hy 24 jaar tronkstraf op Robbeneiland uitgedien het. Mbeki, pa van die latere pres. Thabo Mbeki, was 'n geharde kommunis en vuurvreter wat die gemoedere met opruiende toesprake en uitsprake gaande gemaak het. Uit die Regering se oogpunt – en tot die ontsteltenis van ons by NI – het sy vrylating nie die gewenste uitwerking gehad nie en hy is uiteindelik met 'n inperkingsbevel aan bande gelê.

Dit was gerieflike skietgoed vir die weerstandiges in die Staatsveiligheidsraad en Sisulu het toe 'n slagoffer daarvan geword. Hy sou in Maart 1989 vrygelaat word – en Mandela is so ingelig – maar vanweë geweldige weerstand daarteen in die SVR is dit eers op die lange baan geskuif. In opdrag van Botha moes ek hom meedeel dat ondanks vroeëre ondernemings, Sisulu se vrylating eers uitgestel is. Mandela was woedend hieroor en het my van die verbreking van 'n belofte beskuldig. Hy het 'n punt beetgehad.

Die onaangename gevolge van Mbeki se vrylating het Mandela se argument versterk dat Sisulu so spoedig moontlik vrygelaat moes word, omdat hy oortuig was dat Sisulu – "He is generally a man of peace" – 'n temperende invloed op die ANC se *rank and file* sou hê. Hy sou ook 'n betroubare kanaal na die ANC-bannelinge in die buiteland kon daarstel.

Wat sy vrylating egter verder gekompliseer het, was die ontwikkelende magstryd in die regeringsparty ná die beroerteaanval van sy hoofleier, PW Botha. Die leierskap in die Regering was in daardie stadium na NI se mening net op te losse voet om hoërisiko-besluite te neem.

Uiteindelik is Sisulu en Ahmed Kathrada, Raymond Mhlaba, Andrew Mlangeni, Elias Motsoaledi, Wilton Mkwayi, Oscar Mpetha en Jeff Masemola vroeg die Sondagoggend van 15 Oktober 1989 vrygelaat – nie deur PW Botha nie, maar deur die nuwe president, FW de Klerk.

Hoewel PW Botha sy aanbod aan Mandela vir laasgenoemde se vrylating van tyd tot tyd herbewoord het en gepoog het om uit die impasse oor die gebruik van geweld te kom, het dit nie geslaag nie.

Op die ou end is Mandela vrygelaat en die formele skikkingsproses het begin *sonder* dat enige duidelike verstandhouding oor die gebruik van geweld bereik is. Uit 'n verstarde ideologiese oogpunt sal dit waarskynlik as 'n mislukking vir onderhandeling gesien word, maar ek glo vandag die "geen verstandhouding"-uitkoms was in der waarheid die beste.

Niemand sou enige onderneming in dié verband – byvoorbeeld dat geweld nie gebruik sou word om politieke doelwitte te bereik nie – kon nakom nie. Dit strek Mandela tot eer dat hy nie ondernemings gegee het wat hy voor sy siel geweet hy nie gestand kon doen nie. Verder deug dit nooit om mekaar tydens onderhandelinge met slenters en slimmighede om die bos te probeer lei nie. Die verloop van Suid-Afrika se formele onderhandelinge tydens Kodesa I en Kodesa II is 'n goeie voorbeeld hiervan.[12]

Dit is 'n denkfout om te glo dat die geweldsvraagstuk in revolusionêre omstandighede eers besweer moet word voordat skikkingsonderhandelinge kan begin. Aan die een kant moet die Regering reg en orde in stand hou. Aan die ander kant beskou bevrydingsbewegings hul terreurvermoë dikwels, en met reg, as hul enigste wapen. As hulle dit kwyt is, verloor hulle alle aanspraak op en die vermoë tot selfgelding.

In die geheime gesprekke met Mandela is die grondslag gelê vir hoe om die vraagstuk van geweld in skikkingspolitiek te hanteer. Die antwoord is nie daarin geleë om dit voor die tyd op te los nie. Die antwoord is eerder om dit regdeur die onderhandelingsproses met wedersydse begrip en insig só te bestuur dat skikking en vrede op die ou einde oor geweld seëvier.

Dit het op die ou einde verseker dat niemand nodig gehad het om "hardegat" onder te gaan soos PW Botha daardie dag in 1986 gevrees het nie. In die geheim is die eerste saadjies geplant vir 'n vreedsame revolusie wat die geskiedenis van Suid-Afrika vir altyd sou verander.

Die hantering van hierdie kwessie is, wat my betref, ons grootste prestasie met die 48 gesprekke wat tussen Mei 1988 en Desember 1989 plaasgevind het.

"VAT MY KIERIE"

ETLIKE jare voor sy beroerteaanval in Januarie 1989 het gerugte oor PW Botha se gesondheid die ronde gedoen. Of daar enige waarheid in die bewerings oor sy verslegtende gesondheid gesteek het, is onseker, maar hy het dit ernstig genoeg geag om hom verskeie kere in die openbaar daaroor uit te laat.

Op die NP-kongres in September 1985 in Port Elizabeth het hy grappies daaroor gemaak, maar 'n paar maande later het hy die saak op 'n NP-koukusvergadering geopper en gesê hy is van plan om sy termyn uit te dien "op voorwaarde dat hy op die steun en lojaliteit van die koukus kon reken". Enige besluit oor sy moontlike uittrede sou eerstens deur sy gesondheid bepaal word, het hy onderneem.

Die gerugte oor Botha se gesondheid wou nie oorwaai nie. Op die Kaaplandse NP-kongres van 1987 het hy weer die saak opgehaal, klaarblyklik met die aanvoeling dat daar mense in die party is wat hulle vir sy uittrede beywer. Aan hulle was sy boodskap in kenmerkende Botha-styl: "My hele politieke lewe is 'n politiek van veg, en hoe harder julle veg, hoe minder sal julle van my ontslae raak."[1]

Daar was nogtans sterk aanduidings dat hy sy pligte wou afskaal. 'n Maand ná die koukus in Januarie 1986 het hy die spesiale kabinetskomitee (SKK)[2] gevra om hom te adviseer oor die moontlike "ontkoppeling" van die presidentskap en die leierskap van 'n politieke party. Hy het klaarblyklik sy eie posisie as president en as hoofleier van die Nasionale Party in gedagte gehad. 'n Paar dae later het hy, volgens sy biograaf, weer hieroor aan die SKK geskryf.

Min. Chris Heunis, voorsitter van die SKK, het besef waaroor Botha se navraag eintlik gaan en teruggeskryf: "Op grond van ons persoonlike lojaliteit en toegeneentheid teenoor u as mens en as leier van ons party, is die antwoord op u vraag dus 'n ondubbelsinnige bevestiging dat dit in Suid-Afrika en die Nasionale Party se belang is dat u hierdie amp verder sal beklee."[3]

Die kop van talle politici het ná dié navrae aan die kabinetskomitee waarskynlik oortyd gewerk om vas te stel waaroor dit gaan: "Wil PW uittree maar nog in beheer bly?" "Is hy moeg, dalk siek?" "Wie gaan hom opvolg?" En die allerbelangrikste vraag vir elke politikus: "Hoe raak dit my posisie?"

Oor die volgende maande en jare is in die nuusmedia en elders die name van verskeie senior kabinetslede as potensiële opvolger vir Botha genoem en die meriete van elkeen bespreek en ontleed: ministers Chris Heunis, Gerrit Viljoen, FW de Klerk, Pik Botha en Barend du Plessis. Vir Pik Botha is glo selfs 'n "Klub van 22" gestig om sy kandidatuur te bevorder.

In Junie 1988 het die Regering besluit om 'n drietal omstrede wette deur te voer wat voorsiening gemaak het vir die strenger toepassing van die Groepsgebiedewet, asook vir sogenaamde vryevestigingsgebiede. Dit het die taak van ministers Heunis en De Klerk geword om dié wette aan die bruin en Indiër-kamers van die parlement te "verkoop". Terwyl sensitiewe onderhandelinge om dit aanvaar te kry aan die gang was, is daar op gesag van De Klerk, as voorsitter van die Ministersraad van die Volksraad, 'n buitengewone vergadering van die NP-koukus gereël – wat die prerogatief van die hoofleier was.

Botha was woedend hieroor en het nie die vergadering bygewoon nie. 'n Paar dae later het hy ook uit 'n kabinetsvergadering, waarvan hy die voorsitter was, gestap nadat daar 'n "heftige botsing" oor dieselfde kwessie tussen hom aan die een kant, en Heunis en De Klerk aan die ander kant was. Botha was ook ongelukkig oor die ooreenkoms wat met die bruin en Indiër-kamers bereik is.[4]

Op 18 Januarie 1989 het Botha die toeval gehad wat volgens die amptelike bulletin daaroor 'n "ligte beroerte" was maar later geblyk het ernstig te gewees het. Minder as twee weke ná die aanval het Botha uit sy siekbed aan die voorsitter van die NP-koukus geskryf en gevra dat die amp van president en die hoofleierskap van die NP geskei word (in wese die "ontkoppeling" waaroor hy drie jaar tevore navraag gedoen het).

Die koukus het op sy vergadering op 2 Februarie Botha se versoek toegestaan en FW de Klerk is tot nuwe hoofleier van die Nasionale Party verkies. 'n Maand later het die federale raad en die koukus van die NP egter besluit dat die twee ampte saamge-voeg moet word soos voorheen. Botha het dit op tegniese gronde probeer keer, maar nie daarin geslaag nie.

'n Voortslepende leierskapstryd het gevolg oor wie nou eintlik die politieke hoof van die land is. Oor die volgende weke en maande het die bestaan van twee politieke magsentrums binne die Regering tot heftige debatte en tweespalt in die NP gelei. Die een ná die ander het van Botha se getroue ondersteuners, in die Nasionale Party en in die Afrikaanse pers, hulle teen hom gedraai.

Kennelik is die lang messe geslyp. Niemand het kans gesien om PW te pak terwyl hy die bul van die trop was nie, maar toe hy lê, het hulle skielik die moed gehad. Dit was, wat my betref, skandalig en lafhartig.

Dit is in hierdie maande en teen hierdie agtergrond dat die ont-moeting tussen Botha en Mandela in Julie 1989 plaasvind. Ek sien Botha toe nog gereeld en rapporteer aan hom, maar dis duidelik

dat sy dae in die politiek getel is. Hy is dikwels iesegrimmig, kort-
gebaker – meer as voorheen – en het nie meer veel vriende nie.

Die aand voor die beslissende Kabinetsvergadering van
14 Augustus kom ek by hom en mev. Botha in Westbrooke. En
wie is daar om hom van advies te dien terwyl hy worstel oor sy plek
in die geskiedenis? Boet Troskie, die filmmaker van Bloemfontein.

Op die volgende dag se buitengewone kabinetsvergadering het
Botha sy ministers een vir een voor 'n keuse gestel oor sy posisie.
Hulle elkeen het aangedui – sommige stamelend, ander openhar-
tiger – dat dit tyd vir hom is om te gaan. Volgens die notule van
die vergadering het Botha sy humeur meestal beteuel, maar hy was
veral gekwets deur die opmerking van min. Eli Louw wat gesê het
"die leier PW Botha wat ek geken het voor u beroerteaanval, is nie
dieselfde man as die een ná die aanval nie".

"Ek is gesond. Ek is gesond," het Botha teruggekap. "Sê vir my
hoeveel van julle hier sit met pille in julle sakke?"[5]

Botha is gedwing om te aanvaar dat die verhouding tussen hom
en sy ministers onherstelbaar verbrokkel het. Dieselfde aand het
hy op TV sy bedanking aangekondig.

Die volgende dag is die leier van die Nasionale Party, FW de
Klerk, deur die Kabinet as waarnemende president aangewys. Op
14 September is hy formeel tot president verkies en ses dae later
ingehuldig.

Kort ná sy bedanking het ek 'n laaste afspraak met Botha in
Tuynhuys gemaak: om te groet.

Dit was 'n emosionele geleentheid in dieselfde kantoor waar
ek hom honderde kere gespreek het en waar hy twee maande
tevore sy afspraak met die geskiedenis nagekom het deur Nelson
Mandela te ontvang.

Botha het my 'n reusegeleentheid in die lewe gebied en daar

het 'n besonder intieme band tussen ons ontwikkel. Nietemin was ek nie blind vir sy foute nie.

Ek het dié dag sien kom. Ek moes 'n groot man groet wat te lank op die troon probeer bly het. Dit het 'n tragiese verhaal geword wat hom al male sonder tal in die geskiedenis afgespeel het.

Hy het Ters Ehlers ingeroep en na die houer gestap waarin sy kierie altyd gestaan het. "Ek wil hê jy moet by wees. Ek gee nou vir dr. Barnard my kierie, en ek hoop hy verstaan wat dit beteken."

"Ek dink so, meneer," het ek geantwoord, en die kierie geneem. Dit was van stinkhout en van gereelde gebruik het dit klein, karaktervolle merkies gehad.

Net om seker te maak, het Botha beaam: "Dit beteken ek het op jou gesteun toe ek iemand nodig gehad het."

'n Mens word dikwels vir jou laaste dade en optrede onthou. Dit is in groot mate ongelukkig ook waar van PW Botha. Dit is meestal sy humeur, sy wispelturigheid en sy neiging in sy latere lewe om intieme vriende aanstoot te gee wat opgehaal word.

Dit sal 'n groot onreg wees om hom net daarvoor te onthou – en boonop te vergeet dat sy gesondheidstoestand waarskynlik baie daarmee te doen gehad het.

Botha het talle voortreflike eienskappe gehad. Die feit dat hy 'n uitstekende administrateur was, het dit 'n vreugde gemaak om met hom saam te werk en aan hom te rapporteer. Die unieke aard van 'n intelligensiediens – wat ingehou het dat ons nie aan alle burokratiese rompslomp onderhewig was nie – het dit uiteraard makliker gemaak, maar dit was nogtans 'n plesier om te sien hoe doeltreffend hy dinge gedoen gekry het. Ook in dié opsig was hy die regte man op die regte tyd vir Suid-Afrika, want administrasie en die uitvoering van beleid was nie sy voorganger, adv. John Vorster, se sterk punt nie.

Botha was 'n doener wat dinge laat gebeur het: Paaie, skole, huise en hospitale is gebou. Miskien het sy beperkte geduld hom hierin gehelp. Ten diepste is hy gedryf deur die begeerte om mense te help; om diens te lewer.

As ek gevra moet word of hy die wêreld se slimste, vriendelikste en mees taktvolle president met die voortreflikste oratoriese vermoëns was, is die antwoord ongelukkig nee. Dit is egter nie wonderlike toesprake deur die staatshoof of sy posisie heel boaan die gewildheidsleer wat 'n land laat slaag nie.

Daarby was Botha gedissiplineerd en 'n man vir orde. Al die honderde kere dat ek afsprake met hom gehad het, was hy nooit laat nie. Trouens, hy het gewoonlik 'n paar minute voor die tyd by sy sekretaris verneem: "Is dr. Barnard al hier?"

Die storie word vertel hoe hy in April 1982 van min. Eli Louw wou weet hoe sake verloop met die oprigting van tydelike geriewe by Kopfontein op die grens tussen Botswana en Suid-Afrika vir Botha se beplande ontmoeting met pres. Kenneth Kaunda van Zambië. Louw het versigtig verduidelik dat weens die prosedures wat met tenders gevolg moet word, daar nog nie veel vordering is nie.

Botha, wat selde gevloek het, het uitgeroep: "My God, kollega! Wanneer gaan julle dit gedoen kry? Los dit! Generaal Malan, vat die ding oor en reël alles."

Botha het die aard en eise van magspolitiek goed verstaan. Vanselfsprekend was hy nie oorhaastig om die politieke mag te deel of prys te gee nie, maar hy het besef hoe noodsaaklik dit was om die politieke ideale van die verskillende groepe in die land te versoen. Hy het nie daarvan weggeskram dat Mandela die swaartepunt van swart politieke mag was nie.

Botha word dikwels eendimensioneel, deur 'n "militêre prisma", beoordeel en gesien as die man van die Totale Aanslag wat die SA

Weermag tot 'n formidabele krag opgebou het en dus 'n militaristiese ingesteldheid van "Kom ons skiet dit reg" gehad het. Die waarheid is eerder dat Botha eerstens gehou het van die Weermag se vermoë om dinge vinnig en sonder die invul van baie vorms gedoen te kry. Tweedens, dat die Weermag die skild kon vorm waaragter noodsaaklike politieke stappe in relatiewe vrede gedoen kon word.

Hy het gewys dat hy vatbaar is vir nuwe idees. In die beginjare praat ek dikwels met hom oor wat die Amerikaners noem *soft power* (dinge soos diplomasie, gesprekke, sanksies, ens.) om konfliksituasies op te los. Hy was nie van nature baie akademies of filosofies ingestel nie, maar hy was kundig genoeg om in te sien wanneer 'n redenasie meriete het. Hy was nie ideologies of dogmaties verblind nie, maar eerder reformatories ingestel en het hom veral laat lei deur wat prakties en regverdig is.

Hy is verguis oor sy kragdadige optrede teen onrusstokers en revolusionêre, maar die geskiedenis het hom reg bewys deurdat dit nodig was om 'n milieu te skep waarin redelik vreedsaam onderhandel kon word.

Dit is waarskynlik waar dat sy kabinetslede, met die uitsondering van Alwyn Schlebusch, te skroomvallig was om hom in die Kabinet te opponeer, want daar was min mense wat daarvoor kans gesien het wanneer hy sy kenmerkend intimiderende houding oor 'n saak ingeneem het. In sy studeerkamer in Westbrooke het 'n kostelike spotprent gehang van 'n tipiese Karookoppie wat lugwaarts ontplof, met die byskrif: "He erupts from time to time." Hy het 'n vinnige en soms opvlieënde humeur gehad, maar kon darem ook 'n grappie daaroor waardeer.

'n Mens moes die tyd en geleentheid reg kies as jy iets wou oordra wat sensitief of 'n verleentheid kon wees. Jy trek nie aan 'n leeu se snorbaarde terwyl hy op die verhoog is en wys deur watter ringe van vuur hy kan spring nie; jy wag tot hy later alleen in sy lêplek is waar hy rustig aan sy kameelperd vreet.

Botha kon by tye kru en onredelik wees, maar hy word te na gekom met die bynaam die Groot Krokodil. Dis miskien gepas, maar dis te betwyfel of klein likkewaantjies, waarvan daar baie was, die stormagtige Suid-Afrika van die jare tagtig sou kon regeer het.

Hy het 'n swakheid van baie Afrikaners openbaar: om nie verskoning te vra wanneer jy iemand beledig of aanstoot gegee het nie. Hy het dit op ander meer subtiele maniere probeer goedmaak, maar ek wonder hoeveel mense dit sou verstaan het.

Alles in ag genome, sal PW Botha nog eendag sy regmatige en welverdiende plek in die geskiedenis van Suid-Afrika kry.

DIE VERBRANDE BAND

NADAT PW Botha en sy vrou, Elize, hulle ná sy uittrede uit die politiek by hul woning op Wildernis in die Suid-Kaap gevestig het, het hy steeds 'n lewendige belangstelling in die politiek en gebeure van die dag behou. Na sommige se smaak, té lewendig.

Volgens Botha se biograaf het die oudpresident die epogmakende toespraak van FW de Klerk op 2 Februarie 1990 "nie met besondere entoesiasme aangehoor nie" en hy het laat blyk "dat vir hom en die NP die tyd deur die uurglas geloop het". Twee maande later het hy die Wildernis-tak van die NP meegedeel dat hy as gevolg van die NP-leiding se koers nie sy lidmaatskap van die Nasionale Party dié jaar hernu nie.

'n Prominente foto van drie mans op die voorblad van *Die Volksblad* van 15 Februarie 1990 het sy aandag getrek: Nelson Mandela, Niël Barnard en PW Botha. Dit het die oudpresident herinner aan die historiese ontmoeting tussen hom en Mandela sewe maande tevore in Tuynhuys.[1] In mediaberigte is daarna verwys dat dié ontmoeting die weg gebaan het vir Mandela se uiteindelike vrylating en by implikasie ook vir die ontperking van die bevrydingsbewegings en ander stappe wat op 2 Februarie aangekondig is.

Dit was nie waarvoor Botha onthou wou word nie.

Hy het onthou van die bandopname wat hy en Ters Ehlers, sonder my medewete, van die ontmoeting en gesprek met Mandela gemaak het. Daarmee sou hy kon aantoon, het hy gemeen, hoe sterk hy teenoor Mandela oor onder meer die geweldskwessie opgetree het en dat daar nie sprake van byvoorbeeld die ontperking van die ANC was nie.

Dit het Botha by NI uitgebring.

'n Paar dae ná die Mandela-ontmoeting het Ehlers die bandopname aan my oorhandig wat volgens staatsdiensreëls die korrekte prosedure was. Ek was ongemaklik daaroor omdat Mandela se toestemming nie vooraf gevra is nie. 'n Verdere bekommernis was dat die inhoud vir politieke doeleiendes misbruik kon word – wat in die lig van Botha se latere optrede nie ongegrond was nie. Ná oorlegpleging met my adjunk, Mike Louw, en nadat hy ook na die opname geluister het, het ek besluit om die band te laat verbrand.

Dit was nie die soort nuus wat Botha ná 2 Februarie 1990 wou hoor nie en hy het hom ná verskeie telefoniese gesprekke en talle briefwisselings wat oor etlike maande tussen ons plaasgevind het, tot pres. De Klerk gewend, wat my gevra het om die oudpresident op Wildernis te gaan spreek en die saak te probeer bylê.

Ek het PW goed geken en geweet wat om te verwag toe ek op 12 November 1991 by Die Anker, jare lank die Bothas se vakansiewoning, aangekom het. Ek is vriendelik ontvang, maar ook dadelik gewaarsku dat die gesprek op band opgeneem word en dat mev. Botha as getuie teenwoordig sou wees.

Toe het die ondervraging begin.

Botha wou eenvoudig nie aanvaar dat die bandopname nie meer bestaan nie, want "dit is my eiendom", sê hy. Ek moes oor en oor dieselfde vrae beantwoord. Hy was ook nie tevrede met die afskrif van my aantekeninge van die gesprek met Mandela nie omdat dit volgens hom nie weerspieël het hoe ferm hy teenoor Mandela opgetree het nie. Hy het die volste reg gehad, het Botha verklaar, om sonder Mandela se medewete 'n opname van die gesprek te maak, "want hy was 'n gevangene".

Botha het gaandeweg ál meer emosioneel en redeloos geraak:

"Julle het gedink ek gaan dood ... maar ek is net so gesond indien ek nie gesonder is nie." Ek is daarvan beskuldig dat ek nie meer sy vriend is nie, dat ek my nie moet dom hou nie, dat hy my wantrou, dat ek hom in die rug gesteek het ... en is aangesê dat ek sal moet bly vir tee.[2]

Ek het hom laat begaan. Hoe langer hy getier het, hoe meer het ek besef dat dit die regte besluit was om die band te vernietig. Ek het gesidder by die gedagte aan wat hy waarskynlik daarmee sou aangevang het en wat die gevolge sou gewees het.[3]

By tye het ek hom jammer gekry en vir myself gesê: "Vergewe hom, want hy weet nie wat hy doen nie."[4]

'n Klompie jare tevore het my pa, eens 'n fier en formidabele man, ook 'n ernstige beroerte gehad. Dit was traumaties om te ervaar wat dit aan hom gedoen het. Ons moes meermale van naby die pieke en dale beleef wat hy deurgegaan het: emosionele uitbarstings wat nooit in sy aard was nie.

Toe ek vertrek, het mev. Botha saamgestap na die motor. Sy het voor my kom staan, soos 'n ma voor haar seun, en my diep in die oë gekyk. Sy het my gewoonlik as "doktor" aangespreek, maar dié dag het sy gesê: "Niël, ek is jammer. Verstaan dit asseblief."

Ek het haar 'n drukkie gegee en weggery.

Dit was sekerlik met voorbedagte rade dat Botha 'n opname van ons "gesprek" gemaak het. Voor die naweek het hy transkripsies daarvan aan *Rapport* en die *Sunday Times*, een van sy ou politieke vyande, besorg. *They had a field day.*[5]

In 'n seldsame verklaring deur NI is gesê dat die opname "geen deurslaggewende veiligheidsrelevante waarde" het nie, ondanks die ontmoeting se verreikende historiese en politieke betekenis. Ons het geoordeel dat "enige verdere behoud of aanwending van die band slegs tot verleentheid kon lei en geen toekomstige nut kon hê nie". Die band was geruime tyd in die president se besit sonder dat enige transkripsie daarvan gemaak is.[6]

Botha het dit nie daarby gelaat nie en 'n klag teen my ingedien by die destydse ombudsman, regter Piet van der Walt, wat die hele saak ondersoek het. Hy het bevind dat ek 'n oordeelsfout begaan het om die band sonder raadpleging van Botha te vernietig, dat die opname "moontlike geskiedkundige waarde" gehad het en dat dit na die regter se mening ongewens is dat so 'n besluit wetlik aan die diskresie van die hoof van NI oorgelaat is.[7]

Ek respekteer die geleerde regter se bevinding en aanvaar volle verantwoordelikheid vir my besluit. Desondanks is ek steeds dankbaar vir die geleentheid wat ek gehad het om met outoritêre gesag 'n besluit in belang van die land te kon neem. Terselfdertyd was die gebeure rondom die Mandela-band en Botha se hantering daarvan die grootste vernedering van my lewe.

'n Paar jaar later sterf "tannie Elize" onverwags aan 'n hartaanval. Ek woon die begrafnisdiens op Wildernis by en sit, soos dit my gewoonte is, redelik agter in die kerk, langs die paadjie.

Toe die diens verby is, wag almal dat die familie eerste uit die kerk stap. PW kom ook verby en groet my hartlik. "Ek is bly dat jy gekom het, dokter."

Daarna bel ek hom gereeld met sy verjaarsdag op 12 Januarie. Op 'n vreemde manier het mev. Botha daartoe bygedra dat ek en haar moeilike man tog versoen geraak het.

"AS DIE BOERE SLIM WAS"

"IF the Boers were clever, they would early next year release Mandela, unban the ANC and set a date for elections that would be hard to meet ..."[1]

Dié opmerking in Oktober 1989 deur ene Rashid in die Pamodzi-hotel, destyds die nieamptelike "hoofkwartier" van die ANC in Lusaka, teenoor 'n Suid-Afrikaanse joernalis wys dat 'n mens nooit jou opponent moet onderskat nie. Min het Rashid geweet dat "die Boere" toe nie so dom was nie en dat die planne dáárvoor al ver gevorder was.

Reeds voor sy verkiesing tot president op 14 September was dit duidelik dat FW de Klerk die pas sou versnel van die hervorming wat deur sy voorganger begin is maar wat by tye tot stilstand geknars het. 'n Reuse-protesoptog teen veral die noodtoestand – die soort onwettige optrede wat voorheen klokslag deur die Polisie met waterkanonne, rubberkoeëls en knuppels in die kiem gesmoor is – is vir die vorige dag in Kaapstad beplan.

De Klerk het egter ná oorleg met die veiligheidsmagte besluit om die optog op sekere voorwaardes toe te laat. Meer as 30 000 mense het vreedsaam en sonder enige voorval deur Kaapstad se strate gemarsjeer. In die daaropvolgende dae is soortgelyke optogte in Johannesburg, Pretoria en Port Elizabeth toegelaat. In Oktober is Walter Sisulu en sewe ander politieke gevangenes[2] vrygelaat.

Dié stappe het 'n duidelike sein gestuur van 'n nuwe, meer ontspanne bestuurstyl. Dit was ook in ooreenstemming met NI se advies dat simboliese stappe die polities oorverhitte klimaat in die land sou laat afkoel.

Nogtans het ek en De Klerk van die begin af nie 'n goeie verhouding gehad nie. Binne drie dae nadat hy tot president verkies is, het ek my bedanking as die hoof van Nasionale Intelligensie by hom ingedien.

Ek glo dat elke staatshoof vanweë sy unieke en intieme verhouding met die hoof van intelligensie die geleentheid moet hê om sy keuse van die beste persoon vir die taak aan te wys. My burokratiese etiek in dié verband is: Jy wag nie om gevra te word om te bedank nie; jy bedank en word dan moontlik gevra om aan te bly.

Tweedens was daar van die begin af tussen ons nie die soort rapport wat noodsaaklik is vir twee mense wat so nou en in volkome wedersydse vertroue moet saamwerk nie. Ek het geweet as die skote in die binnegevegte van die veiligheidsestablishment begin klap, sou hy nie sy intelligensiehoof beskerm nie.

In die Staatsveiligheidsraad (SVR) was dit duidelik dat De Klerk nie daar tuis is nie en nie regtig 'n bydrae wou lewer nie. Sy lyftaal was soos dié van 'n kind wat gedwing word om kerk toe te gaan, maar eerder buite wil speel.

"Ek sal kabinetsregering in sy volle glorie herstel," het hy my kort ná sy ampsaanvaarding effens leedvermakerig meegedeel. Daarmee het hy eintlik gesê: "Julle sekurokrate se dae is getel. Ek gaan julle vlerke knip." Ek het begrip gehad vir sy standpunt, want ek het nog nooit ontken dat die Nasionale Veiligheidsbestuurstelsel en die Staatsveiligheidsraad in wese 'n soort semiveiligheidsdiktatuur daargestel het nie.

Die punt is: Na my oortuiging was dít wat Suid-Afrika in daardie stadium nodig gehad het om 'n vreedsame skikking te beding. Na De Klerk se oortuiging het ons dit nié nodig gehad nie; trouens, hy het geglo dat dit juis die proses ondergrawe. Daarmee het hy 'n gebrek aan strategiese insig en aan die noodsaaklikheid van duidelike doelwitte getoon, soos later uit die grondwetlike onderhandelinge by Kodesa I en Kodesa II geblyk het.

Derdens, op 'n persoonlike vlak, was ek gegrief deur die manier waarop hy en sy makkers PW Botha gepak het toe hy as 'n siek man teen die toue was. Die manmoedige weg is om 'n opponent op 'n gelyke speelveld aan te durf, nie wanneer hy reeds op die grond lê nie.

Ondanks die stram en formele verhouding tussen ons het De Klerk my bedanking van die hand gewys. Oor sy beweegredes kan ek maar net bespiegel.

Moontlik was hy bang om een van die rolspelers in die "voorlopige skikking" (veral die gesprekke met Mandela) te laat loop, want dit kon as 'n afwysing van die vredesproses geïnterpreteer word. Moontlik was die hoofrede dat hy nie daarvan hou om harde en moeilike besluite te neem nie, want gewildheid was vir hom uiters belangrik.

Hoe dit ook al sy, ek het hom verseker dat ek nie met minder geesdrif en ywer my werk sal doen nie, hom altyd met die nodige agting sal behandel en my advies so kundig en objektief moontlik sal aanbied.

Opvallend genoeg het De Klerk en Mandela van die begin af ook nie veel byval by mekaar gevind nie. Ek was in Rusland toe hulle die eerste keer ontmoet het, maar was 'n ruk daarna teenwoordig toe Mandela, De Klerk en min. Gerrit Viljoen ontmoet het. Daar was weinig warmte tussen De Klerk en Mandela te bespeur. Hulle was duidelik nie geesgenote nie. Die een is ontspanne en praat met wysheid en gesag. Die ander kom onrustig voor, raak allerlei slimmighede kwyt en is klaarblyklik bekommerd oor die nuwe mededinger op die gewildheidsleer.

'n Ander faset van De Klerk wat my nie aangestaan het nie,

het hieruit geblyk: Ondanks my ernstige pleidooie om NI nie aan 'n minister of 'n adjunk te laat rapporteer nie maar aan die staatshoof self vanweë die voordele daarvan vir die staat, het hy dit in die wind geslaan en NI onder die politieke beheer van 'n adjunkminister geplaas. My vermoede was dat hy daarmee afstand tussen hom en ons wou plaas, terwyl hy wel die voordeel het van geheime en kritieke inligting wat ons ingesamel het. Afstand sou die voordeel hê dat indien iets op die lappe kom wat 'n verleentheid kon wees, hy daarvan sou kon wegdraai en sê: "Ek het nie daarvan geweet nie."

Ek het terugverlang na die dae van PW Botha, wat jou privaat sou roskam as jy drooggemaak het, maar jou na buite met sy lewe verdedig het.

Teen die tweede helfte van 1989, veral ná die vertrek van PW Botha, was dit 'n uitgemaakte saak dat Mandela binne afsienbare tyd vrygelaat sou word.[3] Die oorheersende oorweging het toe geword hoe dit moet gebeur.

Uiteraard moes die verbod op die bevrydingsbeweging ook opgehef word. Mandela kon tog nie 'n "vry man" wees terwyl sy organisasie steeds verbode is nie. Die logika daarvan was onontwykbaar, maar daar was een probleem: die "Rooi Gevaar".

Die "valke" in die veiligheidsgemeenskap, soos verteenwoordig deur sekere leiers van die Weermag en die Polisie in die Staatsveiligheidsraad, het feitlik hul lewe daaraan gewy om die kommunisme te beveg. Maar nou is daar van hulle gevra om nie net die wettiging van die ANC, PAC en ander te aanvaar nie, maar ook dié van die SA Kommunistiese Party (SAKP).

In die lig van die dekades lange propaganda teen die SAKP was die polisiemanne en soldate se weerstand verstaanbaar. By die laaste SVR-vergadering voor Mandela se vrylating skop Magnus Malan, minister van Verdediging, en Adriaan Vlok, minister van Wet en

Orde, vas. "Om die SAKP te ontperk is so goed as om die duiwel in Suid-Afrika los te laat," is ongeveer hul redenasie.

De Klerk, nou voorsitter van die SVR, skipper heen en weer.

Ek raak opgewonde oor die emosionele redenasies en die onvermoë om die implikasies van so 'n stap – om die SAKP steeds te verbied – in te sien en tree ook toe tot die debat.

"Waarom wil ons die SAKP weer ondergronds dryf?" wou ek weet. "Kommunisme het reeds elders in die wêreld in duie gestort. Laat die SAKP 'n slag aan ope demokratiese prosesse deelneem en homself in die voet skiet. Dan kan ons sommer sien wie hulle almal is en wat hulle doen," het ek betoog.

"Maar wat belangriker is: Mandela sal dit nooit aanvaar nie. Hy sal weier om uit die tronk te stap. Wat dan? Ons sal geen ander keuse hê nie as om die SAKP dan tog te ontperk – met rooi gesigte."

De Klerk het dit gelukkig ingesien en daar is besluit om konsekwent al die bevrydingsbewegings te ontperk.

In Tuynhuys is verskeie vergaderings gehou om die vrylating te bespreek en te beplan. Dit moes tot elke prys vreedsaam en ordelik verloop, nie soos met die ajatolla se terugkeer na Iran in Februarie 1979 nie. 'n Matig uitbundige massahisterie kan verwag word wat hoofsaaklik deur die ANC se *marshalls* gehanteer sal moet word, terwyl die veiligheidsmagte gereed sal moet wees om indien nodig op te tree.

In Desember 1989 sien Mandela en Winnie mekaar weer gereeld in die huis by Victor Verster nadat hy haar in 'n stadium nie wou ontvang nie. Die gesprekke gaan veral oor politieke sake en sy verlating; die verwagtinge en opgewondenheid daaroor hang reeds swaar in die lug.

Mandela lig Winnie in oor sy ontmoeting met De Klerk op 14 Desember; sy is lugtig vir De Klerk en waarsku dat hy nie is wat hy voorgee om te wees nie. Mandela stem nie met haar saam nie en meen De Klerk is 'n eerbare man. Hy wys daarop dat De Klerk onder groot druk oor groepsregte vir die wit minderheid is en waarsku weer dat indien die ANC nie oppas nie, sal hulle deur De Klerk en die Regering onkant betrap word in die onderhandelinge wat noodwendig moet volg.

Mandela spreek weer sy kommer uit oor die ANC se steun in die "tuislande" en lug sy ontevredenheid dat die leierskorps van die ANC hom 'n antwoord skuldig bly oor waarom Buthelezi hom nie mag besoek nie.[4]

Later daardie maand, terwyl 'n kritieke jaar in die Suid-Afrikaanse geskiedenis ten einde geloop het, het ek 'n laaste amptelike besoek aan Mandela gebring. Dit was nie net die afsluiting van die jaar nie, maar in sekere sin ook van ons gesprekke. In die nuwe jaar was daar nog twee korter gesprekke, maar heel anders wat inhoud en stemming betref.

Die kwessie van wit vrese oor die toekoms was weer ter sprake. Die verkiesing van twee maande tevore waarin die regses groot vordering gemaak het, was nog vars in die geheue.

Mandela het geduldig daarna geluister, dalk met 'n tikkie vrees oor wat dit moontlik vir hom kon inhou. Dit is 'n faktor wat in gedagte gehou sal moet word, het hy gesê en weer die moontlikheid genoem dat die land 'n tyd lank geregeer kon word deur 'n tussentydse regering waarin wit en swart gelyke verteenwoordiging het.

Daar het uiteindelik niks van gekom nie, maar ek het Mandela nooit in die jare daarna, byvoorbeeld tydens die grondwetlike onderhandelinge, gebonde probeer hou aan uitsprake wat hy tydens ons geheime gesprekke gemaak het nie. Ek het dit nooit geopper nie, al het hy later oor sekere sake ander standpunte as tydens ons gesprekke ingeneem. Die gesprekke was verkennend, om inligting in te win oor mekaar se sienings, om te soek na gemeenskaplikhede, om die grond voor te berei vir die saad wat nog geplant moes word.

In Januarie 1990 het ek Mandela vlugtig en vir die laaste keer in Victor Verster besoek om hom gerus te stel dat alles op koers is vir die opening van die Parlement in Februarie waar die ontperking van die bevrydingsbewegings en sy vrylating aangekondig sou word. "Die toespraak word binnekort geskryf," het ek hom meegedeel.

"Die seisoen van geweld is verby. Die tyd vir heropbou en versoening het aangebreek," het pres. De Klerk 'n paar weke later, op 2 Februarie 1990, verklaar toe hy die parlementsitting geopen het. Feitlik alle leiers in die land stem saam dat onderhandeling die sleutel is tot versoening, vrede en 'n nuwe, regverdige bedeling, is sy aanspraak.

De Klerk het aangekondig dat die verbod op die ANC, die PAC, die SAKP en 'n aantal ondergeskikte organisasies opgehef word; dat mense wat gevangenisstraf uitdien bloot omdat hulle lid van hierdie organisasies is, vrygelaat sal word; dat beperkings op die media ingevolge die noodmaatreëls – wat voorlopig deels van krag bly – om oor onrus verslag te doen, opgehef word; dat die opheffing van beperkings op sekere organisasies hoegenaamd nie beteken dat terreur en dade van geweld onder hul vaandel toegelaat sal word nie; dat die handhawing van reg en orde nie in gevaar gestel mag word nie; en dat vreedsame protes nie 'n broeiplek mag word vir wetteloosheid, geweld en intimidasie nie.

Dié stappe is in ooreenstemming met die Regering se verklaarde voorneme om die politieke proses in die land te normaliseer sonder om die handhawing van goeie orde in gevaar te stel.

"Die tafel is gedek vir verstandige leiers om te begin praat oor 'n nuwe bedeling, en om deur dialoog en bespreking 'n verstandhouding te bereik." Die agenda daarvoor is oop en die oorkoepelende doelwitte van die Regering sluit in 'n nuwe, demokratiese grondwet, universele stemreg, geen oorheersing nie, gelykheid voor 'n onafhanklike regbank, die beskerming van minderhede asook individuele regte, vryheid van godsdiens, en 'n gesonde ekonomie gebaseer op private ondernemerskap.

De Klerk het die veiligheidsmagte bedank vir hul toegewyde diens aan die land wat hervorming in 'n stabiele klimaat moontlik maak. "Ons land en al sy mense is dekades lank verstrengel in konflik, spanning en gewapende stryd. Dit is tyd dat ons loskom van die siklus van geweld en deurbreek na vrede en versoening. Die stille meerderheid van die bevolking sien verlangend daarna uit. Die jeug verdien dit."[5]

De Klerk het ook aangekondig dat Mandela binne enkele dae vrygelaat sou word.

Dit was 'n historiese oomblik en 'n waterskeiding in die geskiedenis van die land.

'n Paar dae later het ek Mandela vir oulaas in die huis by Victor Verster gaan besoek. Daar was by hom 'n ingehoue, selfs sombere, opgewondenheid. Waarna hy so lank uitgesien het, het waar begin word. Daar was nie meer enigiets te sê oor die drie groot kwessies waaroor ons oor bykans twintig maande dikwels intens gesprek gevoer het nie.

Die gesprek het nou gegaan oor die reëlings vir sy vrylating.

Aanvanklik wou Mandela opsluit in Soweto vrygelaat word, want dit was sy laaste tuiste. Sy voorstel was dat hy in die geheim na Johannesburg gevlieg word en dan in Soweto amptelik vrygelaat word. Dit was eenvoudig te riskant om 'n reuseskare opgesweepte mense daar te probeer beheer. Mandela sou waarskynlik deur die strate van Soweto na sy ou huis in Vilakazistraat wou stap en die risiko's daaraan verbonde was net te groot.

"Daar is so baie stoom in die ketel. Kom ons laat dit in fases vry," het ek gevra, en voorgestel dat hy in die Kaap vrygelaat word.

Ek is nie seker hoe op die Parade besluit is nie, maar dit was 'n uitstekende keuse omdat dit 'n dramatiese en historiese "verhoog" in die vorm van die balkon van die Kaapstadse stadsaal bied, en omdat die terrein plek vir 'n beperkte aantal mense het.

Madiba het ingestem. Soos ek van hom verwag het — want hy het altyd 'n goeie aanvoeling vir die geleentheid gehad — het hy 'n toesprakie afgesteek oor sy waardering vir ons gesprekke, die rol wat die regeringspan gespeel het en die band van vertroue wat ons kon vorm.

Ek het op gepaste wyse gereageer en 'n laaste guns gevra: "Hou asseblief net die eerste paar toesprake beheersd. Hou tog die mense onder beheer, want die emosies gaan hoog loop. Ons wil nie weer op mekaar skiet nie."

Toe ek die laaste keer by Victor Verster se hekke uitry, het ek teruggedink aan die bykans 50 gesprekke wat ek en Mandela gevoer het. Ons het langer as 200 uur gepraat én na mekaar geluister. In dié tyd het ek die reënboog van fasette van sy persoonlikheid in aksie gesien.

Hy was die dapper maar uitgeslape politikus wat die onderhandelinge sonder konsultasie met sy party aangepak het en hulle diplomaties oortuig het om hom te vertrou. Hy was die enigsins bekommerde vryheidsvegter wat almal verseker het dat hy nie die ideale van die struggle sal verpand nie. Die beskeie aspirant-staatsman wat by die dag ouer word en hunker na die erkenning en geleentheid wat hy weet op hom wag as sake vinnig genoeg vorder. Die lojale spanman wat nie weet hoe hy die gerugte oor sy kamerade oor beweerde korrupsie, smokkelary en seksuele teistering in die organisasie wat hy met soveel liefde opgebou het, moet verstaan nie.

Hy was die wyse ringkop en Xhosa-tradisionalis wat opreg gekwel was oor die optrede van sy stamgenote in die Oos-Kaap wat na bewering nie die nierassige aard van die ANC bevorder nie. Die besorgde vader en familieman wat onthuts was oor die skinderstories oor sy vrou en die kaperjolle van sommige van sy kinders ...

Hy was al dié dinge en veel meer, want hy was die merkwaardige en weergalose Madiba.

HOOFSTUK 25

OPLAAS VRY

DIT was presies hoe ek dié heuglike en geskiedkundige geleentheid wou beleef. Van agter die skerms, sou 'n mens kon sê, en saam met my geliefdes: Engela en die seuns Nico (16), Hannes (13), Niela (7) en ons getroue huishulp, Salome Malipele, by ons huis in Waterkloof, Pretoria.

Op die TV sien ons hoe die kameras oral ronddwaal op soek na 'n stukkie aksie, want Madiba het steeds nie sy verskyning gemaak nie.

Ek kon ook nou dáár gewees het, want in ons laaste gesprek was dit Mandela se versoek: "Wanneer ek die dag by Victor Verster se hekke uitstap, moet u saam met my daar uitloop. Ons het hierdie pad mos saamgeloop."

Ek het hom bedank vir dié mooi gebaar, maar dit van die hand gewys. "Baie dankie. Maar dis u en Winnie se dag. Dis nie my plek nie. Buitendien, een van u kamerade sal wel vra: 'Wat maak die Boere se spioen hier?'"

Nie dat ek nie 'n antwoord vir hom sou gehad het nie, maar ek glo steeds intelligensiemense se plek is agter die skerms. Erkenning vir goeie werk moet jy by die werk soek, nie in die openbaar nie.

Die TV-man buite die gevangenis se hekke het nou al elke moontlike nuanse van die skare se stemming en die stygende temperatuur buite die Paarl bespreek, maar daar was steeds geen teken van Mandela nie. Een van ons groot bekommernisse oor die vrylating was besig om waar te word: Winnie was laat, baie laat. Later was dit etlike ure.[1]

So 'n maaifoedie! Dit was nie die eerste keer nie en ook nie die laaste nie.

Toe Madiba en sy uiteindelik, omtrent drie uur laat, hul verskyning maak, is hy sigbaar afgehaal. Daar is geen sweem van die later bekende breë glimlag nie. Die geleentheid waarna hy meer as 'n kwarteeu uitgesien het, is deur sy vrou bederf. Sy is uitgelate en stoot 'n gebalde vuis in die lug.

Die kameras wys 'n effens gehawende plakkaat van twee stukke bruin karton wat iemand in die skare vashou. "AFRICA" lui die een, en op die ander: "FREEDOM IN OUR LIFETIME."

Die kameras volg die kavalkade Kaap toe. Later lyk dit of die motor wat die Mandelas vervoer, die kluts kwyt raak en 'n ander koers inslaan.

Ek hou my hart vas. Wat is hier aan die gang? Die reëlings en die logistiek vir die geleentheid is 'n gesamentlike operasie van die Polisie en veiligheidsmagte, en die ANC. Ken die bestuurder nie die pad Kaap toe nie, of waarheen is hy op pad?

Uiteindelik sien ons hoe die Mandelas op die Kaapse Parade aankom, te midde van 'n menigte wat mekaar verdring om elkeen so na as moontlik te kom aan die swart messias wat vandag op die Parade neergedaal het. Toe Mandela eindelik op die stadsaal se balkon verskyn, kom hy oorstelp en selfs verwese voor, waarskynlik steeds ontsteld oor Winnie se laatkommery, want hy was nooit laat nie.

Toe hy sy toespraak moet lewer, is sy bril nêrens te vinde nie. Winnie kom tot die redding met haar bril, maar die waardige Mandela sien daar koddig uit agter die reuseraam, terwyl Cyril Ramaphosa soos 'n neet aan die mikrofoon klou en uit elke hoek op die TV-skerm verskyn.

Mandela val dramaties weg met 'n erelys van almal aan wie hy hulde bring, maar dan slaan hy oor in opruiende retoriek: "Our struggle has reached a decisive moment. We call on our people to seize this moment so that the process towards democracy is rapid and uninterrupted. We have waited too long for our freedom. We can no longer wait. Now is the time to intensify the struggle on all fronts. [...] It is only through disciplined mass action that our victory can be assured."[2]

Uiteenlopende gevoelens het oor my gespoel terwyl ek alles gadegeslaan het.

'n Oomblik van selfvoldaanheid oor die geheime revolusie wat plaasgevind het – dat ons deur die geheime gesprekke die vreedsame skikkingsproses op vaste voet help plaas het. 'n Gevoel van verleentheid en teleurstelling dat dié eenmalige, historiese gebeurtenis van wêreldwye omvang nie glad en stiptelik verloop nie. 'n Groot stuk dankbaarheid dat dinge wel baie anders verloop het as wat die "valke" in die veiligheidsgemeenskap klaarblyklik gehoop het.

Die strekking van 'n verslag wat hulle in die sekretariaat van die Staatsveiligheidsraad oor Mandela se moontlike vrylating opgestel het, het by my opgekom. Verskeie opsies is daarin uiteengesit.

Die een wat aanbeveel is, het onder meer behels dat Mandela "na buite die Suider Afrika streek [*sic*] vrygelaat word" en dat hy in 'n "relatief swak fisiese gesondheids toestand [moet] verkeer sodat hy nie lank as leier kan optree nie". Daar moes ook 'n "goed-beplande pro-aktiewe sielkundige aksie program voor, gedurende en na die vrylatingsaksie geloods word".[3] Wat dit ook al beteken.

Watter waansin was dit nie!

Daar was ook ander vreemde en sommige bisarre idees wat ek later moes aanhoor toe die gesprekke met Mandela bekend geraak het. Daar was mededelings met dié strekking: "Jy het so baie tyd saam met hom deurgebring en sekerlik saam koffie gedrink. Hoekom het jy hom nie vergiftig nie?"

Ander het gemeen ek was 'n patetiese "onderhandelaar", want hoekom het ek nie Mandela se kop geswaai totdat hy apartheid ondersteun nie? Hoekom het ons hom nie met tronkstraf tot die dood toe gedreig as hy nie geweld afsweer nie?

Dit het klaarblyklik gekom van mense wat niks weet van onderhandelinge of hoe mense se koppe en harte werk nie.

Dit was nooit ons doel om Mandela radikaal van standpunt te laat verander nie. Nie net sou so 'n poging vrugteloos gewees het nie, dit sou hom ook van sy magsbasis vervreem het. En wat baat dit jy bereik 'n verstandhouding met iemand wat so min invloed het dat dit nie die kern van die politieke vraagstuk betrek nie? Allerlei ondermynings van sy gesag en verdeel-en-heers-planne sou dieselfde uitwerking gehad het. Dit sou futiel en uiters dom gewees het om die proses wat met die daarstelling van politieke strooipoppe in die tuislande gevolg is, te herhaal.

Die kerndoel van die geheime gesprekke was om betroubare inligting te kry oor die saakmakende aspekte van die politieke krisis waarin die land was, asook om vir die ander party geloofwaardig te kan aantoon dat jy ernstig, eerbaar en betroubaar is in die soeke na 'n verstandhouding.

'n Verdere voordeel van die gesprekke was dat dit Mandela én die ANC voorberei het op die verantwoordelike en stabiliserende rol wat hulle moes speel. Binne die tronk kon hy nie so 'n rol vertolk nie, daarbuite wel.

Die teenvraag is: Gestel ons het hom net op 'n dag uit die bloute vrygelaat, in 'n lugleegte wat die ideale klimaat sou wees vir radikale en revolusionêre om die Regering gewelddadig te probeer oorneem. Die Weermag sou ongetwyfeld ingegryp en 'n volskaalse burgeroorlog ons voorland gewees het.

Voorin my eksemplaar van sy outobiografie het Mandela die

volgende inskripsie gemaak: "To my friend Dr Neil [*sic*] Barnard, Best wishes to one of those patriotic South Africans who strived tirelessly & without publicity to help lay the foundations of the new South Africa."

Ek het dit opreg waardeer, nie net omdat dit van so 'n besonderse man kom nie maar ook omdat hy eienskappe raakgesien het waarna ek streef. Dit maak van *Long Walk to Freedom* een van die kosbaarste boeke in my versameling.

Danksy Nasionale Intelligensie se uitmuntende inligting oor die bevrydingsbewegings het ek van die begin af geweet Mandela is, soos die filosowe sal sê, die archimedespunt van swart mense se vryheidstryd in Suid-Afrika.

Ek het verwag hy gaan 'n man van gravitas wees; nie meer 'n jong vuurvreter wat die wêreld wil stormloop en almal wil beïndruk nie, maar iemand by wie wysheid en insig soos goeie rooi wyn ryp geword het. Dit is ook hoe ek hom ervaar het.

Hy het presies geweet wat hy wou hê: politieke vryheid vir Suid-Afrika, gebou op demokratiese beginsels. Sy eindideaal was duidelik en logies, en hy het nooit van dié leitmotief afgewyk nie.

Wat aanvanklik hinderlik was, was sy gehegtheid aan vervloë, revolusionêre hersenskimme en 'n koppigheid om soms nie die werklikheid te aanvaar wanneer dit met sy sienings bots nie. Maar is dit nie van ons almal waar nie?

Dat "die werklikheid" dikwels tydens debatte moes wyk, het egter nie beteken dat dit heimlik tog aanvaar is nie. Dikwels het sy latere optrede gewys dat hy van sekere werklikhede oortuig geraak het – sonder om dit teenoor opponente te erken. Leiers mag immers nooit in die oë van hul ondersteuners toegee nie!

Vir my is die oorheersende waarheid van Madiba as mens die gemaklike grasie waarmee hy met mag omgegaan het. Dit is aan min mense – wat nog te sê wêreldikone – gegee. Elke dag sien ons hoe moeilik mense dit vind om mag beskeie uit te oefen, of dit nou politieke mag, geldmag, intellektuele mag of die mag van skoonheid, gewildheid of afkoms is.

Dit is Nelson Mandela se beste nalatenskap aan die mensdom: dat hy ons gewys het hoe om met grasie en beskeidenheid met ons mag – hoe gering dit ook al is – om te gaan.

Hy was sy lewe lank wars van arrogansie en snobisme. Tog was hy sigbaar trots op wie hy is. Juis omdat hy ondanks al sy uitsonderlike eienskappe 'n beskeie mens gebly het, kon almal hulle so maklik met hom assosieer, hom selfs aanbid. Maar ek is seker van waar hy ons nou rustig gadeslaan, sou hy nooit wou hê dat ons hom verafgod nie.

Hy was net 'n feilbare mens, maar een van die heel grootstes in die moderne geskiedenis.

Ek is die Hemelse Vader oneindig dankbaar dat ek die unieke voorreg gehad het om saam met hom die pad voor te berei vir 'n politieke skikking in ons vaderland waarvoor ek en hy as patriotte eindeloos lief was.

LONG WALK
TO FREEDOM

THE AUTOBIOGRAPHY OF
NELSON MANDELA

To my friend Dr Neil Barnard,
Best wishes to one of those patriotic
South Africans who strived tirelessly
& without publicity to help lay
the foundations of the new South
Africa.
LITTLE, BROWN AND COMPANY

MMandela.
4·2·98

NELSON MANDELA SE MEMORANDUM AAN PW BOTHA (MAART 1989)[1]

The deepening political crisis in our country has been a matter of grave concern to me for quite some time, and I now consider it necessary in the national interest, for the African National Congress and the Government to meet urgently to negotiate an effective political settlement.

At the outset I must point out that I make this move without consultation with the ANC. I am a loyal and disciplined member of the ANC. My political loyalty is owed primarily, if not exclusively, to this organisation and, in particular, to our Lusaka headquarters where the official leadership is stationed and from where our affairs are directed.

In the normal course of events, I would put my views to the organisation first, and if these views were accepted, the organisation would then decide on who were the best qualified members to handle the matter on its behalf and on exactly when to make the move. But in my current circumstances I cannot follow this course, and this is the only reason why I am acting on my own initiative in the hope that the organisation will, in due course, endorse my action.

I must stress that no prisoner, irrespective of his status or influence, can conduct negotiations of this nature from prison. In our special situation negotiation on political matters is literally a matter of life and death which requires to be handled by the organisation itself through its appointed representatives. The step I am taking should therefore not be seen as the beginning of actual negotiations between the Government and the ANC. My task is a very limited one, and that is to bring the country's two major political bodies to the negotiating table.

I must further point out that the question of my release from prison is not an issue, at least at this stage of the discussions and I am certainly not asking to be freed. But I do hope that the Government will as soon as possible, give me the opportunity from my present quarters to sound the views of my colleagues, inside and outside the country, on this move. Only if this initiative is formally endorsed by the ANC will it have any significance.

I will touch presently on some of the problems which seem to constitute an obstacle to a meeting between the ANC and the Government. But I must emphasize right at this stage that this step is not a response to the call by the Government on ANC leaders to declare whether or not they are nationalists, and to renounce the South African Communist Party before there can be negotiations. No self-respecting freedom fighter will take orders from the Government on how to wage the freedom struggle against that same Government, and on who his allies in the freedom struggle should be. To obey such instructions would be a violation of the long-standing and fruitful solidarity which distinguishes our liberation movement and a betrayal of those who have worked so closely and suffered so much with us for almost seventy years.

Far from responding to that call, my intervention is influenced by purely domestic issues, by the civil strife and ruin into which the country is now sliding. I am disturbed, as many other South Africans no doubt are by the spectre of a South Africa split into two hostile camps, blacks (the term "blacks" is used in a broad sense to indicate all those who are not whites) on one side and whites on the other, slaughtering one another, by acute tensions which are building up dangerously in practically every sphere of our lives, a situation which, in turn, foreshadows more violent clashes in the days ahead. This is the crisis that has forced me to act.

I must add that the purpose of this discussion is not only to urge the Government to talk to the ANC, but it is also to acquaint you with the views current among blacks, especially those in the mass democratic movement. If I am unable to express these views frankly and freely, you will never know how the majority of South Africans think on the policy and actions of the Government; you will never know how to deal with their grievances and demands.

It is perhaps proper to remind you that the media here and abroad has given certain public figures in this country a rather negative image not only in regard to human rights questions, but also in respect of their prescriptive stance when dealing with black leaders generally. This impression is shared not only by the vast majority of blacks, but also by a substantial section of the whites. If I had allowed myself to be influenced by this impression, I would not even have thought of making this move. Nevertheless, I came here with an open mind, and the impression I will carry away from this meeting will be determined almost exclusively by the manner in which you respond to my proposal. It is in this spirit that I have undertaken this mission, and I sincerely hope that nothing will be done or said here which will force me to revise my views on this aspect.

Obstacles to Negotiation

I have already indicated that I propose to deal with some of the obstacles to a meeting between the Government and the ANC. The Government gives several reasons why it will not negotiate with us.

However, for purposes of this discussion, I will confine myself to only three main demands set by the Government as a precondition for negotiation, namely, that the ANC must first renounce violence, break with the SACP and abandon its demand for majority rule.

Renunciation of Violence

The position of the ANC on the question of violence is very simple. The organisation has no vested interest in violence. It abhors any action which may cause loss of life, destruction of property and misery to the people. It has worked long and patiently for a South Africa of common values, and for an undivided and peaceful non-racial state. But we consider the armed struggle a legitimate form of self-defence against a morally repugnant system of government, which will not allow even peaceful forms of protest.

It is more than ironical that it should be the Government which demands that we should renounce violence. The Government knows only too well that there is not a single political organisation in this country, inside and outside Parliament, which can even compare with the ANC in its total commitment to peaceful change.

Right from the early days of its history the organisation diligently sought peaceful solutions and, to that extent, it talked patiently to successive South African Governments, a policy we tried to follow in dealing with the present Government. Not only did the Government ignore our demands for a meeting, instead it took advantage of our commitment to a non-violent struggle, and unleashed the most violent form of racial oppression this country has ever seen. It stripped us of all basic human rights, outlawed our organisations and barred all channels of peaceful resistance. It met our just demands with force and, despite the grave problems facing the country, it continues to refuse to talk to us. There can only be one answer to this challenge: violent forms of struggle.

During the years oppressed people have fought for their birthright by peaceful means, where that was possible, and through force where peaceful channels were closed. The history of this country also confirms this vital lesson.

Africans as well as Afrikaners were, at one time or other, compelled to take up arms in defence of their freedom against British imperialism. The fact that both were finally defeated by superior arms and by the vast resources of that empire, does not negate this lesson.

But from what has happened in South Africa during the last 40 years, we must conclude that now that the roles are reversed, and the Afrikaner is no longer a freedom-fighter, but is in power, the entire lesson of history must be brushed aside. Not even a disciplined non-violent protest will now be tolerated. To the Government a black man has neither a cause to espouse nor freedom rights to defend. The whites must have the monopoly of political power, and of committing violence against innocent and defenceless people.

That situation was totally unacceptable to us and the formation of Umkhonto weSizwe was intended to end that monopoly, and to forcibly bring home to the Government that the oppressed people of this country were prepared to stand up and defend themselves.

It is significant to note that throughout the past four decades, and more especially over the last 26 years, the Government has met our demands with force only, and has done hardly anything to create a suitable climate for dialogue. On the contrary, the Government continues to govern with a heavy hand, and to incite whites against negotiation with the ANC. The publication of the booklet *Talking with the ANC* ... which completely distorts the history and policy of the ANC, the extremely offensive language used by Government spokesmen against freedom fighters, and the intimidation of whites who want to hear the views of the ANC at first hand, are all part of the Government's strategy to wreck meaningful dialogue.

It is perfectly clear on the facts that the refusal of the ANC to renounce violence is not the real problem facing the Government. The truth is that the Government is not yet ready for negotiation, and for the sharing of political power with blacks. It is still committed to white domination and, for that reason, it will only tolerate those blacks who are willing to serve on its apartheid structures. Its policy is to remove from the political scene blacks who refuse to conform, who reject white supremacy and its apartheid structures, and who insist on equal rights with whites.

This is the reason for the Government's refusal to talk to us, and for its demand that we disarm ourselves, while it continues to use violence against our people. This is the reason for its massive propaganda campaign to discredit the ANC, and present it to the public as a communist dominated organisation bent on murder and destruction. In this situation the reaction of the oppressed people is clearly predictable.

White South Africa must accept the plain fact that the ANC will not suspend, to say nothing of abandoning the armed struggle, until the Government shows its willingness to surrender the monopoly of political power, and to negotiate directly and in good faith with acknowledged black leaders. The renunciation of violence by either the Government or the ANC should not be a precondition to, but the result of negotiation.

Moreover, by ignoring credible black leaders, and imposing a succession of stillborn negotiation structures, the Government is not only squandering the country's precious resources, but it is in fact discrediting the negotiation process itself, and prolonging the civil strife.

The position of the ANC on the question of violence is,

therefore, very clear. A Government which used violence against blacks many years before we took up arms, has no right whatsoever to call on us to lay down arms.

The South African Communist Party

I have already pointed out that no self-respecting freedom fighter will allow the Government to prescribe who his allies in the freedom struggle should be, and that to obey such instructions would be a betrayal of those who have suffered repression with us for so long. We equally reject the charge that the ANC is dominated by the SACP and we regard the accusation as part of the smearing campaign the Government is waging against us.

The accusation has, in effect, also been refuted by two totally independent sources. In January 1987 the American State Department published a report on the activities of the SACP in this country, which contrasts very sharply with the subjective picture the Government has tried to paint against us over the years. The essence of that report is that, although the influence of the SACP on the ANC is strong, it is unlikely that that Party will ever dominate the ANC.

The same point is made somewhat differently by Mr Ismail Omar, member of the President's Council, in his book *Reform in Crisis* published in 1988, in which he gives concrete examples of important issues of the day over which the ANC and the SACP have differed. He also points out that the ANC enjoys greater popular support than the SACP. He adds that despite the many years of combined struggle, the two remain distinct organisations with ideological and policy differences which preclude a merger of identity.

These observations go some way towards disproving the accusation. But since the allegation has become the focal point of Government propaganda against the ANC, I propose to use this opportunity to give you the correct information, in the hope that this will help you to see the matter in its proper perspective, and to evaluate your strategy afresh.

Cooperation between the ANC and SACP goes back to the early twenties and has always been, and still is, strictly limited to the struggle against racial oppression and for a just society. At no time has the organisation ever adopted or cooperated with communism itself.

Apart from the question of cooperation between the two organisations, members of the SACP have always been free to join the ANC. But once they do so, they become fully bound by the policy of the organisation set out in the Freedom Charter. As members of the ANC engaged in the anti-apartheid struggle, their Marxist ideology is not directly relevant. The SACP has throughout the years accepted the leading role of the ANC, a position which is respected by SACP members who join the ANC.

There is, of course, a firmly established tradition in the ANC in terms of which any attempt is resisted, from whatever quarter, which is intended to undermine cooperation between the two organisations. Even within the ranks of the ANC there have been, at one time or other, people – and some of them were highly respected and influential individuals – who were against this cooperation, and who wanted SACP members expelled from the organisation. Those who persisted in these activities were themselves ultimately expelled, or they broke away in despair.

In either case their departure ended their political careers, or they formed other political organisations which, in due course, crumbled into splinter groups. No dedicated ANC member will ever heed the call to break with the SACP. We regard such a demand as a purely divisive Government strategy. It is in fact a call on us to commit suicide. Which man of honour will ever desert a life-long friend at the insistence of a common opponent and still retain a measure of credibility among his people? Which opponent will ever trust such a treacherous freedom fighter? Yet this is what the Government is, in effect, asking us to do: To desert our faithful allies. We will not fall into that trap.

The Government also accuses us of being agents of the Soviet Union. The truth is that the ANC is non-aligned, and we welcome support from the East and the West, from the socialist and capitalist countries. The only difference, as we have explained on countless occasions before, is that the socialist countries supply us with weapons, which the West refuses to give us. We have no intention whatsoever of changing our stand on this question.

The Government's exaggerated hostility to the SACP, and its refusal to have any dealings with that party have a hollow ring. Such an attitude is not only out of step with the growing cooperation between the capitalist and socialist countries in different parts of the world, but it is also inconsistent with the policy of the Government itself when dealing with our neighbouring states.

Not only has South Africa concluded treaties with the Marxist states of Angola and Mozambique – quite rightly in our opinion – but she also wants to strengthen this with Marxist Zimbabwe. The Government will certainly find it difficult, if not altogether impossible, to reconcile its readiness to work with foreign Marxists for the peaceful resolution of mutual problems, with its uncompromising refusal to talk to South African Marxists.

The reason for this inconsistency is obvious. As I have already said, the Government is still too deeply committed to the principle of white domination and, despite lip-service to reform, it is deadly opposed to the sharing of political power with blacks, and the SACP is merely being used as a smokescreen to retain the monopoly of political power. The smearing campaign against the ANC also helps the Government to evade the real issue at stake, namely, the exclusion from political power of the black majority by a white minority, which is the source of all our troubles.

Concerning my own personal position, I have already informed you that I will not respond to the Government's demand that ANC members should state whether they are members of the SACP or not. But because much has been said by the media, as well as by Government leaders regarding my political beliefs, I propose to use this opportunity to put the record straight.

My political beliefs have been explained in the course of several political trials in which I was charged, in the policy documents of the ANC, and in my autobiography *The Struggle is My Life* which I wrote in prison in 1975. I stated in those trials and publications that I did not belong to any organisation apart from the ANC. In my address to the court which sentenced me to life imprisonment in June 1964 I said:

"Today I am attracted by the idea of a classless society, an attraction which springs in part from Marxist reading, and in part from my admiration of the structure and organisation of early African societies in this country. It is true, as I have already stated, that I have been influenced by Marxist thought. But this is also true of many of the leaders of the new independent states. Such widely different persons as Gandhi, Nehru, Nkrumah and Nasser all acknowledge this fact. We all accept the need for some form of socialism to enable our people to catch up with the advanced countries of the world, and to overcome their legacy of poverty."

My views are still the same.

Equally important is the fact that many ANC leaders, who are labelled Communists by the Government, embrace nothing different from these beliefs. The term "Communist" when used by the Government has a totally different meaning from the conventional one. Practically every freedom fighter who receives his military training or education in the socialist countries is to the Government a Communist. It would appear to be established Government policy that, as long as the National Party is in power in this country, there can be no black freedom struggle, and no black freedom fighter. Any black political organisation which, like us, fights for the liberation of its people through armed struggle, must invariably be dominated by the SACP.

This attitude is not only the result of Government propaganda, it is a logical consequence of white supremacy. After more than 300 years of racial indoctrination, the country's whites have developed such deep-seated contempt for blacks as to believe that we cannot think for ourselves, that we are incapable of fighting for political rights without incitement by some white agitator. In accusing the ANC of domination by the SACP, and in calling on ANC members to renounce the party, the Government is deliberately exploiting that contempt.

Majority Rule

The Government is equally vehement in condemning the principle of majority rule. The principle is rejected despite the fact that it is a pillar of democratic rule in many countries of the world. It is a principle which is fully accepted in the white politics of this country.

Only now that the stark reality has dawned that apartheid has failed, and that blacks will one day have an effective voice in Government, are we told by whites here, and by their Western friends that majority rule is a disaster to be avoided at all costs. Majority rule is acceptable to whites as long as it is considered within the context of white politics. If black political aspirations are to be accommodated, then some other formula must be found, provided that that formula does not raise blacks to a position of equality with whites.

Yet majority rule and internal peace are like the two sides of a single coin, and white South Africa simply has to accept that there will never be peace and stability in this country until the principle is fully applied. It is precisely because of its denial that the Government has become the enemy of practically every black man. It is that denial that has sparked off the current civil strife.

NEGOTIATED POLITICAL SETTLEMENT

By insisting on compliance with the abovementioned conditions before there can be talks, the Government clearly confirms that it wants no peace in this county but turmoil, no strong and independent ANC, but a weak and servile organisation playing a supportive role to white minority rule, not a non-aligned ANC but one which is a satellite of the West, and which is ready to serve the interests of capitalism. No worthy leaders of a freedom movement will ever submit to conditions which are essentially terms of surrender dictated by a victorious commander to a beaten enemy, and which are really intended to weaken the organisation and to humiliate its leadership.

The key to the whole situation is a negotiated settlement, and a meeting between the Government and the ANC will be the first major step towards lasting peace in the country, better relations with our neighbour states, admission to the Organisation of African Unity, re-admission to the United Nations and other world bodies, to international markets and improved international relations generally. An accord with the ANC, and the introduction of a non-racial society is the only way in which our rich and beautiful country will be saved from the stigma which repels the world.

Two central issues will have to be addressed at such a meeting; firstly, the demand for majority rule in a unitary state, secondly, the concern of white South Africa over this demand, as well as the insistence of whites on structural guarantees that majority rule will not mean domination of the white minority by blacks. The most crucial task which will face the Government and the ANC will be to reconcile these two positions. Such reconciliation will be achieved only if both parties are willing to compromise. The organisation will determine precisely how negotiations should be conducted. It may well be that this should be done at least in two stages. The first, where the organisation and the Government will work out together the preconditions for a proper climate for negotiations. Up to now both parties have simply been broadcasting their conditions for negotiation without putting them directly to each other. The second stage would be the actual negotiations themselves when the climate is ripe for doing so. Any other approach would entail the danger of an irresolvable stalemate.

Lastly, I must point out that the move I have taken provides you with the opportunity to overcome the current deadlock, and to normalise the country's political situation. I hope you will seize it without delay. I believe that the overwhelming majority of South Africans, black and white, hope to see the ANC and the Government working closely together to lay the foundations for a new era in our country, in which racial discrimination and prejudice, coercion and confrontation, death and destruction will be forgotten.

Nelson Mandela

EINDNOTAS

HOOFSTUK 1

1. Louis le Grange was die minister van Wet en Orde in PW Botha se Kabinet van 1982-1986.

HOOFSTUK 2

1. Die Afrikaner-Broederbond (AB) was 'n vertroulike, politieke en kulturele dinkskrum waarvan Afrikanermans op uitnodiging lid geword het. Dit is in 1918 gestig om Afrikaners ekonomies en andersins op te hef. Dit het die Afrikaanse taal en kultuur bevorder en het soms baantjies vir boeties geskep.

2. Die Ruiterwag (RW) was 'n soortgelyke organisasie as die AB vir Afrikanermans jonger as 35 jaar. Daar was takke oor die hele land en 'n lid van die Broederbond het sitting op RW-vergaderings gehad. Ek was saam met dr. Pieter Mulder, die latere leier van die Vryheidsfront Plus, en Roelf Meyer, later minister in die Kabinet van FW de Klerk, lid van die hoofbestuur van die RW wat as die Presidentsraad bekend gestaan het.

3. *Rapport*, 18 November 1979; *Rand Daily Mail*, 15 November 1979; ook "Nuwe Veiligheidshoof 'n puik akademikus", *Die Volksblad*, 14 November 1979.

4. *Beeld*, 4 Junie 1980.

5. *Financial Mail*, 6 Junie 1980.

6. Sy was die jonger suster van prof.

Gerhard Beukes, die later bekende literator en Hertzogprys-wenner.

7. Die kommandostelsel het daarvoor voorsiening gemaak dat diensplig vir kort tydperke oor etlike jare nagekom kon word. Dit het die voordeel gehad dat loopbane of studie direk ná skoolopleiding nie onderbreek is nie.

8. Barnard, LD. 1973. *Moderne teoretiese benaderings van internasionale verhoudinge*. MA-verhandeling, Universiteit van die Oranje-Vrystaat, Bloemfontein.

9. Barnard, LD. 1975. *Die magsfaktor in internasionale verhoudinge*. D Phil-proefskrif, Universiteit van die Oranje-Vrystaat, Bloemfontein.

HOOFSTUK 3

1. Die polisiemanne by NI het akademiese of, in hul oë, liberale, mense 'n "haas" genoem.

2. Die projekte het onder meer omkopery, die stigting van *The Citizen*-koerant en 'n plan om die *Washington Star* te koop ingesluit. Dit het uiteindelik die kop van Vorster, Mulder, Van den Bergh en dr. Eschel Rhoodie, sekretaris van Inligting, geëis. Sien ook Rees, Mervyn en Day, Chris. 1980. *Muldergate*. Johannesburg: Macmillan; asook Rhoodie, Eschel. 1983. *The Real Information Scandal*. Pretoria: Orbis.

3. Die ander lede was ministers PW Botha, Ben Schoeman, Hilgard Muller en SL Muller.

4. Goewermentskennisgewing 808 van 1969.
5. De Villiers, Dirk en Johanna. 1984. *PW.* Kaapstad: Tafelberg, pp. 128-129.
6. Dit het uit die swaargewigte van destyds bestaan: Alec van Wyk en later Gert Rothmann van Nasionale Veiligheid, generaals Magnus Malan en later PW van der Westhuizen namens die Weermag, en generaals Mike Geldenhuys en Johann Coetzee van die Polisie.
7. *Intellegere 5.* 1988. "Geskiedkundige oorsig van die rasionalisering en koördinering van die Intelligensie-gemeenskap gedurende die tydperk 1980 tot 1982." Pretoria: p. 12.

HOOFSTUK 4

1. *Intellegere 5*, pp. 13-14.
2. Crocker, Chester A. 1992. *High Noon in Southern Africa.* New York: WW Norton & Company, p. 117.
3. Mnr. ID du Plessis het die Departement van Buitelandse Sake verteenwoordig.
4. Sien CJ Jacobs: "The forward defence strategy of the South African Defence Force, 1978-1989" in *Joernaal vir Eietydse Geskiedenis*, Jaargang 31, No. 3. Desember 2006. Universiteit van die Vrystaat, pp. 23-41.
5. Dit moet nie verwar word nie met sogenaamde voorspringaksies (*pre-emptive strikes*) waarmee die basisse of skuilplekke van terreurgroepe of bevrydingsbewegings in buurlande aangeval word om terreurdade teen die eie land te voorkom. Ek was nog altyd 'n sterk voorstander van sulke voorkomende aanvalle mits dit op goeie

inligting berus sodat die lewe van burgerlikes nie in gevaar gestel word nie.
6. *Intellegere 5*, pp. 16-18.
7. Brief van lt.genl. PW van der Westhuizen aan sekere ministers en verteenwoordigers van staatsdepartemente wat die ooreenkoms oor funksieverdeling by Simonstad bereik het, gedateer Januarie 1981.

HOOFSTUK 5

1. Barnard, LD. "Nasionale intelligensiewerk in internasionale verhoudinge." CR Swart-lesing, no. 16/1983, gelewer op 2 September 1983 aan die Universiteit van die Oranje-Vrystaat, Bloemfontein.
2. Barnard, LD. "Die intelligensiewerker." Lesing gelewer op 22 Augustus 1990 op 'n mensekragsimposium by die Nasionale Intelligensie-Akademie, Pretoria.
3. Sien o.m. Woodward, Bob. 2006. *State of Denial.* New York: Pocket Books.
4. Nader besonderhede hieroor in hoofstuk 7.
5. Dit het ingesluit 'n sielkundige ontwikkelingsentrum waar lede en hul gesinne vir stres en dergelike probleme behandel kon word; en 'n dienspastoraat wat na lede se geestelike welsyn omgesien het. Gratis mediese dienste is ingestel (en later ingekort); 'n kleuterskool is opgerig; en sport en ontspanning het aandag gekry, met nuwe sportgeriewe wat by Rietvlei verskaf is.

HOOFSTUK 6

1. Numeri 13:1-33

2. Sun Tzu. 1971. *The Art of War*. Vert. deur Samuel B. Griffith. Londen: Oxford University Press.

3. Pullach is 'n simbool van die legendariese Duitse spioenmeester Reinhard Gehlen, wat tydens die Tweede Wêreldoorlog opgetree het. Vir 'n insiggewende blik op sy lewe en werkwyse, sien: Gehlen, Reinhard. 1973. *Der Dienst: Erinnerungen 1942-1971*. München: Droemer. Onlangse navorsing oor die oorlog aan die Duitse Oosfront in Rusland wys egter dat Gehlen se inligting dikwels skromelik tekortgeskiet het.

4. Agterna kon 'n mens nie help om te wonder of hy Shakespeare ("All is not what it seems" uit *As You Like It*) doelbewus 'n bietjie verdraai het nie.

5. Teo, Eddie. 1988. "A Philosophy of Intelligence Work" in *Intellegere*, no. 9, Pretoria, p.12.

6. Sun Tzu. *The Art of War*.

7. Barnard, LD. Voorlegging aan die Waarheids-en-Versoeningskommissie, 14 Julie 1997.

8. "Capture of Cuban 'Mata Hari' Led to Spy-Diplomats' Expulsion, 9 Oktober 2012". https://cubaconfidential. wordpress.com/tag/jennifer-miles/. Toegang: 19 September 2014.

9. Casey was 'n prominente lid. Vgl. Woodward, Bob. 1987. *Veil: The Secret Wars of the CIA, 1981-1987*. Londen: Headline, pp. 51-53, 152-153. Sien ook Waller, Douglas. 2012. *Wild Bill Donovan*. New York: Free Press.

10. Weissman, S.R. 2014. "What really happened in Congo" in *Foreign Affairs*, vol. 93, no. 4, Julie/Augustus 2014, pp. 14-24; ook: Devine, J. 2014, "What really happened in Chile" in *Foreign Affairs*, vol. 93, no. 4, Julie/Augustus 2014, pp. 26-35.

11. Tenet, George. 2007. *At the Center of the Storm: My Years at the CIA*. New York: Harper Collins, pp. 417-506.

12. Wolf, Markus. 1997. *Man without a Face*. New York: Public Affairs Books, pp. 311-313. Sien ook Shubin, Vladimir. 2008. *ANC: A View from Moscow*. Johannesburg: Jacana.

13. Sun Tzu. *The Art of War*.

14. Die skrywer, Gert Rothmann en Mike Louw het NI verteenwoordig. Die Departement van Buitelandse Sake is verteenwoordig deur Les Manley en Dave Steward.

15. Vir 'n uiteensetting hiervan, sien: Filatova, Irina en Davidson, Apollon. 2013. *The Hidden Thread: Russia and South Africa in the Soviet Era*. Kaapstad: Jonathan Ball: pp. 430-432.

16. Skrywer se persoonlike aantekening; notulerende verslag nie meer beskikbaar.

17. Die Anti-Apartheid Act van 1986 het verskeie sanksies en ekonomiese strafmaatreëls teen Suid-Afrika ingestel. Dié wet was 'n uitvloeisel van die verslag "The Report of the Study Commission on U.S. Policy toward Southern Africa." 1981. *South Africa: Time Running Out*. Los Angeles: University of California Press: pp. 287-385. Sien ook Papenfus, Theresa. 2011. *Pik Botha en sy tyd*. Pretoria: Litera, pp. 363, 413.

18. *Die Burger*, 9 Mei 1988.

HOOFSTUK 7

1. Min. Chris Heunis het as waarnemende president die brief (gedateer

3 Maart 1989) onderteken in die afwesigheid van pres. PW Botha wat aangesterk het ná 'n beroerteaanval.

2. Brief van pres. FW de Klerk aan pres. George HW Bush, 3 September 1990.

3. Dit is intelligensiepersoneel, meestal spioene, wie se ware identiteit en aard van hul werk nie aan die "gasheerland" verklaar word nie.

4. In hierdie konteks is 'n *debriefing* 'n omvattende onderhoud met iemand onder jou beheer. Dis 'n vriendelike ondervraging waartydens die persoon nie bedreig word nie, maar goed begryp dat hy of sy die inligting wat die *debriefer* verlang, moet verskaf.

5. Bykomende inligting oor dié ontmaskering is verskaf deur Mike Kennedy, destydse adjunkhoof van NI se teenspioenasie-eenheid.

HOOFSTUK 8

1. Ball is in April 2014 deur pres. Jacob Zuma met die Orde van die Kremetart (silwer) vereer.

2. 'n Belangrike wetlike beperking op die werk van NI was die feit dat die diens niemand in hegtenis mog neem of ondervra nie.

3. Uit "Die Namib-woestyn", soos vertaal deur Daniel Hugo, opgeneem in *Land van sonlig en van sterre*. Pretoria: Protea Boekhuis, 2004.

HOOFSTUK 9

1. Sy boek *Serving Secretly: Rhodesia's CIO Chief on Record* (1987, Alberton: Galago) bied 'n insiggewende blik op die intelligensiebedrywighede van die destydse Rhodesië.

2. Wren, Christopher S. 1990. "Pretoria Journal; A Spy's Sorry Story: Espionage Wasn't Her Forte". *The New York Times*. 20 November. http://www.nytimes.com/1990/11/20/world/pretoria-journal-a-spy-s-sorry-story--espionage-wasn-t-her-forte.html. Toegang: 10 September 2014. Sien ook: Stiff, Peter. 2001. *Warfare by other means*. Alberton: Galago: pp. 351, 365.

3. Suleiman het in 1993 hoof van Egipte se intelligensiediens geword voordat hy in Januarie 2011 deur pres. Hosni Moebarak aangestel is as adjunkpresident, 'n pos wat hy net twee weke lank beklee het tot met die uitbreek van 'n gewelddadige revolusie in Egipte. Dit was deel van die "Arabiese Lente" wat in Desember 2010 in Tunisië begin het.

4. Gevisser, Mark. 2007. *Thabo Mbeki: The Dream Deferred*. Johannesburg: Jonathan Ball, p. 370 e.v.

5. Malan, Magnus. 2006. *My lewe saam met die SA Weermag*. Pretoria: Protea Boekhuis.

6. Ellis, Stephen. 2012. *External Mission: the ANC in Exile*. Johannesburg: Jonathan Ball, p. 230. Ook Sisulu, Elinor. 2002. *In Our Lifetime*. Claremont: David Philip, pp. 305-397.

HOOFSTUK 10

1. Barnard, LD. 1979. "Staatkundige roeping". *Handhaaf*, September.

2. Beaufre, Andre. 1974. *Strategy for Tomorrow*. New York: Crane, Russak & Company; Aron, Raymond. 1965. *The Century of Total War*. Boston:

The Beacon Press; Alden, Chris. 1996. *Apartheid's Last Stand*. Londen: Macmillan Press, pp. 30-50.

3. *Intellegere 6*. 1988. "Die kommissie van ondersoek na aangeleenthede betreffende die veiligheid van die staat." Pretoria.

4. Ellis, Stephen. *External Mission*. pp. 180-181.

5. Barnard, LD. Voorlegging aan die Waarheids-en-Versoeningskommissie, 14 Julie 1997.

6. Heunis was in die laat tagtigerjare belas met die sleutelportefeulje van Staatkundige Ontwikkeling, waar hy uitnemende werk gedoen het. Nogtans het die president hom nie betrek by die geheime gesprekke wat met Mandela en die ANC aan die gang gesit is nie, hoewel hy en Heunis ook persoonlike vriende was en Heunis hom skriftelik versoek het om Mandela te ontmoet. Botha het waarskynlik geoordeel, na my mening tereg, dat Heunis se persoonlikheid en kommunikasiestyl nie vir dié taak geskik was nie. (Sien Ries, Alf en Dommisse, Ebbe. 1990. *Leierstryd*. Kaapstad: Tafelberg-Uitgewers, pp. 112-113, asook Heunis, Jan. 2007. *Die Binnekring*. Johannesburg: Jonathan Ball, pp. 61-69)

7. Malan, Magnus. 2006. *My lewe saam met die SA Weermag*. Pretoria: Protea Boekhuis, pp. 207-211; asook Stiff, Peter. *Warfare by Other Means*, pp. 75-91.

8. Malan. *My lewe saam met die SA Weermag*, pp. 212-215.

9. 'n Kritikus van die NP-regering, die joernalis Brian Pottinger, het toegegee: "South Africa, apart from the appallingly high routine levels of criminal violence [...] enjoyed a certain visible tranquillity by the close of (PW) Botha's decade." (Pottinger, Brian. 1988. *The Imperial Presidency*. Johannesburg: Southern Book Publishers, p. 348.)

10. Barnard. Voorlegging aan die Waarheids-en-Versoeningskommissie.

11. Die WVK het bevind dat hoewel daar min bewyse van 'n sentraal beheerde, samehangende en amptelik saamgestelde "derde mag" bestaan, daar wel 'n netwerk van veiligheidsoperateurs was wat by tye met die aktiewe samespanning ("collusion") en/of medewete van senior lede van die veiligheidsmagte opgetree het. http://www.justice.gov.za/trc/report/. Toegang: 22 Oktober 2014.

12. Dié en ander verwante kwessies uit die era ná 1990 word in 'n volgende boek in groter detail behandel.

HOOFSTUK 11

1. Fragment uit *Die dieper reg*. Brink, André P. 2008. *Groot verseboek, deel 1*. Kaapstad: Tafelberg, p. 135.

2. Vir 'n uitstekende uiteensetting van die ANC se "gewapende stryd", sien: Jeffery, Anthea. 2009. *People's War: New Light on the Struggle for South Africa*. Johannesburg: Jonathan Ball.

3. Later het die afkorting "VN" (Verenigde Nasies) algemene gebruik geword.

4. Giliomee, Hermann. 2004. *Die Afrikaners: 'n biografie*. Kaapstad: Tafelberg, pp. 561-566.

5. Die landwye noodtoestand het vier

jaar geduur en is eers in die nuwe bedeling, op 7 Junie 1990, opgehef.

6. Papenfus. *Pik Botha en sy tyd*, pp. 367-379.
7. Ries en Dommisse. *Leierstryd*, pp. 264-269.
8. Sien veral die uiteensetting in Nye Jr, Joseph S. 2004. *Soft Power*. New York: Public Affairs Books.
9. Uit "Reflections on American Diplomacy". *Foreign Affairs*, Oktober 1956, p. 43.

HOOFSTUK 12

1. Mandela, Nelson. 1994. *Long Walk to Freedom*. Johannesburg: Macdonald Purnell, p. 512.
2. Mandela was die 466ste gevangene wat in 1964 op Robbeneiland aangekom het. Die gevangenisowerheid het dié twee feite gebruik om 'n gevangene se unieke nommer saam te stel. Aan gevangenes wat meer as twee jaar tronkstraf moes uitdien, is ook 'n sogenaamde "raadsnommer" ('n verwysing na die Gevangenisraad by wie langtermyngevangenes geregistreer is) toegeken. Mandela se raadsnommer was 913. Sy gevangene-nommer, 46664, het amptelik voorrang geniet. (Telefoniese mededeling deur genl. Willie Willemse, Kommissaris van Korrektiewe Dienste, 12 September 2014.)

HOOFSTUK 13

1. Mandela, Nelson. *Long Walk to Freedom*, pp. 510-511.
2. Met die stigting van die ANC se militêre vleuel, Umkhonto weSizwe (MK), in 1961, is Mandela as die eerste bevelvoerder van MK aangewys.
3. Mandela, Nelson. *Long Walk to Freedom*, pp. 510-511.

4. Mandela, Nelson. *Long Walk to Freedom*, p. 578.
5. Geheime verslag van 'n diep koverte NI-bron.
6. Sien ook Van Zyl Slabbert, Frederik. 2006. *Duskant die geskiedenis*. Kaapstad: Tafelberg & Jonathan Ball, pp. 156-157.
7. Dit is later veral rugbaar gemaak deur Stephen Ellis: *External Mission* (2012, Johannesburg: Jonathan Ball) en Paul Trewhela in *Inside Quatro*. (2010, Sunnyside: Jacana)
8. In September 1991 het die ANC die Skweyiya-kommissie van ondersoek met 'n beperkte opdrag na martelings en teregstellings in hoofsaaklik Quatro aangestel wat 'n jaar later sy verslag uitgebring het. Vroeg in 1993 het die ANC-president, Nelson Mandela, die Motsuenyane-kommissie met 'n wye opdrag en bevoegdhede aangestel wat sy verslag in Augustus 1993 voorgelê het.

HOOFSTUK 14

1. Telefoniese mededeling deur genl. Willie Willemse, kommissaris van Korrektiewe Dienste. 12 September 2014.
2. Mandela, Nelson. *Long Walk to Freedom*, p. 520.
3. Brand, Christo en Jones, Barbara. 2014. *Doing life with Mandela*. Johannesburg: Jonathan Ball, pp. 193, 203-204.
4. Sisulu, Elinor. 2003. *Walter & Albertina Sisulu: In Our Lifetime*. Claremont: David Philip, p. 403.
5. Sien www.sahistory.org.za, toegang: 11 September 2014.

6. Uiteraard is Buthelezi se briewe aan Mandela ook deur NI nagegaan.
7. Nelson Mandela aan M Buthelezi; ongedateerde skrywe.

HOOFSTUK 15

1. Net oor Kuba se betrokkenheid by die konflik in Angola en Namibië is in 1988 agt gesprekke op verskeie plekke in die wêreld gevoer. Ek was in daardie jaar net 56 dae by die huis.
2. Volgens die Amerikaanse joernalis Patti Waldmeir was dit vergelykbaar met die vredespogings in Noord-Ierland en die Midde-Ooste (1997. *Anatomy of a Miracle: The End of Apartheid and the Birth of the New South Africa.* New York: W.W. Norton & Company, p. 95). Sien ook Papenfus, Theresa. *Pik Botha en sy tyd,* vir 'n uiteensetting van die minister se vredesinisiatiewe oor byna twee dekades.
3. "Mandela thanks Thatcher." *The Guardian*, 10 April 1989; "The Mandela letter." *The Weekly Mail*, 14-20 April 1989.
4. Nelson Mandela aan sir Robin Renwick, 10 April 1989.
5. Skrywe van goew. M Dukakis aan pres. PW Botha, 16 Augustus 1988.
6. Skrywe van PW Botha aan M Dukakis, 30 Augustus 1988.
7. Savage, Michael. 2014. *Trekking Outward: a Chronology of Meetings between South Africans and the ANC in Exile, 1983-2000.* Departement Sosiologie, Universiteit van Kaapstad.
8. In talle van dié groepe was meer as een bron of medewerker van NI.
9. Vanweë min. Chris Heunis se ongeduld met die gebrek aan vordering met gesprek met die ANC (volgens sy kennis) laat hy twee van sy amptenare, Kobus Jordaan en Fanie Cloete, toe om met die ANC kontak te maak met die oog op 'n ontmoeting. Dit sou egter nie vir die Regering deug om uit twee monde met die ANC te beraadslaag nie en ná 'n gesprek tussen my en Heunis is die twee amptenare se sekerheidsklarings ingetrek sodat hulle nie na Lusaka kon reis nie. Dit lei tot 'n geweldige herrie en jare daarna loods hulle steeds verbete aanvalle op NI.
10. Besinning deur Mike Louw van NI; nie meer beskikbaar.

HOOFSTUK 16

1. Verslag van 'n diep koverte NI-bron.
2. "Report on Recent Plenary Session of the Central Committee (of the SA Communist Party)," Januarie 1986.
3. Sien Kathrada, Ahmed. 2003. "A self-effacing hero" in *Nelson Mandela: From Freedom to the Future* deur Asmal, Kader; Chidester, David; en James, Wilmot. Johannesburg: Jonathan Ball, pp. 444-446.
4. Scholtz, Leopold en Scholtz, Ingrid. November 2014. "Nelson Mandela se houding teenoor die kommunisme" in *Historia* 59, no. 2, pp. 79-93.

HOOFSTUK 17

1. Prinsloo, Daan. 1997. *Stem uit die Wilderness: 'n biografie oor oud-pres. PW Botha.* Mosselbaai: Vaandel, pp. 362, 365-367.
2. Ries, Alf en Dommisse, Ebbe. *Leierstryd*, p. 79.
3. In Augustus dieselfde jaar het die

president van die ANC, Oliver Tambo (toe 71) ook 'n ernstige beroerte gehad. Hy het genoegsaam herstel om sy werk te hervat en in Desember 1990 ná dertig jaar in ballingskap na Suid-Afrika terug te keer voordat hy die volgende jaar deur Nelson Mandela as president van die ANC opgevolg is. Ná nog 'n beroerteaanval het Tambo op 24 April 1993 in Johannesburg gesterf.

HOOFSTUK 18

1. Getranskribeerde gesprek; bandopname nie meer beskikbaar.
2. Getranskribeerde gesprek; bandopname nie meer beskikbaar.
3. Geldenhuys, Jannie. 2007. *Dié wat gewen het.* Pretoria: Litera Publikasies: pp. 212-219. Sien ook Malan, Magnus. 2006. *My lewe saam met die SA Weermag.* Pretoria: Protea Boekhuis: pp. 302-306.
4. Getranskribeerde gesprek; bandopname nie meer beskikbaar.
5. Getranskribeerde gesprek; bandopname nie meer beskikbaar.
6. Mbeki het in 1985 die ANC se direkteur van inligting en publisiteit geword en in 1989 hoof van sy departement van internasionale sake.
7. Getranskribeerde gesprek; bandopname nie meer beskikbaar.
8. Esterhuyse, Willie. 2012. *Eindstryd.* Kaapstad: Tafelberg, pp. 195-202.
9. Resolusie van die Staatsveiligheidsraad, 5 Julie 1988.
10. Resolusie van die Staatsveiligheidsraad, 15 Augustus 1989.
11. Spaarwater, Maritz. 2012. *A Spook's Progress.* Kaapstad: Zebra Press, pp. 176-179.

HOOFSTUK 19

1. Namate die gesprekke tussen die regeringspan en Mandela gevorder het, het die gesprekke tusen my en hom proporsioneel toegeneem. In geheel was daar teen die einde aansienlik meer tweegesprekke as spangesprekke.
2. Gilbey, Emma. 1994. *The Lady: The Life and Times of Winnie Mandela.* Londen: Vintage, p.145
3. Getranskribeerde gesprek; bandopname nie meer beskikbaar.
4. Onderskepte nota van Winnie Mandela aan Nelson Mandela; skrywer se persoonlike dokumentasie.
5. Die prokureur Ismail Ayob. Besoek op 9 Oktober 1989.
6. Terwyl Mandela in die tronk was, het Winnie 'n verhouding aangeknoop met 'n prokureur wat 27 jaar jonger as sy was. Besonderhede van die affair het in September 1992 op die lappe gekom toe uittreksels uit 'n brief van Winnie aan haar minnaar in die *Sunday Times* verskyn het. Tydens die egskeidingsverhoor het Mandela getuig dat sy vrou ná sy vrylating nie een keer hul slaapkamer binnegekom het terwyl hy wakker was nie. Hy was in sy woorde "die eensaamste man op aarde". In Maart 1996 is hul huwelik van 38 jaar formeel ontbind.

HOOFSTUK 20

1. Afskrif in skrywer se besit. Sien ook, Mandela, Nelson. *Long Walk to Freedom*, p. 535.

2. Ongetitelde dokument van regeringspan aan Nelson Mandela, 30 Augustus 1989.
3. Kostelik genoeg spreek Mbeki vir Mandela in dié gesprekke as "Uncle Nelson" en selfs by geleentheid as "oom Nel" aan!
4. Prinsloo, Daan. *Stem uit die Wilderness,* p. 285. Sien ook: O'Malley, Padraig. 2007. *Shades of Difference.* Johannesburg: Penguin, p. 302.

HOOFSTUK 21

1. Mandela was een van 156 beskuldigdes wat in Desember 1956 aangekla is van hoogverraad en samswering om die Regering met geweld omver te werp. Ná 'n verhoor van meer as vier jaar is almal onskuldig bevind.
2. Mandela het ongeveer vyf maande hiervan elders in Afrika deurgebring, waar hy twaalf lande besoek het om steun te werf vir Umkhonto weSizwe, waarvan hy die eerste *commander in chief* was. In Marokko en Ethiopië het hy opleiding in guerrillaoorlogvoering gekry. Sy ontwyking van die SA Polisie het hom die benaming "Black Pimpernel" besorg voordat hy op 5 Augustus 1962 naby Howick in hegtenis geneem is.
3. Mandela, Nelson. *Long Walk to Freedom,* p. 539.
4. Die foto het eerste in *Die Volksblad* verskyn, op 15 Februarie 1990, kort ná Mandela se vrylating. Botha, wat in 1935–'36 as 'n korrespondent vir dié koerant politieke berigte geskryf het, het die koerant dié "wêreldscoop" besorg.
5. 'n Kabinetslid wat teenwoordig was,

het my die volgende dag telefonies daaroor ingelig.
6. Dit was nog 'n voorbeeld van Louw se vindingrykheid en woordvaardigheid. Met dié formulering het hy die impasse oor die afswering van geweld omseil, terwyl albei leiers hulle tot die soeke na vrede verbind het.
7. *Business Day,* 14 Julie 1989.
8. Getranskribeerde gesprek; bandopname nie meer beskikbaar.
9. Getranskribeerde gesprek; bandopname nie meer beskikbaar.
10. Uit verslae van diep koverte bronne in Londen.
11. Dit het veral na die Staatsveiligheidsraad verwys.
12. Dié tema word in 'n volgende boek in groter detail bespreek.

HOOFSTUK 22

1. Prinsloo, Daan. *Stem uit die Wilderness,* pp. 339, 425.
2. Dié komitee, onder voorsitterskap van min. Heunis, is in Mei 1983 deur Botha in die lewe geroep om aandag te gee aan veral "die beslegting van swart politieke aspirasies". (Prinsloo, p. 208)
3. Prinsloo, Daan. *Stem uit die Wilderness,* p. 338. Dis nie heeltemal duidelik wat Heunis met "hierdie amp" bedoel nie, maar dis duidelik wat hy tussen die reëls sê!
4. Heunis, Jan. *Die Binnekring,* pp. 122-124.
5. De Klerk, FW. 1998. *Die laaste trek – 'n nuwe begin.* Kaapstad: Human & Rousseau, p. 164.

HOOFSTUK 23

1. Prinsloo, Daan. *Stem uit die Wilderness*, pp. 426, 430.
2. Potgieter, De Wet. 2007. *Totale Aanslag: Apartheid se vuil truuks onthul*. Kaapstad: Zebra Press, pp. 145-157.
3. Die historikus Hermann Giliomee meen dit was "dalk wyslik" om die band te vernietig as in gedagte gehou word hoe sinies Botha die opname van 'n vertroulike gesprek tussen hom en die destydse leier van die Opposisie, dr. Frederik Van Zyl Slabbert, gebruik het. (*Die Laaste Afrikanerleiers*, p. 289).
4. 'n Paar weke later het ek 'n brief van Alex van Breda, NP-politikus en hoofsweep van die Parlement, ontvang waarin hy geskryf het: "Dit is nie meer die PW Botha wat ons geken en gerespekteer het nie... Ek is oneindig hartseer oor die wyse waarop mnr. Botha u behandel het... Baie dankie dat u in daardie vernederende omstandighede groot en beskaafd gebly het..." (A van Breda aan LD Barnard, 5 Desember 1991.)
5. "Bande: PW bars los" (*Rapport*, 24 November 1991); "Now PW demands inquiry into fate of that tape of Mandela," (*Sunday Times*, 24 November 1991); "More krokodil tears from PW" (*Sowetan*, 25 November 1991)
6. "PW/Mandela-band was só irrelevant..." (*Beeld*, 19 November 1991); "Why NIS destroyed tape" (*Business Day*, 19 November 1991)
7. Prinsloo, Daan. *Stem uit die Wilderness*, p. 434.

HOOFSTUK 24

1. Verslag van 'n diep koverte NI-bron.
2. Ahmed Kathrada, Raymond Mhlaba, Andrew Mlangeni, Elias Motsoaledi, Wilton Mkwayi, Oscar Mpetha en Jeff Masemola.
3. Die besluit is enkele dae voor De Klerk se toespraak van 2 Februarie 1990 formeel deur die kabinet geneem.
4. Getranskribeerde gesprek; bandopname nie meer beskikbaar.
5. Parlementêre debatte, tweede sessie, negende parlement: 2 Februarie tot 22 Junie 1990; kol. 1 - 18.

HOOFSTUK 25

1. Later het dit aan die lig gekom dat Winnie geweier het om op dieselfde gehuurde vliegtuig as Murphy Morobe van Johannesburg af Kaap toe te vlieg. Morobe was die publisiteitsekretaris van die MDM en dit was vroeër sy taak om die beweging te distansieer van Winnie en haar omstrede "sokkerklub". 'n Tweede vliegtuig moes inderhaas vir haar gehuur word wat vier uur lank Kaap toe gevlieg het. (Green, Pippa. 2010. "Waiting for Mandela". *Mail & Guardian*, 12 Februarie. Toegang: 24 September 2014.)
2. Mandela, Nelson. *Long Walk to Freedom*, p. 510.
3. Verslag van die sekretariaat aan SVR.

ADDENDUM

1. 'n Afskrif van hierdie dokument is in die skrywer se besit.

INDEKS

Waldmeir, Patty 276
Washington Star 270
Wene 45, 72-74, 76
Wierzba, Jan 81-83
Wiese, Tobie x
Willemse, Elsie 140
Willemse, Willie 136,138, 140,
  156, 201, 215, 275

Z

Zaïre 102
Zambia Security Intelligence
  Service (ZSIS) 109

Zambië 30-31, 48, 60, 62-63,
  89, 101, 108-109, 133, 216-
  217, 233
Zedong, Mao 114, 196
Zimbabwe 30-31, 89, 102, 104,
  210, 265
Zimbabwe Central Intelligence
  Organisation (ZCIO) 102-103
Zuid-Afrikaansche
  Republiek 156
Zuma, Jacob 198, 273

www.ingramcontent.com/pod-product-compliance
Lightning Source LLC
Chambersburg PA
CBHW052121270326
41930CB00012B/2712